Alexander Koeberle-Schmid

Der Beirat

Alexander Koeberle-Schmid

Der Beirat

Wie ein kritischer Begleiter
den Erfolg von Familienunternehmen
sichert und steigert

Franffurter Allgemeine Buch

Bibliografische Information der Deutschen Nationalbibliothek
Die Deutsche Nationalbibliothek verzeichnet diese Publikation
in der Deutschen Nationalbibliografie; detaillierte bibliografische
Daten sind im Internet über http://dnb.d-nb.de abrufbar.

Alexander Koeberle-Schmid
Der Beirat
Wie ein kritischer Begleiter den Erfolg
von Familienunternehmen sichert und steigert

Frankfurter Societäts-Medien GmbH
Frankenallee 71–81
60327 Frankfurt am Main
Geschäftsführung: Oliver Rohloff

1. Auflage
Frankfurt am Main 2015

ISBN 978-3-95601-118-4

Frankfurter Allgemeine Buch

Copyright	Frankfurter Societäts-Medien GmbH
	Frankenallee 71–81
	60327 Frankfurt am Main
Umschlag	Julia Desch
Satz	Uwe Adam, Freigericht, www.adam-grafik.de
Titelbild	© pressmaster – Fotolia.com
Druck	CPI books GmbH, Leck

Printed in Germany

Inhalt

Vorwort
Praxisratgeber für den exzellenten Beirat

Familienunternehmen sind etwas ganz Besonderes. Sie werden wahlweise als Herz, Rückgrat, Hauptschlagader oder Standbein der deutschen Wirtschaft bezeichnet. Völlig zu Recht, wie ein Blick auf die Statistik bestätigt: Familiengeführte Unternehmen weisen bei Umsatz, Rendite, Beschäftigung, Ausbildung und Eigenkapitalquote Spitzenwerte aus. Selbst in Krisenzeiten sind sie Wachstums- und Jobmotor. Ihre Strukturen, Eigentumsverhältnisse und Strategien unterscheiden sich deutlich von Publikumsgesellschaften und Unternehmen im Besitz von Staat oder Finanzinvestoren — was bedeutet, dass sie anders geführt, entwickelt und kontrolliert werden müssen. Hieraus ergibt sich ein ständiger Überprüfungs- und Korrekturbedarf. Dabei kann ein Beirat helfen, früh freie Fahrt zu geben oder ein Stoppsignal zu setzen. Ein Beirat hat viele Funktionen: Er kann als wohlmeinender Aufpasser, Sparringspartner, Kontrolleur, Personalentscheider, Moderator und Streitschlichter fungieren. Je nachdem mit wie viel Macht er ausgestattet ist, verhindert er falsches Tun, unterstützt richtige Entscheidungen und bewahrt Unternehmer vor hohen finanziellen Risiken oder gar Verlusten. Studien und Umfragen, auf die in diesem Buch immer wieder verwiesen werden, belegen, dass ein Beirat signifikanten positiven Einfluss auf ein Familienunternehmen haben kann.

Trotzdem haben hierzulande längst nicht alle Unternehmensbesitzer ein solches Gremium installiert und lehnen dies sogar teilweise strikt ab. Denn sie wollen Menschen, die nicht zur Familie gehören, keine Einblicke in interne Vorgänge und Unterlagen ihres Unternehmens gewähren. Auf den ersten Blick ist das verständlich. Bei genauerem Hinsehen zeigt sich aber, dass auf der Institution Beirat viele Vorurteile und Irrtümer lasten.

Mit diesem Praxisratgeber möchte ich mit Trugschlüssen und Fehleinschätzungen aufräumen. Der Beirat ist, wenn er richtig konzipiert ist, ein geeignetes Mittel, ein Unternehmen zu sichern und modern auszurichten. (Es kann aber auch gute Gründe geben, auf ein solches Gremium zu verzichten.) Das Buch erklärt Vor- und Nachteile eines Beirats in bestimmten Konstellationen, was er bewirken kann, wo seine Grenzen liegen und — vor allem auch — wo sie liegen sollten. Am Ende der Lektüre werden Sie wissen, ob ein Kontroll- und Beratungszentrum dieser Art für Ihr Unternehmen in Frage kommt, wie es ausgestaltet sein sollte oder wie Sie einen schon existierenden Beirat optimieren könnten.

Egal, welche Frage Sie zu dem Themenkomplex haben — in diesem Ratgeber finden Sie die Antworten. Das Buch beruht auf dem etablierten Vier-Stufen-Beiratsmodell, das hier in einer Weiterentwicklung erklärt und von zahlreichen Profi-Tipps, Checklisten sowie Beispielen ergänzt wird. Es ist aus der Praxis für die Praxis entwickelt worden und basiert auf Best-Practice-Empfehlungen von Unternehmern, Beratern und Wissenschaftlern. Das Konzept wird seit vielen Jahren mit Erfolg angewendet. Unternehmer und deren Familien loben es als einfach verständlich, aber dennoch ausreichend und praktikabel.

Dieses Buch erhebt keinen Anspruch auf Vollständigkeit. Es ist von Beginn an ausdrücklich so konzipiert worden, dass nicht alle Details beleuchtet werden. Ich bin der Meinung, dass überbordende Komplexität dem Ratsuchenden die Entscheidung für oder gegen einen Beirat nur erschweren würde. Wer einen schon existenten Beirat weiter professionalisieren möchte, um dessen Arbeit zu verbessern, auch dem ist mit einem Übermaß an Details nicht geholfen. In diesem Ratgeber geht es bewusst um eine Hilfestellung zur Einrichtung und Weiterentwicklung des eigenen Beirats. Falls Sie darüber hinaus spezifische — also, juristische oder steuerliche — Spezialfragen zum Thema Beirat beantwortet haben möchten, empfehle ich Ihnen eines der Fachbücher oder den Gang zu einem Berater.

Mein Dank gilt allen, die den Praxisratgeber Beirat unterstützt und begleitet haben. Besonders danke ich Herrn Professor Dr. Peter May, Herrn Dr. Joachim Groß und Herrn Dr. Arno Lehmann-Tolkmitt, die an der Erarbeitung einer Vorstufe des Modells mitgewirkt haben. Ebenfalls bedanke ich mich bei den Unternehmern und Beiräten, die in meinen Seminaren und Beratungen kritische Fragen gestellt und ihr praktisches Know-how eingebracht haben.

Ihnen, liebe Leser, wünsche ich viel Erfolg bei der Installation oder Weiterentwicklung Ihres Beirats. Über Fragen, Anregungen und Erfahrungsberichte würde ich mich freuen.

Dr. Alexander Koeberle-Schmid
aks@der-beirat.org

Der Beirat – Sparringspartner, Aufpasser und Konfliktlöser

Ein Beirat im Familienunternehmen übernimmt die Rolle des *wohlmeinenden Aufpassers*. Er ist ein langjähriger Begleiter, der mit dem nötigen Abstand falsches Tun verhindert und richtiges Tun bewirkt. Mit strengem, aber wohlwollendem und qualifiziertem Blick auf das Handeln der Geschäftsführung schützt er die Firma zum Wohle von Gesellschaftern und Mitarbeitern vor Fehlern. So sagen manche Familienunternehmer: „Ohne Beirat geht es nicht". Sie empfinden es als beruhigende Absicherung, dass ein kompetenter, vertrauensvoller Dritter strategische Entscheidungen beurteilt, bevor sie operativ umgesetzt werden. Eine zweite, unabhängige und familienexterne Meinung verhindert Unternehmensblindheit und falsche Weichenstellungen.

Familienunternehmen treffen häufig schnelle Entscheidungen, die nicht immer die richtigen sind, viel Geld kosten und den Betrieb schlimmstenfalls in Existenznöte bringen. Manch Firmeneigentümer freut sich im Nachhinein, dass ihn sein Beirat vor kleinen und großen Fehlern bewahrt hat, sogar vor existenziellen — und nicht zuletzt vor ihm selbst, können doch Familienunternehmer manchmal eigensinnig und uneinsichtig sein. Und in Fällen, in denen Fehlentscheidungen getroffen worden sind, hilft das Beratungsgremium, diese aufzufangen und abzumildern.

Der Beirat dient also nicht nur als Wegweiser, sondern auch als *Stabilisator*. Er hilft Familienunternehmen und ihren Besitzern bei der Verwirklichung ihres wichtigsten Ziels: Der Sicherung des Betriebes über Generationen hinweg. Der Erhalt ihres Lebenswerks ist für Firmeninhaber von zentraler Bedeutung. Immer mehr von ihnen gehen die Übergabe früh und entschlossen so an, dass die Familie ihre Rolle als dominanter, einflussreicher Eigentümer bewahrt. Ein Beirat kann auch einen bedeutenden Beitrag dazu leisten, den schwierigen Prozess des Stabwechsels anzugehen.

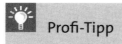 **Profi-Tipp**

Drei zentrale Gesichtspunkte

Ob Sie den Beirat nun als Berater, Kontrolleur, Sparringspartner oder als Helfer bei der Übergabe betrachten — in jedem Fall muss er so konzipiert sein, dass er die in ihn gesetzten Hoffnungen und Erwartungen erfüllen kann. Drei entscheidende Aspekte sind stets zu berücksichtigen:

- Die Mitglieder müssen vor Sitzungen rechtzeitig und strukturiert alle relevanten Informationen erhalten haben, damit intensive Diskussionen geführt werden können.

- Dem Beirat sollten zwingend kontrollierende Aufgaben übertragen werden, weil die Ausübung der Wächterfunktion nachweislich den Unternehmenserfolg steigert.

- Das Gremium sollte unbedingt von Beginn an in die Nachfolgeregelung involviert sein, denn es ist für die Zeit des Übergangs ein wichtiger Stabilitätsfaktor.

1. Vorbehalte und Vorurteile

Obwohl zahlreiche Gründe für die Installation eines Beirats sprechen, haben nur etwas mehr als die Hälfte der deutschen Familienbetriebe ein solches Gremium oder einen Aufsichtsrat eingerichtet.[1] Skeptiker führen diverse Ein- und Vorwände an. Manche haben ihren Beirat aus Enttäuschung über dessen Leistungen wieder abgeschafft. Das sollte allerdings auf gar keinen Fall dazu führen, an der Institution grundsätzlich zu zweifeln. Denn scheitert ein Beirat kläglich, gibt es so gut wie immer handfeste Gründe, die sich bei näherer Betrachtung als vermeidbar herausstellen: Er war falsch konzipiert, inkompetent besetzt und seine Aufgaben waren diffus formuliert, um nur einige Möglichkeiten für den Misserfolg zu nennen.

Unternehmer, die auf eine solche externe Berater- und Aufpasserinstanz verzichten, legitimieren ihren Entschluss mit derlei negativen Praxisbeispielen oder führen andere Vorwände ins Feld. Meist ist es die — durchaus nachvollziehbare, aber unberechtigte — Sorge, „Unbeteiligten" Firmeninterna preiszugeben. Die Skepsis beruht oft auf Erfahrungen, die daraus entstanden, dass weder der Unternehmer seinen Beirat noch dessen Mitglieder ihre Aufgaben ernst nahmen. Ein derartig defizitäres Zusammenspiel führt unweigerlich dazu, dass der erhoffte oder erwartete Nutzen sich nicht einstellte. Wobei an dieser Stelle ausdrücklich erwähnt werden soll, dass es Familienunternehmen gibt, die seit Jahrzehnten ohne eine solche Kontroll- und Beraterinstanz auskommen und erfolgreich sind. Die Entscheidung muss jede Firma ganz individuell treffen.

Die Skeptiker oder Gegner von Beiräten haben Glaubenssätze aufgestellt, die hier im Folgenden beleuchtet werden.[2]

„Ich erwarte nicht, dass ein Beirat unserem Familienunternehmen nutzen wird."
Wer das sagt, urteilt voreilig. Die Praxis widerlegt gerade diesen Glaubenssatz entschieden: Die Existenz eines Beirats führt vielfach zu einem positiven Bewertungseffekt in der Außenbetrachtung, zum Beispiel bei Ratings und der Anwerbung von Führungskräften. Und er hat manchen Unternehmer noch einmal vor einer Insolvenz geschützt, durch kritisches Hinterfragen und Druck zur Professionalisierung. Allerdings gilt: Unternehmer, die einen Beirat mit viel zu hohen Erwartungen überfrachten, die zudem gar nicht zu dessen originärem Aufgabenbereich gehören, werden ebenso enttäuscht sein wie derjenige Firmen-

inhaber, der den Beirat als kostengünstige Alternative zum Einkauf externer Berater missversteht oder gar missbraucht. Wer nach dem Motto verfährt: „Wasch mir den Pelz, aber mach mich nicht nass", wird keine gute Symbiose mit einem Beirat eingehen.

„Ich möchte nicht, dass Dritte mit unseren Herausforderungen konfrontiert werden."
Ratschläge sind vielfach gewinnbringender, wenn sie losgelöst von familiären Verquickungen und persönlichen Abhängigkeiten geäußert werden. Viele Unternehmerfamilien neigen jedoch dazu, firmeninterne Schwierigkeiten nicht offenzulegen und schon gar nicht mit Fremden zu diskutieren. Dabei vergessen sie, dass ein Beirat zur Verschwiegenheit verpflichtet ist. Obendrein kann er den Finger in die Wunde legen und Probleme aufzeigen, die ein Unternehmer vielleicht nicht wahrhaben will oder überhaupt nicht sieht. Außerdem kann der Austausch mit außenstehenden Experten anderer Fachrichtungen und Erlebnishorizonte — zum Beispiel aus größeren Unternehmen oder fremden Märkten — hilfreich sein.

„Ich möchte nicht, dass wir durch einen Beirat an Flexibilität verlieren und Entscheidungsprozesse verlängert werden."
Zugegeben: Ein personell stark besetzter Beirat schränkt die unternehmerische Entscheidungsfreiheit in einem gewissen Maße ein. Das rechtfertigt jedoch kein generelles Nein zur Institution Beirat. Das Beratungs- und Kontrollzentrum muss so installiert werden und arbeiten können, dass die Risikobereitschaft einer Firma nicht auf null reduziert wird. Spielräume müssen durch klare Aufgabendefinitionen erhalten werden: Wird auf unnötige Regeln und Vorgaben wie übertriebene Berichtspflichten verzichtet, bleiben Flexibilität und Geschwindigkeit erhalten. Ein Problem entsteht erst dann, wenn der Beirat nicht ernst genommen wird: Werden seine Empfehlungen und Entscheidungen ohne inhaltliche Prüfung oder gar aus Prinzip in den Wind geschlagen, hat sich die Sache erledigt. Denn dann verlängern sich Prozesse insofern, dass die Sitzungen nur Zeit und Geld kosten, ohne einen Nutzen zu erzeugen.

„Ich möchte nicht, dass der Beirat mich kontrolliert."
Warum eigentlich nicht? Unternehmer prüfen ihre Entscheidungen gründlicher und gehen mit sich härter ins Gericht, wenn sie wissen, dass ihre Beschlüsse in regelmäßigen Abständen geprüft werden und sie Rechenschaft ablegen müssen. Der Beirat dient also auch als Instrument der Selbstdisziplinierung. Zahlreiche Firmen stellen

die Beratungs- und Sparringspartnerfunktion des Gremiums in den Vordergrund. Unternehmer mit Beiräten ohne vertraglich definierte Kontrollaufgabe erklären dennoch, dass sie sich bei inhaltlichen Differenzen nie über Entscheidungen oder die Meinung der Mitglieder des Gremiums hinweggesetzt haben. Sie fühlen sich nicht kontrolliert, sondern halten die Ratschläge von Persönlichkeiten aus anderen Branchen, Fachrichtungen, Firmengrößen und Familienunternehmen für äußerst wertvoll.

„Ich möchte nicht, dass mir der Beirat zu sehr reinredet."
Das tut er auch nicht. Je nachdem mit wie viel Macht der Beirat ausgestattet ist, haben seine Empfehlungen und Entscheidungen rechtsverbindlichen Charakter oder eben auch nicht. Doch selbst wenn sie bindend sind, gilt: Die Mitglieder des Gremiums stehen vertraglich in der Pflicht zu helfen, dass das Unternehmen, das sie beaufsichtigen und beraten, wächst und gedeiht. Sie wissen: Konflikte sind kontraproduktiv. Der Beirat wird also nie oder — dann vielleicht aus guten Gründen — in seltensten Fällen versuchen, eine Entscheidung gegen den erklärten Willen der Geschäftsführung und/oder Eigentümer durchzudrücken. Kommt es tatsächlich zum offenen Streit, stimmt ohnehin etwas Grundsätzliches nicht im Zusammenspiel zwischen Unternehmen und Kontrolleur. Abgesehen davon: Dem Beirat können übertragene Aufgaben wieder entzogen werden, wenn die dafür notwendige Mehrheit der Gesellschafter es so möchte. Außerdem können sich die Eigentümer ein Recht einräumen, bei Entscheidungen immer das letzte Wort zu haben, also das Beiratsvotum ignorieren zu dürfen.

„Ich möchte nicht, dass der Beirat für ewig zementiert ist."
Niemand ist verpflichtet, einen Beirat für die Ewigkeit zu gründen. Sind sich die Eigentümer des Familienunternehmens einig, können sie die Einrichtung jederzeit wieder abschaffen. Das gilt auch für Alleininhaber.

Diese Liste der Einwände und Vorurteile gegen die Einführung eines Beirats könnte noch fortgesetzt werden. „Mein Anwalt rät mir davon ab." „Ich möchte nicht, dass Mitgesellschafter mehr Mitspracherechte haben." „Ich habe keine Idee, wer in meinem Beirat sitzen könnte." „Ich bin nicht organisiert genug." „Die Beiratsmitglieder werden mein Geschäftsmodell nie verstehen." Dass diese Punkte alle entkräftet werden können, zeigen die folgenden Ausführungen, Praxishinweise und Empfehlungen.

Doch die Praxis zeigt: Beiräte bringen Familienunternehmen und ihren Eigentümern einen enormen Nutzen. Ist er mit kompetenten und pfiffigen Mitgliedern besetzt und klappt die Interaktion mit den Gesellschaftern und den Geschäftsführern, bildet diese Gemeinschaft ein Fehler- und Krisenfrühwarnsystem sowie ein Ideen- und Kontrollzentrum zum Vorteil aller Beteiligten und der Mitarbeiter.

2. Der richtige Zeitpunkt

In den allermeisten Fällen wird ein Beirat erst einige Jahre nach der Unternehmensgründung ins Leben gerufen. Auslöser kann der Wunsch des Eigentümers sein, einen permanenten kritischen Begleiter zu haben, aber auch die nachhaltige Lösung der Übergabeproblematik durch langfristige Suche eines geeigneten Nachfolgers.

Zwei zentrale Entwicklungsebenen von Familienunternehmen beeinflussen die Einführung bzw. die Gestalt des Beirats.[3] Das sind die *Inhaberschaft* und die *Managementstruktur*.

Bei Familienunternehmen wird in drei Variationen von Eigentumsverhältnissen unterschieden. Beim *Alleininhaber* gehört der Betrieb — wie der Begriff schon anzeigt — einer Person, die in den allermeisten Fällen auch Firmenchef ist. In der *Geschwistergesellschaft* — auch das drückt der Name bereits aus — gehört der Besitz mindestens zwei Geschwistern. Das *Vetternkonsortium* entwickelt sich über mehrere Generationen: Der Besitz — und damit die machtausübende Dominanz im Gesellschafterkreis — geht von Brüdern und Schwestern zu Vettern und Cousinen ab dem ersten Grad über, also den direkten Nachkommen.

Geschwister heiraten, gründen neue Familien, die Verwandtschaft wächst: Mit dieser Entwicklung nimmt in der Regel die Anzahl der Eigentümer zu. Das wiederum führt zu einer steigenden Unterschiedlichkeit der Gesellschafter: In ihren Zusammenkünften treffen verschiedene Meinungen, Lebensentwürfe und Interessen aufeinander. Diese Vielfalt kann prinzipiell eine Bereicherung für ein Familienunternehmen sein, kann aber auch Abstimmungen erschweren, da das Konfliktpotential größer wird.

Um mit dieser Mischung konstruktiv umgehen zu können, ist es angebracht, spätestens ab der Geschwistergesellschaft einen Beirat einzuführen. Er kann die unterschiedlichen Gedanken, Wünsche und

Auffassungen „einsammeln" und strukturieren, die Kommunikation zwischen den Verwandten sicherstellen und darauf achten, dass die verschiedenen Interessen der unterschiedlichen Eigentümer berücksichtigt werden. Letzten Endes kann er mit eigenen Vorschlägen Wege zur Konfliktlösung ebnen.

Allerdings sollte auch ein *Alleininhaber* die Einrichtung eines Beirats erwägen, sobald das Thema Nachfolge ansteht, wenn auch noch in einiger Ferne. Die Praxis hat vielfach gezeigt, dass gerade in Notfällen die Unterstützung externer Ratgeber sehr hilfreich ist, die das Unternehmen seit Jahren kennen, was auf etliche Beiratsmitglieder zutrifft.

Wie schon erwähnt, beeinflusst auch die Managementstruktur Form und Gestalt eines Beirats. Man unterscheidet zwischen *inhabergemanagten* Familienunternehmen, bei denen Eigentum und Führung zu 100 Prozent in einer Hand liegen, *familiengemanagten* Firmen, bei denen es im Unternehmen tätige und nicht-tätige Gesellschafter gibt, sowie *fremdgemanagte*: Hier sitzen ausschließlich Spitzenkräfte in der Chefetage, die nicht zur Eigentümerfamilie gehören.

Liegen Inhaberschaft und Geschäftsführung in einer Person, also bei der inhabergemanagten Firma, so ergeben sich logischerweise keine Interessenskonflikte. Der Firmenbesitzer entscheidet und steht dafür gerade. Dies kann sich mit Einführung einer Doppelspitze aus zwei Geschwistern ändern, die Firmenanteile halten und das Unternehmen gemeinsam lenken. Schon in dieser Konstellation kann es zu unterschiedlichen Präferenzen und Zielen der zwei Geschäftsführenden Gesellschaftern kommen. Das Konfliktpotential nimmt immer weiter zu, je mehr Leute das Sagen haben und je mehr Inhaber sich den Gewinn ihres Unternehmens teilen. Das heißt nicht, dass es in einem familiengemanagten Betrieb, der im Besitz mehrerer Verwandter ist, von denen manche im Unternehmen mitarbeiten, meist auf Geschäftsführungsebene, und andere neben ihrer Gesellschafterrolle eigene berufliche Wege gehen, permanent rappelt. Doch die Gefahr, dass es zu einem Streit kommt, ist höher. Eigentümer, die nicht in dem Unternehmen arbeiten, möchten in der Regel — und verständlicherweise — mit ihrem eingesetzten Kapital eine adäquate Rendite erzielen. Die geschäftsführenden Gesellschafter dagegen wollen die Gewinne — auch sie haben gute Gründe — lieber wieder in die Firma stecken, in Investitionen oder Forschung und Entwicklung. Gerade hier ist ein Beirat ein geeignetes Instrument, sich daraus ergebende Interessenskollisionen früh zu erkennen und zu managen — wenn es sein muss, auch als Mediator oder Schiedsrichter.

Spätestens, wenn die Eigentümer die Geschäftsführung komplett „Fremden" überlassen, braucht es einen Beirat, um den dominanten Einfluss der Inhaberfamilie weiterhin im Unternehmen zu erhalten. Das heißt: Sie trifft weiterhin Grundsatzentscheidungen, aber der Beirat sorgt in seiner Rolle als Aufpasser dafür, dass das Management nichts gegen den erklärten Willen der Familie durchsetzt. Oder er wird als Vermittler tätig, der nach geeigneten Lösungen sucht.

Doch nicht nur die Inhaber- und Managementstruktur haben Einfluss auf Einführung und Struktur eines Beirats, sondern auch die Art und Größe des Familienunternehmens. Bei einer eher jungen Firma ist die Folge knapper Ressourcen wie Investitionskapital, Personal und Rohstoffe, dass sie sich auf eine ganz bestimmte Aktivität fokussiert. Sie steht im Mittelpunkt des unternehmerischen Handelns. Bei einem großen Betrieb zieht eine solche Konzentration automatisch ein erhöhtes Risiko nach sich. Denn Gedeih und Verderb sind stark an das Hauptprodukt geknüpft. Ein Beirat dient Firmen, die ihr Hauptaugenmerk auf ein bestimmtes Produkt oder eine genau festgelegte Dienstleistung richten *(fokussierte Familienunternehmen)*, als Sparringspartner bei internen und externen Herausforderungen: Dazu zählen Strukturveränderungen aufgrund der Auftragslage und notwendige Innovationen.

Mit zunehmender Unternehmensgröße gewinnt die Verteilung von Verlustgefahren auf möglichst viele Bereiche und Schultern (Risikodiversifizierung) an Bedeutung. Ein Blick auf den Kapitalmarkt macht deutlich, was gemeint ist: Kein Geldgeber investiert sein Vermögen in nur eine Aktie, er verteilt es lieber auf verschiedene Anlageklassen und darin auf diverse Einzeltitel. So streut er das Risiko. Große Familienunternehmen sind deshalb auch in mehreren Branchen und Märkten engagiert *(diversifizierte Familienunternehmen)*. Hier kann ein Beirat wesentlichen Beitrag dazu leisten, den — salopp formuliert — Gemischtwarenladen zu steuern. Dazu gehören das Aufzeigen von Synergien und Hinweise zu Erweiterungen des Portfolios. Der Beirat steht auch mit Rat zur Seite, wenn es darum geht, Investitionsentscheidungen zu treffen, also Ressourcen wie einbehaltene Gewinne auf die unterschiedlichen Geschäftssegmente richtig zu verteilen.

Zieht man ausschließlich die Unternehmensgröße als Maßstab der Entscheidungsfindung heran, gilt die Faustregel: Ab etwa 100 Mitarbeitern sollte zwingend über einen Beirat nachgedacht werden. Hier ist genau abzuwägen, ob der Nutzen den Aufwand überwiegt. Ab etwa 25 Mio. Euro Jahresumsatz gehört ein solches Gremium definitiv zu einem professionell gemanagten Familienunternehmen. Eine wissenschaftliche Studie belegt: Je mehr Umsatz eine Firma generiert, desto höher ist die Wahrscheinlichkeit, dass sie einen Beirat (nötig) hat. So haben Unternehmen mit einem Umsatz von zwischen 25 und 125 Mio. Euro in knapp 60 Prozent der Fälle einen Beirat, Firmen mit mehr als 125 Mio. Euro in 85 Prozent.[4]

3. Das muss im Gesellschaftsvertrag stehen

Für die Einrichtung eines Beirats muss so gut wie immer der *Gesellschaftsvertrag bzw. die Satzung* geändert werden. Müssen sich mehrere Eigentümer einigen, kann es schwierig sein, einen notwendigen Konsens darüber zu finden. Für die Gründung eines Beirats braucht es jedenfalls ein hohes Maß an Zustimmung. Für die Änderung des Gesellschaftsvertrages, der die Struktur und elementare strategische Handlungsabläufe des Familienunternehmens festschreibt, müssen meistens 75 Prozent der Firmeninhaber votieren, mitunter sogar 100 Prozent. Erst mit diesen Quoten kann der Beirat rechtlich bindend festgeschrieben werden. Seine Abschaffung ist ebenfalls nur möglich, wenn die entsprechende Mehrheit zustande kommt. Es sei denn, die Einrichtung wird als ausschließliches Beratergremium etabliert. Dann muss sie nicht in dem Gesellschaftsvertrag oder der Satzung verankert werden.

Allerdings kann der Beirat auch von Beginn an im Gesellschaftsvertrag oder der Satzung aufgenommen werden mit dem Zusatz, dass er erst aktiviert wird, wenn zum Beispiel der Unternehmensgründer aus der Geschäftsführung abtritt oder sich die Zahl der stimmberechtigten Eigentümer erhöht. Wer diesen Weg wählt, dem sollte klar sein, dass es bei der Besetzung der Beiratsposten zu Spannungen oder gar zu einem offenen Streit kommen könnte. Dieser Gefahr kann mit Vorsorgeregeln begegnet werden. Mittels Klausel kann vorab festgelegt werden, wer in das Gremium einzieht oder ein Recht für bestimmte Gesellschafter festgezurrt werden, zu einem gewissen Zeitpunkt ihre Wunschpersonen entsenden zu dürfen.

4. Höchste Zeit für einen Beirat

Leider zeigt sich oftmals erst in der Praxis, dass ein Beirat zu spät eingerichtet worden ist. Geschwistern, deren Verhältnis durch Streit belastet ist, gelingt selten eine Einigung auf ein solches Berater- und Kontrollgremium. Die Ironie dabei: Gerade in Konfliktfällen ist der Beirat ein geeignetes Schlichtungs- und Vermittlungsinstrument. Allerdings hat sich das noch nicht überall herumgesprochen: Ein Unternehmer, der mit 75 Jahren noch immer das Ruder in der Hand hält, wird sich kaum mit der Position des Vorsitzenden eines Beirats begnügen — und sich deshalb von vornherein gegen dessen Installation stellen.

 Profi-Tipp

Kriterien für den Planungsbeginn

Ein Beirat sollte spätestens dann geplant oder implementiert werden, wenn:

- klar ist, dass die Zeit der Alleininhaberschaft endet und sich das Unternehmen zu einer Geschwistergesellschaft wandeln wird und die Nachfolge in Angriff genommen werden muss. Spätestens wenn absehbar ist, dass ein Vetternkonsortium entstehen wird, muss über einen Beirat nachgedacht oder — besser — gleich mit der Planung dafür begonnen werden.

- es sich um ein Familienunternehmen handelt, bei dem mindestens zwei Eigentümer auch die Firmenleitung innehaben.

- es sich um ein reifes, fokussiertes oder breit aufgestelltes Familienunternehmen handelt.

- es sich um einen Betrieb mit mehr als 100 Mitarbeitern handelt, allerspätestens aber dann, wenn mehr als 25 Millionen Euro Umsatz erlöst werden.

Beispiele aus der Praxis

Hinweis an die Leser: Die Beispiele stammen alle aus Praxiserfahrungen des Autors. Sie sind entweder echt oder beruhen weitgehend auf realen Vorbildern. Die Namen der drei Unternehmen sowie bestimmte Details mit Wiedererkennungswert sind zu deren Schutz allerdings — wenn man so will — nach konkreten Vorbildern frei erfunden. Das gilt insbesondere für das Beispiel der Familie Cietelmann, wo selbst die Sparten, in denen der Konzern tätig ist, geändert werden mussten, um keine Rückschlüsse zuzulassen.

Ralf **Ammann** ist Alleininhaber des 1970 gegründeten gleichnamigen Maschinenbauers, der jährlich rund 40 Mio. Euro Umsatz macht. Er hat sich aus freien Stücken entschlossen, einen Beirat ins Leben zu rufen. Seiner Entscheidung ging ein einschneidendes Erlebnis voraus. Ein befreundeter Konkurrent fiel nach einem Autounfall für neun Monate komplett aus. Dass dessen Sohn, der das Unternehmen eigentlich erst Jahre später übernehmen sollte, die Zeit ohne den eigentlichen Geschäftsführer reibungslos überbrücken konnte, lag in hohem Maße daran, dass ihm der Beirat mit Rat und Tat zur Seite stand. Ohne das Fachwissen und die Firmenkenntnisse der Beiratsmitglieder wäre das nicht gelungen. Diese Erfahrung ließ bei Ammann die Erkenntnis reifen, ein solches Beratergremium zu installieren, das in Fragen der Strategie sowie der Nachfolge seine Meinung einbringt und im Notfall wichtige Dienste leisten könnte. Amman hat selbst zwei Söhne, die seine Wunschkandidaten für die Nachfolge sind, und schwört sich, alles zu tun, ihnen den Weg an die Unternehmensspitze zu ebnen.

Der Schokoladenhersteller **Baumann** existiert seit mehr als 50 Jahren und macht jährlich rund 250 Mio. Euro Umsatz. Inzwischen gehört er zu exakt gleichen Teilen den drei Brüdern und zwei Töchtern des Firmengründers Werner Baumann, der das Unternehmen groß gemacht hat. Die Geschwister sind zwischen 41 und 56 Jahre alt. Einige Jahre nach dem Tod des Vaters arbeiteten sie eine Familienverfassung aus mit dem Ziel, ein gemeinsames Regelwerk zu haben, um — ungeachtet aller Emotionen und Rücksichtnahmen innerhalb der Verwandtschaft — professionell zusammenarbeiten zu können. Dafür holten sie sich Unterstützung von einem Berater, der ihnen empfahl, einen Beirat zu etablieren. Anfangs war die Skepsis groß, Familienfremden Einblicke in Firmeninterna zu gewähren. Die Idee wurde deshalb verworfen. Noch während der Verhandlungen über die Familienverfassung brach ein Streit aus: Dem ältesten Bruder, der schon zu Lebzeiten des Vaters im Unternehmen arbeitete, warfen die jüngeren Geschwister eine gravierende Fehlentscheidung vor. Um den Konflikt zu schlichten, brachte der Berater erneut das Thema Beirat auf die Agenda und begründete sein Plädoyer für das Gremium mit dem konkreten Beispiel, das gerade alle Beteiligten erlebt hatten und das den Nutzen eines Beirats bestens veranschaulichte. So einigte sich die Familie nicht nur auf den Inhalt ihrer Verfassung, in der die Rechte und Pflichten der Geschäftsführung und Gesellschafter neu definiert worden sind, sondern im Zuge dieser Diskussion auch auf die Gründung eines Beirats, der sechs Monate später als Wächter über die Einhaltung des Abkommens seine Arbeit aufnahm.

Das Familienunternehmen **Cietelmann** ist ein breit aufgestellter Konzern, der sich — getrieben von technischen Innovationen — immer wieder neu erfinden musste. Sein Ursprung reicht in das letzte Viertel des 18. Jahrhunderts zurück. Albert Cietelmann war der jüngste Sohn eines Bergarbeiters aus dem Ruhrgebiet. Wie sein Vater rackerte er von früh bis spät, verzichtete auf Wirtshausbesuche und legte vom kargen Lohn stets etwas zurück, bis er mit dem ersparten Geld als 30-Jähriger ein Pferd kaufen konnte. Er bot seine Dienste als Transportunternehmer an. Später erwarb er weitere Pferde, die er an die Zechen der Gegend entlieh. Das Geschäft lief prächtig. Schließlich brachten im 18. und frühen 19. Jahrhundert Pferdebahnen die Kohle zu den Verladestellen an der Ruhr. Als dampfmaschinengetriebene Transportmittel und im Anschluss das Auto aufkamen, erneuerten Cietelmanns Nachkommen den Fuhrpark, eröffneten zugleich eine Dampfmaschinenfabrik sowie einen Handel mit Autos und Landwirtschaftsfahrzeugen. Nach dem ersten Weltkrieg kaufte sich die Familie — damals in fünfter Generation — in die Düngemittelproduktion und in den 70er Jahren in die Pharmabranche ein. Jüngste Investition ist die Gründung einer Kette günstiger Design-Hotels. Heute hat der Konzern nach wie vor sechs Zweige: Spedition, Schwermaschinenbau, Großfahrzeughandel, Pharma- und Chemieindustrie sowie Hotelbetrieb.

Ungeachtet der vielen Geschäftsfelder und Einzelfirmen blieb der Gesellschafterkreis bei Cietelmann mit heute 25 Eigentümern recht überschaubar. Immer wieder ließen sich Familienmitglieder auszahlen oder hatten keine Nachkommen. Konflikte gab es dennoch zuhauf. Zu Beginn des 20. Jahrhunderts verloren Cietelmanns einen immensen Teil ihres Vermögens wegen eines riskanten Investments im Ausland. Es dauerte Jahre, sich davon zu erholen.

Ende der 70er Jahre waren acht der damals zwölf Eigentümer der sechsten Generation auf diversen Ebenen und in unterschiedlichen Firmen des Konzerns tätig. Es war unklar, wer von wem der Chef war und letztendlich das Sagen hatte. Durch den Zuwachs um die Pharmasparte wurde die Abstimmung schwieriger: Wachsende Spannungen zwischen den Inhabern und zunehmendes Kompetenzgerangel verkomplizierten die Handlungsabläufe im Konzern zusätzlich oder blockierten sie sogar. Die Gesellschafter zogen die Reißleine: In einem radikalen Schritt entschieden sie, sich aus dem Management komplett zurückzuziehen und die Konzernführung eingekauften Führungskräften zu überlassen. Um den Einfluss der Familie auf den Gesamtkonzern aber trotzdem vollumfänglich abzusichern, entschlossen sich Cietelmanns, parallel zum Ausstieg aus der Firmenleitung einen Beirat zu installieren, der bis heute existiert.

5. Zufriedenheit mit dem Aufpasser

Nur sehr wenige Unternehmer schaffen ihren Beirat wieder ab, weil sie ihre Erwartungen an die Institution nicht erfüllt sahen. Sie sind allerdings eine große Ausnahme. Die ganz überwiegende Mehrheit ist mit ihrer Entscheidung auch Jahre später zufrieden und erkennt an, dass ihr Beirat zu einem wichtigen Informations- und Know-how-Transfer beiträgt, die Entwicklung des Betriebes fördert und bei internen oder externen Turbulenzen stabilisierend wirkt.

Dessen ungeachtet kann es jedoch vorkommen, dass sich über viele Jahre hinweg eine gewisse oder konkrete Unzufriedenheit mit dem Beirat einschleicht. Das liegt häufig daran, dass dieser nicht mehr so zusammengesetzt ist, dass er zur Lage des Unternehmens passt. Oder er ist überaltert, erhält Informationen nicht rechtzeitig vor Sitzungen oder es finden keine echten, befruchtenden Diskussionen mehr statt.

Doch — wie schon oben erwähnt — sind das die Ausnahmen. Mehr als drei Viertel der Familienunternehmer in Deutschland geben ihrem Beirat die Note eins oder zwei, wie zwei unabhängig voneinander durchgeführte Studien ergaben.[5] Miserabel beurteilen extrem wenige ihr Kontrollgremium. Das ist ermutigend für all jene, die noch zögern, ein solches Gremium in der Firma anzusiedeln.

6. Garant für mehr Erfolg

Beiräte beeinflussen den Erfolg des Unternehmens, für das sie tätig sind, positiv, wie in zahlreichen Gutachten und Befragungen festgestellt worden ist.[6] Kontrolliert das Beratergremium die Geschäftsführung, steigt die Rentabilität. Halten die Mitglieder mit ihrer Meinung nicht hinter dem Berg und gibt es eine echte Debattenkultur, leisten sie einen deutlichen Beitrag zur erfolgreichen Weiterentwicklung der Firma.

Befragt nach dem Zusammenhang zwischen Beiratsarbeit und wirtschaftlichem Erfolg, bestätigen 85 Prozent der Unternehmer diesen positiven Effekt.[7] Die externe Zuarbeit fördert die *betriebliche Leistung* wie folgt:

- Unterstützung der Geschäftsführung durch Beratung, Empfehlungen, Know-how und Kundtun unabhängiger Meinungen

- Steigerung von Transparenz und Nachhaltigkeit durch Hilfe im Beurteilen von Entscheidungsalternativen

- Vorgabe von Unternehmenszielen und -strategien, abgeleitet aus den Werten und Zielen der Familie in Bezug auf die Firma

- Förderung von Selbstdisziplin, Verantwortung und Rechenschaft in der Geschäftsführung

- Unterstützung im Auswahlprozess der Geschäftsführungsnachfolger

Vier Stufen zum effektiven Beirat

Das Vier-Stufen-Beiratsmodell ist auf Basis praktischer Erfahrungen, Best-Practice-Empfehlungen und wissenschaftlichen Erkenntnissen entwickelt worden. Es hat sich in der Praxis häufig und erfolgreich bewährt. Das Konzept dient als Leitfaden, individuell, strukturiert und passgenau einen Beirat zu konzipieren, der exakt zu den Erfordernissen des jeweiligen Unternehmens passt. Mit dem Modell kann jedoch auch ein schon existierender Beirat weiterentwickelt und sowohl seine Effektivität als auch Effizienz erhöht werden.

Die Entscheidung, ob und in welcher Form ein Beratungs- und Kontrollgremium in den hier folgenden Varianten zum Leben erweckt wird, liegt allein in der Hand der Firmeninhaber. Denn es ist deren explizite Aufgabe, die Eckpunkte und Kompetenzen aller Gremien und Organe ihres Unternehmens festzulegen. Im Gesellschaftsvertrag, der Satzung oder weiteren juristischen Dokumenten werden sämtliche Punkte festgehalten, die als Ergebnis des Vier-Stufen-Modells auf dem Weg zum eigenen Beirat erarbeitet worden sind.

1. Enormer rechtlicher Spielraum

Grundsätzlich können Unternehmerfamilien *freiwillig* entscheiden, ob sie für ihren Betrieb in der Rechtsform der Personengesellschaft (OHG, KG, GbR, GmbH & Co. KG) einen Beirat implementieren wollen oder nicht. Dies gilt auch für eine Gesellschaft mit beschränkter Haftung. Es gibt grundsätzlich keine gesetzlichen Regelungen, die die Ausgestaltung des Gremiums definieren. Es herrscht in den meisten Fällen Organisationsfreiheit. Das ist der Grund, warum Beiräte in Familienunternehmen oftmals aus einem praktischen Bedürfnis heraus entstehen. Das Gremium ist also fakultativ und beruht auf kollegialem Verständnis. Seine Mitglieder sind gleichberechtigt und treffen gemeinschaftlich Entscheidungen. Allerdings macht der Gesetzgeber einige Vorgaben und definiert gewisse Grundformen.

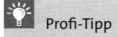

Profi-Tipp

Viel Freiheit

Familienunternehmer sollten bei der Einrichtung eines Beirats den überaus großen Spielraum nutzen, den ihnen der Gesetzgeber gewährt. Er bietet die Chance, das Gremium ganz nach persönlichen Vorstellungen und den Bedürfnissen der Firma zu installieren. Das gilt auch für dessen Besetzung und Leistungsfähigkeit.

Entscheidet sich eine Unternehmerfamilie dafür, der Firma solch einen kritischen Begleiter an die Seite zu stellen, hat sie die Wahl, entweder einen *schuldrechtlichen* oder *organschaftlichen* Beirat zu bilden (vgl. Abbildung 1):[8] Damit verbunden ist, wie viel Macht die Institution erhält, ob ihre Beschlüsse bindend sind und sie im Fall schwerer Fehler juristisch dafür gerade stehen muss.

- *Organschaftlicher Beirat*: Dieser wird von den Gesellschaftern, also den Eigentümern der Firma, eingesetzt. Dabei übertragen sie dem Gremium ihnen originär zustehende Rechte und Pflichten. Genannt seien an dieser Stelle die Zustimmung zu Investitionen und zum Verkauf von Betriebsvermögen oder die Feststellung des Jahresabschlusses. Der Beirat ist ein Organ, das im Gesellschaftsvertrag bzw. in der Satzung verankert ist und/oder durch Beschluss der maßgeblichen Eigentümer eingerichtet worden ist. Seine Rechte und Pflichten sind klar definiert. Er ist angesiedelt zwischen Gesellschafterversammlung und Geschäftsführung und übernimmt regelmäßig kontrollierende und beratende Aufgaben insbesondere gegenüber der Geschäftsführung, weshalb er für schuldhafte Fehlentscheidungen auch haftbar gemacht werden kann. Die Einrichtung ist dem Gesamtinteresse des Unternehmens verpflichtet. Seine Abschaffung bedarf eines Beschlusses der Gesellschafter mit vertragsändernder Mehrheit.

- *Schuldrechtlicher Beirat*: Die Gesellschafter treten keine Rechte und Pflichten an den Beirat ab, sondern ziehen ihn bei wichtigen Entscheidungen als Ratgeber hinzu. Genauso kann die Geschäftsführung das Gremium bei drängenden Fragen anrufen. Der schuldrechtliche Beirat ist kein Organ des Unternehmens und damit auch nicht im Gesellschaftsvertrag oder in der Satzung verankert. Das bedeutet, dass die Eigentümer keine Macht abgeben: Die Gesellschafterversammlung behält ihre Aufgaben im bisherigen Umfang. Der Beirat fungiert wie ein externer Berater, der temporär engagiert worden ist. Aus rechtlicher Perspektive handelt es sich um ein Bündel von Geschäfts- und/oder Dienstbesorgungsverträgen, die das Unternehmen bzw. die Geschäftsführer mit jedem einzelnen Beiratsmitglied abschließen. Die Personen übernehmen ausschließlich beratende Aufgaben, weshalb sie auch keine Entscheidungen treffen. Haftungsfragen sind damit in aller Regel obsolet. Die Abschaffung des schuldrechtlichen Beirats erfolgt durch Kündigung des Vertrags.

Ist das Familienunternehmen als Aktiengesellschaft (AG) oder Kommanditgesellschaft auf Aktien (KGaA) organisiert, sind die Inhaber *rechtlich verpflichtet*, einen Aufsichtsrat zu implementieren. Dieser Zwang kann auch durch mitbestimmungsrechtliche Gesetze für Gesellschaften mit beschränkter Haftung (GmbH) begründet sein. Diese obligatorischen Aufsichtsräte müssen dann ab 500 Mitarbeitern eingerichtet werden.

Entscheiden sich die Eigentümer einer GmbH für einen *freiwilligen Aufsichtsrat*, sind aktienrechtliche Vorschriften zu beachten — es sei denn, die Satzung schließt dies explizit aus. Der Aufsichtsrat übernimmt in diesem Fall regelmäßig auch die Kontrolle zentraler Unternehmenstätigkeiten und trifft Personalentscheidungen in Bezug auf das Top-Management.

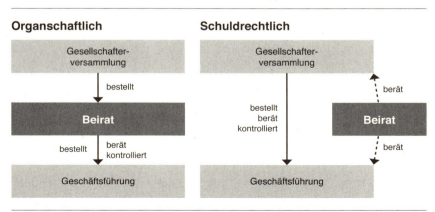

Abbildung 1: Grundformen von Beiräten in Familienunternehmen

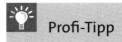

Profi-Tipp

Spielräume nutzen

Aufgrund rechtlicher und organisatorischer Gestaltungsspielräume gleicht so gut wie kein Beirat dem anderen. Diese Freiheit drückt sich in der Synonymvielfalt für den Begriff „Beirat" aus. Manche Fachleute sprechen generell von einem Aufsichtsgremium und fassen unter diesen Begriff Beiräte, Aufsichtsräte, Verwaltungsräte usw. zusammen. Unternehmerfamilien sind grundsätzlich frei, wie sie die jeweilige Einrichtung nennen. Allerdings sind mit bestimmten Bezeichnungen gewisse Aufgaben verbunden. Dabei steht bei einem Beirat oftmals die Beratung im Vordergrund, beim Aufsichtsrat die Kontrolle und beim Verwaltungsrat neben der Prüfung der unternehmerischen Entscheidungen die aktive Einmischung ins operative Geschäft, so dass bei Letzterem der Vergleich mit einer Geschäftsführung durchaus zulässig ist. Zudem kann es in manchen Fällen sinnvoll sein, neben einem obligatorischen Aufsichtsrat einen Beirat zu installieren, wenn zum Beispiel ein Familienunternehmen unter die Mitbestimmung fällt.

2. Die beste Heimat für den Beirat

Wie die Praxis leider immer wieder zeigt, existieren nicht selten Beiräte, die von der Geschäftsführung nicht den Handlungsspielraum erhalten (haben), der ihnen vor ihrer Bildung zugestanden worden war. Oder — fast noch schlimmer — sie werden von den Gesellschaftern schlicht und ergreifend übergangen. Oft ist unklar, welche Aufgaben das Gremium übernehmen oder leisten soll, die Abgrenzung zu einem Gesellschafterausschuss oder Familienrat ist unpräzise oder gar nicht formuliert. Bestehen mehrere Beiräte in einer Unternehmensgruppe, kann es schnell zu Überschneidungen der Aufgaben der einzelnen Kontrollorgane kommen. Eventuelle Probleme dieser Art sind Anzeichen für eine misslungene oder halbherzige Integration der jeweiligen Beiräte in die Organisation und Struktur des gesamten Firmenapparates.

Damit der Beirat passgenau eingerichtet und ins Gefüge eines breit aufgestellten Großunternehmens eingebunden werden kann, sollte zuerst definiert werden, wo er verankert wird. Ziel muss sein, dass es zu einem reibungslosen Zusammenwirken mit den anderen Instanzen und Zweigen des Konzerns kommt. Gibt es nur ein Unternehmen, stellt sich diese Frage nicht. Bestehen mehrere neben- oder untereinander, ist sie relevant. In Abbildung 2 wird gezeigt, an welcher Stelle ein Beirat angesiedelt werden könnte. Erfolgt die Etablierung des Beirats auf Holdingebene, muss er anders ausgestaltet sein als einer, der an eine Tochtergesellschaft gebunden werden soll. Nutzen, Aufgaben und Zusammensetzung werden jeweils unterschiedlich sein. Der Ort der Verankerung hat oftmals auch Einfluss auf die Namensgebung. Bei der Holding wird er mehr als Sparringspartner der Gesellschafter dienen. Auf der Ebene der Tochtergesellschaften ist der Beirat vor allem Steuerungs- und Kontrollinstanz der jeweiligen Geschäftsführer der einzelnen Sparten. Er unterstützt also das Top-Management der Holding, die Ziele der Gesellschafter zu erreichen. Dem Gremium kann obendrein das Recht eingeräumt werden, das Spitzenpersonal in der Firmenleitung der Holding und der Tochterunternehmen zu bestellen sowie abzuberufen.

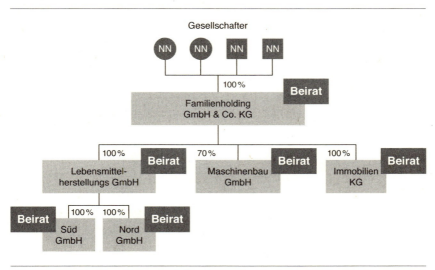

Abbildung 2: Möglichkeiten der Verankerung eines Beirats

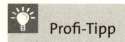

Profi-Tipp

Beiräte in einer GmbH & Co. KG

Bei der GmbH & Co. KG ist eine Besonderheit zu beachten. Hier kann der Beirat bei der KG oder der Geschäftsführungs-GmbH verankert werden. Das ist in erster Linie abhängig von der Aufgabenverteilung zwischen der KG und der Geschäftsführungs-GmbH. Ist allein die KG operativ tätig, sollte das Wächtergremium bei der KG aufgenommen werden. Übt die GmbH eine Holdingfunktion in mehreren KGs aus, sollte der Beirat bei der GmbH eingerichtet werden. Kontrolliert der Beirat vorrangig die Geschäftsführung und entscheidet über alle Personalangelegenheiten, sollte er wiederum bei der GmbH angesiedelt sein.

Bei einer Einheits-GmbH & Co. KG, bei der die Anteile der Geschäftsführungs-GmbH von der KG selbst gehalten werden, wird die funktionale Überschneidung zwischen Eigentümerversammlung der GmbH und der Geschäftsführung durch einen Beirat verhindert, indem er bei der KG angesiedelt wird. Denn sind nicht entsprechende Regelungen im Gesellschaftsvertrag der KG getroffen worden, könnten sich die Geschäftsführer der GmbH selbst zu Geschäftsführern der KG bestellen. Dem kann dadurch Abhilfe geschaffen werden, in dem der Beirat die Gesellschafterrechte der KG in der GmbH ausübt. Es ist aber auch möglich, dass die Kommanditisten selbst alle Aufgaben ausüben oder aber dem Beirat nur gewisse Aufgaben übertragen werden.

Aus steuerlichen Gründen wird das Kontrollgremium oftmals bei der KG eingerichtet, da die Abzugsfähigkeit der Beiratsvergütung bei der GmbH auf die Hälfte beschränkt ist. Es ist auch denkbar, dass der Beirat bei der KG und der GmbH angesiedelt wird, was bedeuten würde, dass die Regelungen alle gleichlauten müssten. Wichtig ist, dass sichergestellt wird, dass die durch den Beirat getroffenen Beschlüsse auch von der Geschäftsführungs-GmbH umgesetzt werden.

3. Das Modell und seine vier Stufen

Die wohl wichtigste Diskussion vor der Einführung eines Beirats ist die über seinen erwarteten Nutzen. Deshalb ist der allererste Schritt des Vier-Stufen-Modells stets die Klärung der Frage (vgl. Abbildung 3):[9] **Wieso wollen/haben Sie einen Beirat und was soll er Ihnen bringen oder wo sehen Sie Nachholbedarf?** Die Antworten sind unterschiedlich und hängen — wie oben ausführlich ausgeführt — von der Inhaber- und Managementstruktur sowie von der Art und Größe des Unternehmens ab. So wünschen sich die einen vor allem Unterstützung bei der Klärung der Nachfolge, die anderen suchen einen Sparringspartner bei der Ideensuche oder auch einen Ratgeber für geplante Investitionsentscheidungen. Und Eigentümer von Firmen, die schon einen Beirat haben, legen — unter kritischer Auswertung der bisherigen Erfahrungen — Wert auf Korrekturen, weil im Zusammenspiel zwischen Geschäftsführung und Kontrolleuren immer wieder Misstöne zu hören waren.

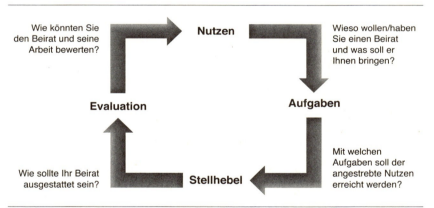

Abbildung 3: Vier-Stufen-Beiratsmodell

Aus den Erwartungen leiten sich die Aufträge ab, denen sich der Beirat künftig stellen soll. Die Frage lautet also: **Mit welchen Aufgaben soll der angestrebte Nutzen erreicht werden?** Grundsätzlich kann der Beirat sechs übergeordnete Herausforderungen übernehmen:

- Beratung der Firmenleitung,

- Kontrolle der Geschäftsführung,

- Personalentscheidungen, die das Top-Management betreffen,

- Konfliktlösung durch Mediation oder Schiedsentscheid,

- Networking,

- Förderung von Familienbeziehungen.

Von der Entscheidung, welche Anforderungen die Institution leisten soll, hängt ab, ob ein schuldrechtlicher oder ein organschaftlicher Beirat eingeführt werden soll.

Sind die Aufgaben definiert, folgt als nächstes die konkrete Planung. Die Frage der dritten Stufe lautet: **Wie soll Ihr Beirat ausgestattet sein?** Dabei geht es um strukturelle Aspekte wie die Mitgliederzahl, Personenauswahl, Amtszeit, Häufigkeit der Sitzungen und natürlich den Vorsitz. Vorab sollten zudem die Qualifikationsanforderungen an die in das Gremium Gewählten festgelegt werden. Hinzu kommt die Festlegung auf bestimmte Instrumente wie Auswahlprozesse, Ausschüsse, Berichtswesen, Statuten und Haftungsregelungen. Last but not least muss vor der konstituierenden Sitzung klar sein, wie und in welcher Höhe die Beiratsmitglieder vergütet werden und die Einrichtung finanziell ausgestattet wird, damit sie arbeiten kann.

Mit der Beantwortung der Fragen dieser drei Stufen ist der Beirat faktisch konzipiert. Darüber hinaus ist es aber auch wichtig, einen Mechanismus zu implementieren, der eine ständige Überprüfung der Tätigkeit des Gremiums sicherstellt (Evaluation). Denn der Beirat sollte am Ende einer bestimmten Periode (Geschäftsjahr oder Ähnliches) kritisch zurückblicken und feststellen, was gut lief und was weniger gut gemacht worden ist. Die Frage der vierten Stufe lautet daher: **Wie können Sie den Beirat und seine Arbeit bewerten?** Dabei geht es um die Festlegung eines Verfahrens, wie die Effektivität und Effizienz des Beirats bemessen und überprüft werden soll, um Verbesserungspotentiale zu identifizieren und umzusetzen. Mit dieser Frage schließt sich der Kreis: Durch die Evaluation wird gleichzeitig getestet, ob sich der angestrebte Nutzen eingestellt hat.

4. Individuell und passgenau konzipieren

Das Vier-Stufen-Modell ist ein strukturierter Prozess, mit dem Unternehmer und deren Familien den Beirat entwickeln können, der am besten zu ihrem Betrieb passt, indem sie Antworten auf die Fragen Nutzen, Aufgaben, Stellhebel geben und sich von Beginn an für einen möglichen Korrekturbedarf rüsten. Diese Klärung mündet in einem Konzept, das alle strukturellen und organisatorischen Aspekte dokumentiert. Dabei sollte besonderes Augenmerk darauf gelegt werden, dass das angestrebte Gremium mit allen anderen Unternehmensgremien kompatibel ist und diesen nicht in die Quere kommt. In der Praxis wird ein Beirat oftmals auf oberster Ebene angesiedelt: Bei einem Unternehmen mit mehreren Töchtern ist das vielfach die Holdinggesellschaft.

 Profi-Tipp

Da freut sich auch die Bank

Der Beirat bringt nicht nur den Eigentümern eines Betriebs Stabilität, sondern auch Gläubigern, insbesondere Banken. Ein gut funktionierendes Kontrollgremium ist Garant dafür, dass ein Unternehmen professionell geführt, die Nachfolge früh und gezielt geregelt wird sowie ein Notfallplan für den Fall existiert, dass ein Alleininhaber ausfällt. Das erhöht die Sicherheit für die Bank, verbessert das Rating der Firma und reduziert die Fremdkapitalkosten. Auch für Private-Equity-Gesellschaften oder Investoren ist die Existenz eines Beirats von großer Bedeutung. Über das Kontrollgremium können sie durchaus Einfluss auf das Unternehmen ausüben. Arbeitet der Beirat tadellos, garantiert er ihnen, dass ihr investiertes Kapital nicht verpulvert wird. Hierfür sorgt gerade auch ein verbessertes Berichtswesen, was sich regelmäßig nach Einrichtung eines Beirats einstellt, wie weiter unten ausführlich erklärt wird.

Nicht zuletzt sollten die zentralen Grundlagen des Beirats im *Gesellschaftsvertrag* oder in der *Satzung*, in einer *Geschäftsordnung* für das künftige Gremium sowie in speziellen Abkommen mit seinen Mitgliedern festgeschrieben werden. Ist das alles geschehen und sind der Vorsitzende sowie seine künftigen Mitstreiter von der Gesellschafterversammlung gewählt worden, kann der Beirat seine Arbeit aufnehmen.

Familienunternehmen, die schon einen Beirat haben, überprüfen dessen Tätigkeit entsprechend der vertraglichen Festlegungen in regelmäßigen Abständen. Außerplanmäßige Anpassungen des Kontrolleurs sind spätestens dann angebracht, wenn gravierende Änderungen bei der Inhaber- oder Managementstruktur sowie in der Firma selbst in Sicht sind oder plötzlich eintreten. Dann muss untersucht werden, ob der Beirat — unter Anwendung des vierstufigen Konzepts — den neuen Umständen angepasst werden muss. Hier kann das Unternehmen die Gelegenheit beim Schopfe packen, eventuell mangelnde Effektivität und fehlende Effizienz des Aufpassergremiums aufzudecken und Korrekturmaßnahmen einzuleiten.

An dieser Stelle sei darauf hingewiesen, dass das Vier-Stufen-Modell primär auf die Bildung und Verbesserung eines freiwilligen Beirats abzielt. Unter Hinzuziehung des Konzepts kann jedoch auch ein obligatorischer Aufsichtsrat gegründet werden, wobei dann die spezifischen aktien- und mitbestimmungsrechtlichen Gesetze berücksichtigt werden müssen, auf die in diesem Buch teilweise eingegangen wird.

Stufe 1:
Die Leitplanken des Beirats

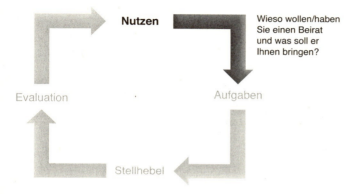

Wie schon betont, ist die wohl **wichtigste Diskussion**, die geführt werden muss, welcher **Nutzen** von einem Beirat erwartet wird.[10] Dabei sollte die Unternehmerfamilie zu einem Konsens gelangen — nur dann ist es wirklich sinnvoll, die übrigen Schritte des Vier-Stufen-Modells anzugehen. Gerade hier gilt: Je klarer die Erwartungen und Ziele im Vorfeld geklärt sind, desto reibungsfreier kann die Zusammenarbeit zwischen Gesellschaftern, Beirat und Geschäftsführung funktionieren und desto höher sind die Auswirkungen auf den Erfolg der Arbeit des kritischen Begleiters und damit letztendlich auf den des Unternehmens.

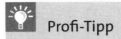

Profi-Tipp

Offene und ehrliche Debatte

Wenn die Frage ansteht, was von einem Beirat erwartet wird, ist Ehrlichkeit angesagt. In der Diskussion muss jeder Firmenteilhaber seine Wünsche und konkreten Vorstellungen vortragen, aber auch Skepsis oder mögliche Ablehnung des Projekts äußern, ein Aufpassergremium ins Leben zu rufen. Die Pläne müssen mit den Geschäftsführern abgestimmt sein, sollten diese nicht zum familiären Gesellschafterkreis gehören. Nichts ist schlimmer, als einen Beirat einzuführen und danach darüber zu streiten, was er eigentlich tun soll — und was nicht!

Das Thema sollte auf alle Fälle auch auf der Tagesordnung der allerersten, der *konstituierenden Beiratssitzung* stehen. Auf diese Weise geben die Gesellschafter die Erwartungen an die Beiratsmitglieder und die Leitplanken für die Arbeit des Gremiums vor. Gleichzeitig ist dies die Chance, eine positive und fruchtbare Diskussionskultur zwischen allen Beteiligten einzuführen. Sie wird spätestens dann notwendig sein, wenn der rückschauende Vergleich der Ergebnisse mit dem ursprünglich erwarteten Nutzen erfolgt (Evaluation).

Die Debatte sollte immer wieder neu geführt werden. Zwingend erforderlich ist sie, wenn es zu Veränderungen in der Familie oder in der Firma kommt, etwa, wenn sich das Unternehmen vom Alleininhaber zur Geschwistergesellschaft oder zum Vetternkonsortium entwickelt, wenn es seine Geschäftsstrategie modifizieren möchte oder wenn die Führung komplett in die Hände von „Fremden" gelegt werden soll — weil dies die Tätigkeit des Beirats (oder Aufsichtsrats) beeinflusst.

1. Was vom Beirat erwartet wird ...

Welchen Nutzen ein Beirat nun konkret erbringen soll, sollte vom Unternehmer und/oder der Eigentümerfamilie gemeinsam definiert werden. Unternehmerfamilien erwarten in der Regel Folgendes von dem Gremium:

• Qualität der Geschäftsführungsentscheidungen sichern,

• Professionelle Kontrolle des Top-Managements ermöglichen,

• Unterstützung bei der Nachfolge, auch und gerade im Notfall, leisten,

• Geschäftsführung mit umfassendem Wissen unterstützen,

• Unternehmensleitung dazu bewegen, ihre Vorhaben mit Argumenten zu unterlegen,

• Externes Wissen zur Vervollständigung der Kernkompetenzen der Firma nutzen und dadurch Risiken und Schwächen vermeiden,

• Risiko von Fehlentscheidungen bei den Geschäftsführern und den Gesellschaftern vermindern,

• Verantwortung, Rechenschaft und Selbstdisziplin des Top-Managements sicherstellen,

• Weiterführende und kritische Hinweise geben,

• Erreichen strategischer Wegmarken überprüfen,

• Umsetzung der Werte und Ziele der Gesellschafter kontrollieren,

• Transparenz durch strukturierte Informationen erhöhen,

• Zusammenarbeit zwischen den Gesellschaftern versachlichen,

• Bei Konflikten vermitteln und Konfliktsituationen auflösen durch Entscheidungen bei Pattsituationen,

• Kontinuität der Führung sichern,

- Kontakte herstellen und Netzwerk pflegen,

- Anregungen aus anderen Unternehmen und Branchen einbringen,

- Positionierung des Unternehmens gegenüber Geschäftspartnern (Kunden, Lieferanten, Banken) stärken,

- Unterschiedliche Eigentümerinteressen austarieren,

- Unternehmen von unsachgemäßer Gesellschaftereinflussnahme abschotten,

- Bauchgefühl ersetzen,

- Auf Augenhöhe diskutieren.

2. ... und was er auf keinen Fall tun soll

Auch wenn es auf den ersten Blick merkwürdig erscheinen mag, sollte unbedingt auch definiert werden, was der Beirat *nicht* bewirken soll. Unternehmer haben klare Vorstellungen, was sie nicht möchten. Ihre Gedanken dazu sollten sie dem Beirat unmissverständlich kommunizieren, so dass dessen Mitglieder ihre Grenzen kennen. Damit ist allen Seiten geholfen. Allerdings sollte dadurch nicht die Unabhängigkeit des Gremiums eingeschränkt werden. Denn die Institution sollte — schließlich ist sie exakt dazu da — im Sinne und zum Wohl des Unternehmens handeln (können). Firmeninhaber sollten alles dafür tun, das Verantwortungsgefühl der Beiratsmitglieder hoch zu halten, damit diese unabhängige und überlegte Entscheidungen treffen (können). Im Folgenden werden einige Punkte genannt, die ein Beirat lassen sollte:

- Er soll nicht operativ managen und zur Obergeschäftsführung werden.

- Er soll keine zusätzlichen regelmäßigen Berichte fordern.

- Er soll nicht den Handlungsspielraum und die Autonomie der Geschäftsführung, insbesondere des geschäftsführenden Gesellschafters einschränken.

- Er soll keine kritischen Auseinandersetzungen scheuen.

- Er soll nicht zu einer Entmachtung der Gesellschafter beitragen.

- Er soll nicht nur für einen Familienstamm sprechen.

- Er soll nicht Entscheidungswege unnötig verlängern.

- Er soll nicht nur Risiken sehen, sondern auch Chancen aufzeigen.

- Er soll nicht zur Rotweinrunde verkommen.

- Er soll nicht Ehrenposten für verdiente Berater sein.

 Profi-Tipp

Das richtige Maß wählen

Ein Beirat darf weder unter- noch überfordert werden. Das ihm zugedachte Maß an Anforderungen sollte exakt zu den Bedürfnissen der Firma und der Familie passen, die ihn ins Leben gerufen haben. Es muss vor Gründung des Gremiums ausgelotet werden und so bemessen sein, dass das Unternehmen insgesamt — also Geschäftsführung, Inhaber, Familie, Mitarbeiter und Kunden — davon profitieren können.

Beispiele aus der Praxis

Wesentliche Antriebsfeder, einen Beirat einzurichten, war für Ralf **Ammann** — nach der Erfahrung seines verunglückten Freundes — der Gedanke, für einen Notfall gerüstet zu sein und langfristig einen klugen Begleiter für die Nachfolge an seiner Seite zu haben, dem er vertraut und der sein Unternehmen bestens kennt. Bis zum erhofften Einstieg der zwei Söhne, die Maschinenbau studieren, anschließend ins Ausland gehen und sich einige Zeit ihre Sporen in einem andern Familienunternehmen verdienen sollten, würden noch Jahre vergehen. Der Alleininhaber war auch „Alleinchef" — und zwar unumstrittener. Nichts lief ohne ihn. Alle wesentlichen Entscheidungen fällte er in letzter Instanz allein.

Die damit verbundene Verantwortung, immer alles (besser) wissen und entscheiden zu müssen, wurde dem Ralf Ammann auf Dauer zu viel. Er nahm sich daher vor, den Beirat als Sparringspartner zu installieren, mit dem er regelmäßig Gedanken über Entwicklungen in der Maschinenbaubranche austauschen und der ihm Feedback zu anstehenden Entscheidungen über Produktänderungen und Investitionen geben kann. Als einige Monate zuvor einer seiner Mitarbeiter einen Plan zur Verbesserung der Automatisierungstechnik vorlegte, in der Ammann die Möglichkeit sah, erstmals auch große Automobilkonzerne als Kunden zu gewinnen, benötigte der Unternehmer Rat von Dritten, ob es sich lohnt, Millionen in die Umsetzung des Vorschlags zu stecken. Die Konkurrenz wollte er natürlich nicht dazu befragen — und auf die Schnelle vertrauenswürdige Experten außerhalb seiner Firma zu finden, war alles andere als einfach. Dies sollte ihm nicht wieder passieren. Von einem Beirat erhoffte er sich für die Zukunft entsprechende Unterstützung in ähnlichen Fällen. Seinem künftigen Beratergremium machte Ammann die Vorgabe, seine Mitarbeiter nicht unnötig zu belasten, indem sie zusätzliche Berichte anforderten. Dem Unternehmer schwebte ein schlank aufgestellter Beirat vor — auch um die Kosten in Grenzen zu halten. Zudem wollte er ihn so einrichten, dass die Mitglieder seinen eigenen unternehmerischen Handlungsspielraum nicht einschränken.

Die fünf Geschwister, denen das Unternehmen **Baumann** gehört, diskutierten in einem eigens dafür veranstalteten, moderierten Workshop während der Entstehung der Familienverfassung die Frage, welchen Nutzen sie von ihrem Beirat erwarten. Ihr wichtigstes Anliegen war, dass er bei Konflikten innerhalb der Familie eingreift und als Schlichter auftritt. Die Brüder und Schwestern regten an, das Gremium als Puffer zwischen ihnen und der Geschäftsführung zu gestalten, und entwickelten dazu Anforderungsprofile an die künftigen Mitglieder. Insbesondere der älteste Bruder, der bis heute als Geschäftsführender Gesellschafter bei Baumann arbeitet, machte sich dafür stark. Er wollte nicht, dass seine Geschwister nach Gutdünken auf Mitarbeiter zugreifen und ihm damit seine Tätigkeit als Chef erschwerten. Und die Geschwister, die nicht im Unternehmen mitarbeiteten, wollten nicht mehr, dass ihr Bruder Geschäfte tätigt, ohne zuvor die Risiken von externem sowie unabhängigem Sachverstand beurteilen zu lassen und darüber entscheiden zu lassen. All diese Maßnahmen sollten dazu dienen, das Konfliktpotential, das während der Erarbeitung der Familienverfassung zu Tage kam, einzudämmen.

Den fünf Geschwistern Baumann ging es außerdem darum, mittels externer Expertise die Unternehmensstrategie weiterzuentwickeln. In den Jahren vor Gründung des Beirats hatte sich Baumann nicht mehr so dynamisch entwickelt wie zur Zeit des Vaters. Wegen des verhaltenen Wachstums kam der Bruder in der Geschäftsführung in die Kritik. Deshalb legten seine Geschwister Wert darauf, dass der Beirat das Top-Management kontrollieren soll. Der Bruder begrüßte das Vorhaben ausdrücklich, weil er sich nichts vorzuwerfen hatte und gerne bereit war, sein Handeln oder Kritik an seiner Person von dritter, unabhängiger Seite überprüfen zu lassen. Alle Familienmitglieder sprachen sich dafür aus, dass ihre Kontrolleure offen und ehrlich agieren sollen. Im Gegenzug sagten sie dem Beirat größtmögliche Transparenz zu, ihn mit genügend Informationen zu versorgen, und versprachen, mit ihrer Meinung nicht hinter dem Berg zu halten.

Der Workshop erbrachte auch eindeutige Ergebnisse zu der Frage, was der Beirat der Baumanns nicht tun soll. Das Unternehmen hatte schon immer ein ausgefeiltes Berichtswesen. Für den Beirat sollten die wichtigsten Kennzahlen aus ohnehin bereits vorliegenden

Reports zusammengetragen werden. Vor allem der älteste Bruder warb dafür, Pflöcke einzuschlagen, um zu gewährleisten, dass der Beirat keine „Schattenregierung" des Unternehmens bildet, also in Wahrheit das Sagen hat. Denn so würde das Gremium faktisch über der Geschäftsführung stehen, was den Einfluss der Familie beschneiden würde.

Der Konzern der Familie **Cietelmann** ist allein wegen seiner Größe in ständiger Bewegung. Er hat seit den 70er Jahren einen Beirat. Der Grad der Zufriedenheit mit diesem ist seit jeher recht hoch — was auch an den Geschäftsführern des Konzerns liegt: Sie kümmern sich um das Gremium in dem Sinne, dass sie es regelmäßig mit Informationen füttern. Die Beiratsmitglieder selbst legen viel Wert darauf, ihre Arbeit im ursprünglich gewünschten Umfang ausführen zu können, und schrecken vor inhaltlichen sowie personellen Korrekturen nicht zurück.

Als vor wenigen Jahren der Übergang von der siebten auf die achte Generation bevorstand, warfen die Gesellschafter die Frage auf, ob das Kontroll- und Beratungszentrum noch richtig besetzt oder schlicht und ergreifend überaltert sei. Die achte Generation schob mit Unterstützung eines Beraters eine Diskussion zur Modifizierung des Gremiums an. In dem Prozess, dem zugleich erhebliche Änderungen in der Unternehmensstrategie vorausgegangen waren, sollte zudem geprüft werden, ob der intern mitunter als „Altherrenklub" — er bestand überwiegend aus älteren Familienmitgliedern — bezeichnete Beirat noch das leistet, was die nächste Generation von ihm erwartet.

Zunächst diskutierte die Runde das Thema „Nutzen". Der Berater bat die anwesenden Gesellschafter der siebten und achten Generation aufzuschreiben, was sie sich von der Institution künftig wünschen und was nicht. Allein die Tatsache, dass die Antworten sehr unterschiedlich ausfielen, zeigte den Handlungsbedarf. Als Ergebnis der intensiven gemeinsamen Beratungen formulierten die Firmeninhaber die Anliegen an den erneuerten Beirat: Er sollte künftig öfter als der alte unterschiedliche Meinungen der Familie bündeln und sortieren, aber auch die Geschäftsführung intensiver kontrollieren. Zudem erteilten die Gesellschafter ihm den Auftrag, vor Investitionen stärker auf hohe Risiken zu achten, hier notfalls zu intervenieren sowie auf den Verkauf von Firmenteilen zu drängen, die in die Verlustzone abzurutschen drohten.

Der Prozess, bei dem der Berater immer wieder als Mediator eingriff, ergab auch ein Abtreten der siebten Generation und ein klares Anforderungsprofil an die neuen Mitglieder aus der nachfolgenden Generation. So sprach sich die Runde der Gesellschafter dafür aus, mutige und visionäre Experten zu suchen, die zusammen möglichst viel Erfahrung in allen sechs Sparten mitbringen, in denen der Konzern tätig ist. Bloß keine Bedenkenträger, lautete das Motto. Übereinstimmung gab es in der Einschätzung, dass in den Beiratssitzungen wieder alles auf den Tisch kommen solle, was als diskussionswürdig angesehen wird. Die Konzerneigentümer plädierten einhellig dafür, wieder offener zu reden, stärker um Themen zu ringen und dabei Konfliktfelder nicht auszusparen. Das Gremium sollte generell dazu angehalten werden, kritische Auseinandersetzungen nicht zu scheuen. Außerdem sollte eventuellen Versuchen einzelner Gesellschafter, ihre Mitgliedschaft im Beirat für eigene Zwecke zu missbrauchen, ein Riegel vorgeschoben werden.

 ## Jetzt sind Sie dran

Nutzen und Nicht-Nutzen des Beirats erarbeiten

Definieren Sie für Ihren Beirat, was Sie von ihm erwarten und was nicht. Diskutieren Sie darüber im Gesellschafterkreis. Versuchen Sie dabei, zu einem einstimmigen Bild zu kommen. Tragen Sie Ihre Vorstellungen in der konstituierenden Sitzung des Beirats dessen Mitgliedern vor, hören Sie deren Meinung dazu an und reden Sie im Anschluss auch über Wünsche, die aus dem neu gebildeten Gremium kommen. Gibt es Konsens über die Erwartungen (Nutzen und Nicht-Nutzen), ist der Start geglückt und die Basis für eine vertrauensvolle Zusammenarbeit gelegt.

Sollten Sie in Ihrem Familienunternehmen schon einen Beirat haben, diskutieren Sie immer wieder darüber, ob die Erwartungen, die Sie mit der Institution verknüpft haben, eingetreten sind. Schaffen Sie ein Klima, in dem Eigentümer, Geschäftsführung und Beiratsmitglieder offen Kritik äußern können. Führen Sie die rückschauende Debatte zumindest einmal im Jahr.

Der Beirat soll...	Der Beirat soll nicht...

Stufe 2:
Die Aufgaben des Beirats

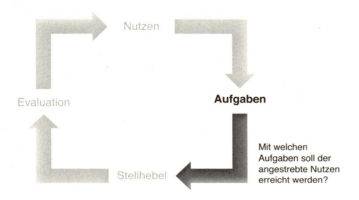

Aus dem erwarteten Nutzen leiten sich — wie schon erwähnt — die Aufgaben des Beirats ab. Soweit es sich nicht um einen gesetzlich vorgeschriebenen Aufsichtsrat handelt, können die Mitglieder mit der Ausführung von bis zu sechs Kernaufgaben beauftragt werden. Sie beziehen sich auf die Ebenen Unternehmen, Familie und Umfeld, wobei es aufgrund der Eigentümerverhältnisse zu Überschneidungen kommen kann.

Im Bereich Unternehmen sind das — jeweils strategisch und operativ — die *Beratung* und die *Kontrolle* der Unternehmensleitung, die *Personalentscheidung* über die Geschäftsführer (Auswahl, Bestellung, Konditionen, Abberufung) sowie die Unterstützung bei der *Lösung von Konflikten* durch Mediation und Schiedsentscheid. In Bezug auf die Umwelt kann *Networking* eine Aufgabe des Beirats sein. Gemeint ist damit vor allem die Kontaktpflege zu Kunden, Lieferanten und Geldgebern, aber auch in die Politik und zu Verbänden. Auf der Ebene der Familie kann der Beirat die *Förderung der Familienbeziehung* übernehmen, wobei hier vor allem an eine Verbesserung der Kommunikation und Stärkung des Zusammenhalts gedacht werden sollte (vgl. Abbildung 4).

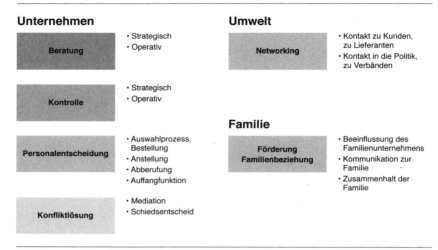

Unternehmen		Umwelt	

Beratung	• Strategisch
	• Operativ
		Networking	• Kontakt zu Kunden,
			  zu Lieferanten
			• Kontakt in die Politik,
			  zu Verbänden

Kontrolle	• Strategisch • Operativ		
		Familie	

Personalentscheidung	• Auswahlprozess,
	  Bestellung
	• Anstellung
	• Abberufung
	• Auffangfunktion
		**Förderung
		Familienbeziehung**
			• Beeinflussung des
			  Familienunternehmens
			• Kommunikation zur
			  Familie
			• Zusammenhalt der
			  Familie

Konfliktlösung	• Mediation • Schiedsentscheid		

Abbildung 4: Die möglichen Aufgaben eines Beirats

Sind die Aufgaben eindeutig benannt worden, sollten sie im *Gesellschaftsvertrag* — eventuell auch in der Beiratssatzung oder -ordnung — detailliert festgehalten werden. Die Erfahrung aus der Praxis zeigt, dass Familienunternehmen vor allem auf Beratung setzen und Beiräte ihre Verantwortung ernst nehmen. Rund drei Viertel (74 Prozent) von ihnen sind von den Besitzern der Firma ausdrücklich als Beratergremium konzipiert, fast 70 Prozent sollen ihr Unternehmen kontrollieren und mehr als die Hälfte (53 Prozent) sind Umfragen zufolge beauftragt worden, die Kommunikation zu verbessern und auf hohem Niveau zu halten.[11]

1. Wie viel Rat soll der Beirat geben?

Schmort der Unternehmer gern im eigenen Saft, trifft er Entscheidungen im stillen Kämmerlein oder hört er nur auf den Rat der Ehefrau? Legt er Wert auf unabhängige Meinungen und Spezialwissen von Betriebsfremden und mag er die offene und kontroverse Diskussion über strategische Herausforderungen, bevor er sein Votum über ein neues Produkt oder eine millionenschwere Produktentwicklung fällt? Wer die zweite Frage bejaht, ist mit einem Beirat gut bedient. Beratung nennen Familienunternehmer in Umfragen fast durchgehend als wichtigste Aufgabe des Gremiums.[12] Häufig geht es dabei um die

44

Einschätzung einer Chance oder Herausforderung, die Beantwortung einer speziellen Frage, die Unterstützung bei Entscheidungen oder den Transfer von Erfahrungen sowie Wissen der Beiratsmitglieder auf das Unternehmen. Ihre Ratschläge können als eine vorausschauende Mitwirkung auf Augenhöhe beschrieben werden, als zeitlich begrenzte Sparringspartnerschaft, die geeignet ist, die Unternehmensführung zu professionalisieren.

Die Geschäftsleitung hat die Möglichkeit, Herausforderungen, Gefahren sowie anstehende strategische Entscheidungen mit dem Beirat systematisch zu reflektieren. Das Gremium trägt dazu bei, den Blick auf Schwachstellen in Strategie, Organisation, Produkten oder Dienstleistungen zu lenken und dadurch die Qualität der unternehmerischen Entscheidungen zu steigern. Im Gegensatz zur Kontrolle, die Schaden vermeiden will, soll durch die Beratung initiativ Gutes angeschoben werden. Durch sie soll die Geschäftsführung Orientierung, Ideen und Entscheidungshilfen erhalten.

Mitsprache bei der Strategie

Die strategische Beratung durch den Beirat beginnt bei der Formulierung der unternehmerischen Vision. Das beinhaltet eine intensive Ziel- und Wertediskussion (vgl. Abbildung 5).[13] Diese sollte im Familienunternehmen zuerst auf der Ebene der Gesellschafter geführt werden, vielleicht im Rahmen der Entstehung einer Familienverfassung, wobei der Beirat schon an dieser Stelle einen bedeutenden Beitrag leisten kann. Er sollte auch — möglichst gemeinsam mit den Firmeneigentümern — regelmäßig überprüfen, ob die Werte und Ziele aktuell noch Bestand haben, und dazu die passenden Fragen stellen. Soll das Unternehmen auch weiterhin in Familienhand bleiben? Ziehen alle an einem Strang? Setzt ein Familienstamm vielleicht andere Prioritäten? Wie viel wollen wir in den nächsten Jahren wachsen und wagen? Ist das damit verbundene Risiko tragbar?

Die Diskussion über die unternehmerische Vision konkretisiert sich in genauen Vorgaben für Wachstum, Stabilität und Rentabilität sowie der Gewinnausschüttung an die Gesellschafter. Diese vier Ziele stehen mehr oder weniger in Konkurrenz zueinander. Soll eine Firma mehr absetzen, mindert dies oftmals die Stabilität, weil Darlehen aufgenommen werden müssen, um Neuanschaffungen oder die Produktionsausweitung finanziell zu stemmen. Ist die Rentabilität hoch, können sich die Eigentümer über eine schöne Dividende freuen. Doch bedeutet das

Familie	Familiäre Inhaberschaft	Unternehmen
• Hoher Zusammenhalt • Starkes Zugehörigkeitsgefühl • Offenheit und Ehrlichkeit • Konfliktfähigkeit • Liebevoller Umgang	**Erwartungen der Inhaber:** • Dividende • Faire Nachfolgeregelung **Zusagen der Inhaber:** • Einstimmigkeit • Professionalität	• Unabhängigkeit • Ehrbarer Kaufmann • Eigenkapitalquote ≥ 40 % • Umsatzrendite ≥ 8 % p. a. • Wachstumsrate ≥ 10 % p. a.
Familienvision: Unsere Familie wird über Generationen zusammenhalten	**Leitsatz:** Wir werden ein unabhängiges Familienunternehmen bleiben über Generationen hinweg!	**Unternehmensvision:** Unser Familienunternehmen wird 2025 innovativer Marktführer im Bereich Drehwerkzeugmaschinen in Europa sein.

Abbildung 5: Vision, Werte, Ziele

wiederum, dass dem Betrieb Geld entzogen wird, das für Wachstum benötigt wird. Dies ließe sich noch weiter ausführen.

Weil Ziele und Wünsche der einzelnen Firmeninhaber mitunter nicht unter einen Hut zu bringen sind, ist es umso wichtiger, neben unternehmerischen Zukunftsvorstellungen, Werten und Zielen auch eine Vision für die Eigentümerfamilie zu finden (vgl. Abbildung 5). Sie sollte zudem definieren, welche Erwartungen sie an die Firma und das Management hat, wie etwa eine regelmäßige Dividende. Jedoch sollte die Familie auch umgekehrt verbindliche Zusagen an das Unternehmen und seine Führung machen, wie sie dazu beitragen wird, Geschäftsabläufe zu sichern oder Konflikte zu lösen. So kann sie zum Beispiel versprechen, immer einstimmig gegenüber der Geschäftsleitung aufzutreten: Das hilft dem Management, angemessen und schnell zu reagieren, da es nicht erst einen Dschungel an Meinungen durchforsten muss.

All diese Punkte werden in einer *Familienverfassung oder -charta* dokumentiert. Hier werden die Werte und Ziele einer Unternehmerdynastie in Bezug auf die Firma, Grundregeln zu den Rechten und Pflichten der Besitzer, Generationenübergänge sowie die betriebliche Organstruktur verankert. Dazu gehören geeignete Maßnahmen, den Zusammenhalt zu fördern — beispielsweise durch Familientage oder Education Days — sowie weitere Governance-Themen. Für jede einzelne Person wird ein Rollenverständnis ausgearbeitet. Schließlich werden all die Punkte — wenn es die Beteiligten für notwendig halten — formell verabschiedet und in Verträge gegossen, zu denen die Familienverfassung (mit) an erster Stelle gehört. Im Idealfall werden die Festlegungen regelmäßig bestätigt oder adjustiert. Der Beirat sollte sich bei der Aufnahme seiner Tätigkeit mit der Familienverfassung genauso wie mit dem Gesellschaftsvertrag auseinandersetzen. Außerdem sollte er bei der Erarbeitung oder einer Abänderung des Wortlauts involviert sein.

Strategieaufgabe der Geschäftsführung	Strategien	Beratungsaufgaben des Beirats	
	Gesamtunternehmens-strategie		Strategische Beratung
• Bestimmung der Geschäftsbereiche vor dem Hintergrund einer profunden Analyse • Festlegung der Ziele für das Gesamtunternehmen • Allokation der Ressourcen auf die Geschäftsbereiche	**1** **Geschäftsbereich(e) des Gesamtunternehmens**	• Hinterfragen der Marktrelevanz und der Lebenszyklussituation unter Beachtung der Wettbewerbssituation • Hinterfragen der Anzahl der Geschäftsbereiche (Fokussierung oder Diversifizierung) • Hinterfragen von Akquisitionen • Plausibilisierung der Ziele	
	Geschäftsbereichs-strategie		
• Pro Geschäftsbereich, Erarbeitung des Geschäftsmodells, der Kernkompetenzen und des angestrebten Wettbewerbsvorteils	**2** **Kompetenz-, Kostenführer-, Innovations-Champion oder Spezialisierer**	• Hinterfragen des Geschäftsmodells, der Kernkompetenzen in Bezug auf die Ressourcen (Humankapital, Sozialkapital, Eigenkapital, Physisches Kapital) und des Wettbewerbsvorteils	
• Festlegung der Ziele in jedem Geschäftsbereich	**3** **Ziele (strategische Stoßrichtung)**	• Plausibilisierung der Ziele (Wachstum, Rentabilität, Stabilität) vor dem Hintergrund der von den Inhabern definierten Werte und Ziele sowie der Haltung zu Chancen und Risiken	
• Formulierung der Funktionalstrategie, ausgerichtet am angestrebten Wettbewerbsvorteil und der Zielsetzung	**4** **Wertschöpfungskette**	• Strategische und operative Beratung auf Anforderung der Geschäftsführung bei Fragen der Wertschöpfungstiefe, des Flexibilisierungsgrades und spezifischer Fragestellungen, wie z. B. in Bezug auf Vertrieb, Produkt, Logistik, Einkauf, Finanzierung oder Personalwirtschaft	Operative Beratung
• Konkretisierung der Funktionalstrategie durch operative Pläne	**5** **Operative Pläne**		
• Zusammenfassung in einem jährlichen Budget	**6** **Budget**	• Diskussion des Budgets, Plausibilisierung und Verabschiedung	

Abbildung 6: Begleitung des Strategie- und Planungsprozesses durch den Beirat[14]

Das Gremium spielt auch eine wichtige Rolle bei der Formulierung der Unternehmensstrategie, in der Grundaussagen zur langfristigen Ausrichtung und zum nachhaltigen Erfolg einer Firma fixiert werden. Das beinhaltet Festlegungen zu den Geschäftsbereichen, dem Wachstumsmodell sowie den zu sichernden oder auszubauenden Kernkompetenzen, anzustrebenden Wettbewerbsvorteilen sowie Zielen und der Ausgestaltung der Wertschöpfungskette, was letztendlich in operativen Plänen und in einem Budget mündet (vgl. Abbildung 6).

 Profi-Tipp

Persönliches Strategiepapier

Eine fruchtbare Möglichkeit, sich auf eine Strategiediskussion vorzubereiten, ist, dass alle Beiratsmitglieder und jeder Geschäftsführer für sich ganz persönlich ein Positionspapier formulieren. Es sollte kurz und bündig verfasst sein und Vorschläge zu folgenden Punkten enthalten: künftige Ausrichtung des Unternehmens (Wachstum oder Konsolidierung), strukturelle und organisatorische Verbesserungen im Unternehmen und in Firmenabläufen. Die einzelnen Stellungnahmen können ausgewertet und als gemeinsames Dokument zusammengefasst werden. Dieses Vorgehen stellt sicher, dass jedes Beiratsmitglied und jeder Geschäftsführer seine speziellen Gedanken und Meinungen übermitteln kann und er sich mit dem Unternehmen intensiv auseinandersetzt. Es beschleunigt zudem die Strategiediskussion, weil man schneller zu den wichtigen Punkten gelangt.

Durch das Hinterfragen und Plausibilisieren von Geschäftsmodell, Marktpositionierung, Kernkompetenzen sowie angestrebten Wettbewerbsvorteilen und Zielen beeinflusst der Beirat den Prozess der Strategieentwicklung maßgeblich. Auch der damit verbundene Handlungsplan und die Umsetzungsfähigkeit der künftigen Ausrichtung des Unternehmens sollten durch das Gremium regelmäßig überprüft werden. Die Firmenleitung hat an dieser Stelle eine Bringschuld: Sie muss dem Kontrollgremium ihre Zukunftspläne frühzeitig präsentieren, so dass sich dessen Mitglieder eine unabhängige Meinung bilden und diese offen äußern können. Schließlich begleitet der Beirat die Umsetzung der Strategie als kritischer Wächter.

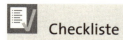

Checkliste

Unternehmensstrategie überprüfen

Mit der folgenden Checkliste können Sie überprüfen, ob die Strategiepräsentation der Geschäftsführung adäquat ist.[15] Außerdem können Sie abklopfen, ob die Strategie inhaltlich passende Antworten auf den zu generierenden Kundennutzen und die Kundennachfrage sowie auf die Wettbewerbssituation gibt. Wichtig ist auch zu hinterfragen, inwiefern die Strategie in einem passenden Handlungsplan mündet und umgesetzt werden kann.

Bereiche	Fragen	Ja	Nein
Fragen zu Form der Strategiepräsentation	• Gibt es auf ein bis zwei Seiten eine Zusammenfassung der Strategie, in der klar dokumentiert wird, welche Faktoren es dem Unternehmen ermöglichen, sich im Wettbewerb durchzusetzen?	☐	☐
	• Gibt es neben einer Präsentation auch noch einen Langtext, in dem die Strategie klar und vollständig dokumentiert ist?	☐	☐
	• Gibt es ein Inhaltsverzeichnis, ein Glossar, in dem die wichtigsten Begriffe erklärt werden und ein Anhang mit weiteren Detailinformationen?	☐	☐
	• Sind die Charts und Grafiken auch in tabellarischer Form im Anhang enthalten?	☐	☐
Fragen zu Markt und Nachfrage	• Sind die wesentlichen Geschäftsbereiche attraktiv und bestehen grundsätzliches Wachstums- und Ertragspotential darin?	☐	☐
	• Sind innerhalb der Geschäftsbereiche die Marktsegmente ausreichend segmentiert?	☐	☐
	• Sind die Bedürfnisse und Anforderungen der Kunden und das Wertangebot des Familienunternehmens klar? Welchen Kundennutzen generieren die Produkte und Dienstleistungen und unterscheiden sich diese eindeutig vom Wettbewerb?	☐	☐
	• Sind erwartete Veränderungen des Marktes und der Nachfrage in der Strategie ausreichend abgedeckt?	☐	☐
	• Werden die Annahmen und Maßnahmen durch eigene, unabhängige Analysen, Daten, Tests und Experimente entsprechend belegt?	☐	☐
	• Beruht die Strategie auf der sorgfältigen Abwägung und breiten Diskussion verschiedener Optionen?	☐	☐
Fragen zum Wettbewerb	• Sind die wichtigsten Wettbewerber bekannt?	☐	☐
	• Ist bekannt, wie sich die Wettbewerbslandschaft in den nächsten Jahren verändern wird?	☐	☐
	• Ist klar, wie zukünftig Wettbewerbsvorteile ausgebaut werden sollen?	☐	☐
	• Sind die Wettbewerbsreaktionen aus dem Handlungsplan klar?	☐	☐
	• Ermöglicht die Strategie die Marktführerschaft in einem Geschäftsbereich?	☐	☐

Bereiche	Fragen	Ja	Nein
Fragen zum Handlungsplan	• Beruht der Handlungsplan auf einem klaren Verständnis für den Kernauftrag (Mission) des Familienunternehmens und der Unternehmerfamilie mit einer Vorstellung, wo das Unternehmen und die Familie mittelfristig und langfristig stehen soll?	☐	☐
	• Orientiert sich der Handlungsplan an spezifischen, messbaren, akzeptierten, realistischen, aber auch ehrgeizigen und klar terminierten Zielen?	☐	☐
	• Beruht der Handlungsplan auf den antizipierten Veränderungen von Markt und Nachfrage?	☐	☐
	• Umfasst der Handlungsplan alle Elemente der Wertschöpfungskette (der Branche) und beschreibt er deren strategische Bedeutung und die sich daraus ergebenden Maßnahmen?	☐	☐
	• Ist der Handlungsplan ausreichend klar, konkret und transparent?	☐	☐
	• Berücksichtigt der Handlungsplan mögliche Veränderungen und Abweichungen, mögliche Kooperationspartner, Interessen und die Auswirkung auf die Stakeholder?	☐	☐
	• Steht hinter dem Handlungsplan eine Analyse der Mitarbeiterkapazitäten, um die Umsetzung sicherzustellen?	☐	☐
	• Sind die Auswirkungen, die sich auf die Finanz-, Ertrags- und Liquiditätslage des Familienunternehmens ergeben, bekannt? Wie stehen die Zahlen im Vergleich zum Wettbewerb da?	☐	☐
	• Ist die Planungsrechnung robust und auf Risiken und Sensitivitäten geprüft?	☐	☐
	• Sind notwendige Investitionen geprüft und deren Nutzen bewiesen?	☐	☐
Fragen zur Umsetzungsfähigkeit	• Verfügt die Unternehmerfamilie und das Familienunternehmen über ausreichend Ressourcen (finanzielles, soziales und Humankapital) und folglich Kernkompetenzen zur Umsetzung der Strategie?	☐	☐
	• Ist eruiert, wie fehlende Ressourcen aufgebaut werden können?	☐	☐
	• Hat das Management ausreichende Fähigkeiten, die Strategie umzusetzen?	☐	☐
	• Hat das Management bereits bewiesen, eine solche Strategie umgesetzt zu haben?	☐	☐
	• Verfügt das Unternehmen über eine motivierte und qualifizierte zweite und dritte Ebene?	☐	☐
	• Braucht es Anpassungen in den Führungsstrukturen und in der Führungskultur, um die Strategie umzusetzen?	☐	☐
	• Sind strukturelle Veränderungen in Bezug auf Ablauf- und Aufbauorganisation notwendig?	☐	☐

Hinweisgeber im operativen Geschäft

Auf Ebene der Wertschöpfungskette — also den Herstellungsstufen bis zum fertigen Produkt oder Dienstleistung — kann der Beirat insbesondere operativ unterstützen. Dabei geht es meistens um Festlegungen, wie hoch der Anteil des Unternehmens, das er berät, an der Wertschöpfungskette heute und in Zukunft sein sollte. Die operative Hilfestellung erstreckt sich zudem auf Fragen in Bezug auf Vertrieb, Produkt, Logistik, Beschaffung, Finanzierung oder Personalwirtschaft.

Wird die Strategie in konkrete operative Pläne umgesetzt, ist der Beirat selten involviert. Er kommt erst wieder ins Spiel, wenn es um die

Genehmigung der Budgets geht. Das Zahlentableau dient als Soll-Vorgabe und Basis für die operative Überprüfung durch das Kontrollgremium.

 Profi-Tipp

Nicht um den heißen Brei herumreden

Eine erfolgreiche Beratung braucht eine offene Diskussionskultur und kein überzogenes Streben nach Konsens. Die Debatten sollten unterschiedliche Sichtweisen zulassen und sachliche Argumente ermöglichen. Die Gesellschafter sollten die Beiratsmitglieder dazu auffordern, unverhohlen ihre Meinungen zu äußern und mitzuwirken, wenn entscheidende Weichen für die künftige Richtung des Unternehmens gestellt werden. Sie sollten unbequeme Fragen stellen, aber dennoch die Diskussionen auf der Sachebene führen. Schließlich muss das gemeinsame Ringen um die beste Lösung im Vordergrund stehen. Allerdings darf der inhaltliche Meinungsaustausch nicht zu persönlichen Angriffen führen, was gerade bei Familienmitgliedern untereinander durchaus passieren kann. Offener Streit beschädigt Personen — auch wenn sie noch so angesehen sind.

2. Der Beirat als Wächter und Kontrolleur

Die Kontrolle der Geschäftsführung ist eine der vornehmsten Aufgaben des Beirats. Sie stellt faktisch eine Art Machtbegrenzung des Top-Managements dar — aber auch der Gesellschafter. 82 Prozent der Familienunternehmen, die freiwillig einen Beirat eingeführt haben, haben dessen Mitglieder mit der Wächterfunktion beauftragt mit dem Ziel, die Firma vor Schaden zu schützen.[16] Falsches Handeln soll — möglichst im Ansatz und ehe gravierende Folgen zu beklagen sind — aufgedeckt werden, um beim nächsten Mal richtige Entscheidungen zu treffen. Insofern ist der Beirat auch präventiv tätig. Somit schließt sich die Kontrollarbeit des Gremiums automatisch an seine Rolle als kritischer Ratgeber an. Denn ohne Überprüfung aktueller Entscheidungen und abgeschlossener Geschäftsabläufe samt ihrer Ergebnisse ist eine

Beratung schwierig. Diese Erfahrung machen insbesondere vielköpfige Familien mit großen Unternehmen. Denn je größer die Firma und je mehr die Besitzanteile verstreut sind, desto eher übernimmt der Beirat kontrollierende Aufgaben.[17]

Bewerten, hinterfragen und verhindern

Die *strategische Kontrolle* ist ein permanenter Informations- und Entscheidungsprozess. Sie ist eine Art Institutionalisierung des Vier-Augen-Prinzips und dient dazu, Familienunternehmer an zu riskanten Investments zu hindern. Deshalb begleiten die Beiratsmitglieder die Entwicklung einer Strategie von Beginn an mit kritischem Blick und bewerten einzelne Schritte ex-ante, also vor der Umsetzung einer Maßnahme. Ziel der Kontrollaufgabe ist es, ökonomische Chancen intensiv und realistisch einzuschätzen sowie geplante Entscheidungen des Managements zu hinterfragen und im Zweifel zu stoppen. Hier sei daran erinnert, dass der übergeordnete Auftrag des Beirats es nun einmal ist, nur das gutzuheißen, was das Unternehmen nachhaltig voranbringt und nicht in finanzielle Schieflage oder gar Existenznot befördert. Daher gilt: Vertrauen ist gut, Kontrolle ist besser.

Die Beiratsmitglieder müssen in der Lage sein, strategische, operative und finanzielle sowie Compliance-Gefahren zu prüfen und zu gewichten, um danach abzuwägen, ob sie einen Plan der Geschäftsführung billigen oder ablehnen. Schließlich können Risiken im Falle des Scheiterns eines Konzepts Verluste an Wettbewerbsfähigkeit, Ertrag, Umsatz, Gewinn und Betriebsvermögen nach sich ziehen, die den Erfolg des Unternehmens als Ganzes bedrohen. Das Kontrollgremium sollte stets im Blick haben, wie hoch die Eintrittswahrscheinlichkeit prognostizierter Schwierigkeiten ist und welche Auswirkungen sie haben, sollten die Befürchtungen wahr werden.

Die Kontrolle konkretisiert sich durch den Erlass von Zustimmungsvorbehalten des Beirats gegenüber der Geschäftsführung.[18] Hierbei handelt es sich in der Regel um weitreichende Entscheidungen, die die Firmeninhaber nicht allein der Unternehmensleitung überlassen wollen. Intern muss vorher geregelt sein, wann die Wächter gefragt werden müssen, bevor ein bestimmtes Geschäft abgeschlossen werden kann.

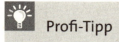

Profi-Tipp

Weisungsrecht ausüben – oder nicht?

In der GmbH besteht eine Besonderheit. Hier verfügen Eigentümer und — in manchen Fällen entsprechend juristischer Vereinbarung — auch der Beirat über ein Weisungsrecht. In der Praxis zeigt sich das dadurch, dass allen maßgeblich Beteiligten klar wird, was sie nicht ohne Zustimmung der Gesellschafter bzw. des Beirats dürfen. Im Katalog zustimmungspflichtiger Geschäfte konkretisieren sich diese Bestimmungen. Deshalb sollte bei der Ausarbeitung der Vorgaben intensiv darüber nachgedacht werden, welche Vorhaben zur Billigung vorgelegt werden müssen. Denn eine Geschäftsführung, der Weisungen erteilt werden, wird diese zu Beginn noch anhören und befolgen. Passiert das aber zu oft, wird sie sich dieses Verfahren nicht mehr gefallen lassen. Deshalb sollten direkte Weisungen nur im äußersten Notfall ausgesprochen werden.

Nicht die Art des geplanten Geschäfts an sich ist bei Zustimmungsvorbehalten ausschlaggebend, sondern die sich daraus ergebende Bedeutung für das Unternehmen, seine Entwicklung und seinen Erfolg. Es geht nicht darum, die Vorschläge der Geschäftsführung zu verbessern, sondern zu beurteilen, ob diese plausibel und vor dem Hintergrund der aktuellen Situation zu verantworten sind. Dabei sollten die zustimmungspflichtigen Vorhaben eindeutig bestimm- und abgrenzbar sein. Bei ihrer Festlegung ist das Ausmaß eines Risikos maßgeblich. Ein für das Unternehmen gewöhnliches Risiko sollte durch ein System aus Kontroll-, Risiko- und Compliance-Management überwacht werden. Dem kommt zwar auch die Kontrolle außergewöhnlicher Gefahren zu. Doch zusätzlich sollte jede Unternehmerfamilie Vorbehalte für ihren Beirat individuell festlegen und niederschreiben.

Zu den Entscheidungen, die ein außergewöhnliches Risiko beinhalten, zählen in der Regel die Unternehmensstrategie, das Budget und die zentrale Planung. Es kann sich dabei auch um die Änderung und Erweiterung von Investitionen, Akquisitionen oder Vermögensverkäufen zur Geldbeschaffung (Devestitionen) handeln sowie der Abschluss, die Veränderung oder die Beendigung langfristiger Verträge und Verpflichtungen (z. B. Miet-, Pacht-, Leasing-, Darlehnsverträge).

Rund 70 Prozent sämtlicher deutscher Familienunternehmen haben entsprechende Kataloge.[19] Da die darin notierten Punkte stets eine Momentaufnahme dárstellen und bei Änderungsbedarf zu erweitern oder zu korrigieren sind, sollten sie in die Beirats- oder Geschäftsordnung des Kontrollgremiums oder der Geschäftsführung aufgenommen werden. Dann nämlich ist bei eventuellen Anpassungen keine Änderung des Gesellschaftsvertrags oder der Satzung notwendig. Außerdem können sie so nicht von Dritten beim Handelsregister eingesehen werden.

Zu berücksichtigen ist, dass die Zustimmungsvorbehalte auch für wesentliche Tochtergesellschaften zu gelten haben. Um Unklarheiten zu vermeiden, sollte das eindeutig formuliert und kommuniziert sein. Dies gewährleistet, dass die Geschäftsführung der Mutter- dem obersten Management der Tochtergesellschaft erst dann ihr Einverständnis für ein bestimmtes Vorhaben erteilt, wenn der „Mutter-Beirat" zugestimmt hat.

Außerdem kann es unter Umständen ratsam sein, den Eigentümern ein Interventionsrecht einzuräumen, das der Unternehmerfamilie Einfluss und Spielraum sichert. Es gewährleistet, dass sie mittels Minderheitenquorums — in der Regel liegt es zwischen 10 Prozent bis 30 Prozent —, das abschließende Votum über zustimmungspflichtige Geschäfte an die Gesellschafterversammlung delegieren darf.

 Checkliste

Zustimmungspflichtige Geschäftsführungsmaßnahmen definieren

Mit der folgenden Übersicht können Sie für sich selbst definieren, zu welchen Geschäften der Beirat zustimmen soll, und zwar in den Bereichen Strategie und Struktur, Geschäftsentwicklung, Operatives, Personal, Finanzwirtschaftliches, Organisation und zur Beziehung zwischen Gesellschaftern, Beiratsmitgliedern und Geschäftsführern.[20]

Zustimmung des Beirats zu:	Ja	Nein
Strategie und Struktur		
Unternehmensleitbild (vor dem Hintergrund der Werte und Ziele der Gesellschafter und deren Vorgaben zum Geschäftsmodell)	☐	☐
Unternehmensstrategie, strategische Planung, operative Planung, Budgets	☐	
Wesentliche Änderungen, Erweiterungen, Beschränkungen von Geschäftsbereichen und deren Organisation, die vom Aktuellen abweichen	☐	
Weitere strategische Maßnahmen wie der Wechsel von Marketing- und Werbekonzeptionen, der Aufbau einer Zweitmarke, die Änderung der Vertriebsstruktur oder die Etablierung neuer Geschäftsfelder, die Änderung der Einkaufspolitik, die Etablierung neuer Logistik- und Produktionssysteme	☐	
Abschluss, Änderung und Beendigung von Kooperationsverträgen, Joint-Ventures, Rahmenvereinbarungen, stillen Beteiligungen oder partiarischer Darlehen (über den gewöhnlichen Geschäftsbetrieb hinausgehend)	☐	
Geschäftsordnung und Geschäftsverteilungsplan für die Geschäftsführung	☐	☐
Geschäftsentwicklung		
Gründung von Tochtergesellschaften und Niederlassungen	☐	☐
Investitions- und Desinvestitionsmaßnahmen mit Wert von mehr als x % der Bilanzsumme (trifft zu auf Grundstücke, Unternehmen)	☐	☐
Abschluss, Änderung und Beendigung von Miet-, Pacht- und Leasingverträgen, wenn die wiederkehrenden Verpflichtungen den Wert von x % der Bilanzsumme übersteigen	☐	☐
Erwerb, Veräußerung, Belastung, Änderung von Schutzrechten, Patenten, Lizenzen oder über Know-how	☐	☐
Operatives		
Verabschiedung des Budgets und der Investitionsplanung		☐
Änderung und Überschreitung des Budgets und der Investitionsplanung		☐
Aufträge ab einer Größenordnung von x €, über einer Laufzeit von x Jahren, mit ungewöhnlichen Zahlungsbedingungen oder einer niedrigen Rendite	☐	
Personal		
Bestellung, Anstellung, Entlastung und Abberufung der Geschäftsführung (und der Prokuristen)	☐	☐
Abschluss, Änderung und Beendigung von Pensionsleistungen, Ruhegehälter, Gewinnzusagen	☐	☐
Einführung, Änderung und Beendigung von langfristigen Incentivierungsmaßnahmen der Geschäftsführung und der Mitarbeiter	☐	☐
Finanzwirtschaftliches		
Abschluss, Änderungen und Beendigung von Dauerschuldverhältnissen (Darlehen, Krediten) sowie von Kontokorrentkreditlinien, Anleihen und weiterer mittel- und langfristiger Finanzierungen, wenn die wiederkehrenden Verpflichtungen den Wert von x % der Bilanzsumme übersteigen	☐	☐
Stellung von Sicherheiten durch Übernahme von Garantien, Bürgschaften und Gewährleistungen, Eingehen von Wechselverbindlichkeiten, soweit diese nicht zum üblichen Geschäftsbetrieb gehören	☐	
Abschluss von Spekulationsgeschäften (über den gewöhnlichen Geschäftsbetrieb hinausgehend)	☐	☐
Ausübung von Bilanzierungs- und Budgetierungswahlrechten	☐	☐
Verwendung des Gewinns	☐	☐

Zustimmung des Beirats zu:	Ja	Nein
Beziehung Gesellschafter, Beirat, Geschäftsführung		
• Abschluss von Verträgen mit Beiratsmitgliedern	▪	▪
• Angelegenheiten, die ausschließlich der Geschäftsführung zustehen, diese allerdings keine Einigung erzielt hat	▪	▪
• Einstellung und Abberufung von Gesellschaftern, Mitgliedern der Unternehmerfamilie oder diesen nahestehenden Personen	▪	▪
• Abschluss, Änderung und Beendigung von Verträgen (inklusive Leistungsbeziehungen) mit Gesellschaftern, Mitgliedern der Unternehmerfamilie oder diesen nahestehenden Personen (im Sinne von § 15 Abgabenordnung)	▪	▪
Organisation		
• Berichtswesen an den Beirat	▪	▪
• Ausübung von Stimmrechten oder sonstigen Gesellschafterrechten bei Konzerngesellschaften	▪	▪
Sonstiges		
• Einleitung von Verfahren vor staatlichen Gerichten oder Schiedsgerichten mit einem Gegenstandswert von mehr als x % der Bilanzsumme	▪	▪
• Gewährung von Spenden, die x % der Bilanzsumme übersteigen	▪	▪

Damit sich der Beirat über die im Katalog festgelegten Pläne des Top-Managements seine Meinung bilden kann, muss er angemessen unterrichtet werden. Das bedeutet, dass er zuverlässige und vollständige Informationen sowie Prognosen zu einem anstehenden Geschäft erhalten sollte, die auch damit verbundene Maßnahmen, Ziele und mögliche Risiken enthalten. Die Angaben sollten ihm in *Entscheidungsvorlagen* gebündelt von der Geschäftsführung zur Verfügung gestellt werden, so dass die Mitglieder sich ein umfassendes Urteil bilden können (vgl. Abbildung 7). Dazu gehört neben einer umfassenden Beschreibung des Projektes, wer den Antrag wann gestellt hat, auch eine Wettbewerbsanalyse und Erfolgsrechnung inklusive der Annahmen, die für die Zukunftsszenarien gelten. Denn der Beirat sollte anhand dieser die prognostizierten Planungen hinterfragen und die Risiken bewerten, die damit eingegangen werden. Das gilt aber auch umgekehrt: Denn auch angedachte Maßnahmen, die nicht umgesetzt werden, können Schäden verursachen. Bevor die Mitglieder des Beirats ihre eigene Haltung zu einem Thema festlegen, sollten sie auch das Risikoprofil und die aktuelle Risikosituation der Firma einbeziehen, natürlich unter Berücksichtigung der Gesellschaftervorgaben in Bezug auf die Werte und Ziele für das Unternehmen (vgl. Abbildung 5). Um strukturiert eventuelle Schwachpunkte aufdecken zu können, ist es angezeigt, bestimmte Fragen zu beantworten.

Projekt	Antragsteller	Datum

Detaillierte Beschreibung
• ....

Begründung und Erläuterung
• ....

Wettbewerbsanalyse
• ....

Umsetzungsplan (inklusive Friktionen)
• ....

Erfolgsrechnung (inklusive der Annahmen)
• ....

Darstellung der Finanzierung
• ....

Betriebswirtschaftliche Bewertung
• Szenario Best: ....
• Szenario Expected: ....
• Szenario Worst: ....

Risiken aus der Maßnahme und Risiken aus der Unterlassung der Maßnahme
• ....

Rückfallebene (was, wenn nicht erfolgreich)
• ....

Auswirkung auf das Rating
• ....

Genehmigung Geschäftsführung	Genehmigung Beirat

Abbildung 7: Mögliche Bestandteile einer Entscheidungsvorlage

 ## Checkliste

Entscheidungsvorlagen bewerten

Wenn Sie als Beiratsmitglied eine Entscheidungsvorlage der Geschäftsführung erhalten, können Sie mit Hilfe der Checkliste diese bewerten und ableiten, ob Sie der Entscheidung zustimmen wollen oder nicht.[21]

Bewertungskriterien von Entscheidungsvorlagen	Ja	Nein
• Sind die Kernkompetenzen und Ressourcen (Management, Finanzierung) vorhanden sowie die drohenden Risiken bekannt, damit der Erfolg der Maßnahme gesichert ist?	☐	☐
• Sind die Begriffe und Kennzahlen eindeutig definiert, damit eine eindeutige Beurteilung möglich ist?	☐	☐
• Sind die Planungen (Erfolgsrechnung und Bilanz) nachvollziehbar, damit der Erfolg beurteilt werden kann?	☐	☐
• Sind die wesentlichen Annahmen bekannt, damit die Plausibilität, Fundierung und Robustheit der Planung überprüft werden kann?	☐	☐
• Sind unterschiedliche Szenarien (Chancen und Risiken berücksichtigt in Worst-, Expected- und Best-Case) gerechnet, damit beurteilt werden kann, wie risikoreich die Maßnahme ist?	☐	☐
• Sind die Erfolgsmaßstäbe (modellbasierter Unternehmenswert, erwartete Erträge oder Cashflows) klar definiert, damit das Ergebnis der Maßnahme eindeutig überprüft werden kann?	☐	☐
• Sind der Finanzierungsbedarf sowie die Deckung durch Fremd- und Eigenkapital bzw. andere Finanzierungsformen (Leasing) genau angegeben, damit die Auswirkung auf die Stabilität des Unternehmens beurteilt werden kann?	☐	☐
• Sind die Konsequenzen für das zukünftige Rating beachtet, damit es nicht zum Bruch von z. B. Covenants kommt?	☐	☐
• Sind Friktionen bei der Umsetzung und Reaktionen der Wettbewerber berücksichtigt, damit entsprechend reagiert werden kann?	☐	☐
• Sind Gegenargumente aufgeführt und die Nachteile beachtet worden?	☐	☐
• Ist das für die Entscheidung gewählte Modell (Investitionsrechenverfahren, Entscheidungsverfahren etc.) geeignet, damit nicht aufgrund von falschen Anwendungsvoraussetzungen eine Fehlentscheidung getroffen wird?	☐	☐

Vorab festgelegt sollte sein, was passiert, wenn einer Initiative nicht zugestimmt wird. So geht es im Fall der Ablehnung darum zu fragen, was stattdessen getan werden soll, um eine Chance zu ergreifen oder ein Risiko abzuwenden. Der Beirat könnte in diesem Fall der Geschäftsführung — wenn auch nur in eher groben Zügen — einen alternativen Weg aufzeigen und unter Umständen Ersatzvorschläge präsentieren.[22]

Die *jährliche Budgetkontrolle* ist eine besonders wichtige Aufgabe des Beirats. Durch die Erstellung einer Plan-Gewinn- und Verlustrechnung sowie einer Planbilanz wird die Geschäftsführung dazu gezwungen, sich mit der konkreten Umsetzung ihrer Strategie sowie deren Folgen auseinanderzusetzen. Dies sollte ergänzt werden durch eine Aufzeichnung über Finanz-, Investitions- und Personalvorhaben. Dazu wird eine detaillierte Planung für das kommende Jahr vorgelegt, die flankiert wird von gröberen mittelfristigen Berechnungen für das übernächste und eventuell auch noch das darauffolgende Geschäftsjahr. Der Beirat überprüft das Zahlenwerk, hinterfragt die darin enthaltenen Annahmen, genehmigt es oder gibt es bei Kritik sowie Unklarheiten an die Geschäftsführung mit dem Auftrag zurück, Korrekturen vorzunehmen.

Aufpasser im operativen Geschäft

Nach der Entscheidung über die Strategie folgt die operative Kontrolle der Umsetzung der Pläne. Sie beginnt mit der Frage der Gesellschafter, inwieweit Zielvorgaben und Werteleitplanken sowie in Aussicht gestellte Umsätze und Erträge erreicht und/oder eingehalten wurden. So überprüft der Beirat im Nachhinein (ex-post) die Finanz-, Ertrags-, Investitions- und Risikolage des Familienunternehmens und die Einhaltung intern festgelegter Grenzen. Das folgt einem gewissen Schema:[23]

- Zunächst werden, auch im Rahmen der Beratungsaufgabe des Beirats, die entsprechenden Soll-Vorgaben — also Ziele, Werte und Budgets — formuliert.

- Anschließend wird durch das Controlling die Ist-Situation ermittelt.

- Soll und Ist werden im Rahmen eines entsprechenden Berichtswesens durch das Controlling aufbereitet und verglichen.

- Kommt es zu einer Abweichung der realen Situation von den Vorgaben, sollte der Beirat zusammen mit der Geschäftsführung die Ursachen dafür analysieren. Dabei sollten negative Differenzen intensiver besprochen werden, als das bei positiven Werten der Fall ist.

- Abschließend sollte sich der Beirat ein Urteil über die entsprechenden Konsequenzen bilden und mit dem Management die von ihm vorgeschlagenen bzw. gemeinsam erarbeiteten Maßnahmen besprechen und dann regelmäßig nachhalten, ob die Geschäftsführung die Maßnahmen auch umsetzt.

Im Krisenfall, der — um hier einige Beispiele zu nennen — von Konflikten innerhalb der Familie oder der Geschäftsführung bis hin zu finanziellen Engpässen, Fehlinvestitionen oder mangelnder Nachfrage ausgelöst werden kann, sollte der Beirat sein Kontrollnetz wesentlich engmaschiger ziehen. Die operative Wächterfunktion intensiviert er, indem er in kürzeren Abständen als bisher Informationen über die Finanz-, Ertrags-, Investitions- und Risikolage fordert und die Unternehmensleitung viel häufiger kontaktiert als normalerweise. Er darf hier nicht mehr als passiver Informationsempfänger fungieren. Die Pflicht der Geschäftsführung, dem Beirat umfassende Mittelungen über den Stand der Dinge zukommen zu lassen, muss in Krisenzeiten zwingend verstärkt, Sitzungen des Gremiums müssen enger terminiert werden. Je nach Risikolage kann die Kontrolle zu einer regelrechten Überwachung der Firmenspitze werden. So sollte sich der Beirat noch intensiver mit den Abweichungen zwischen der realen Lage und den Zielen (Soll-Ist-Vergleich) beschäftigen, nach deren Gründen forschen und von der Geschäftsführung mit Nachdruck Gegenmaßnahmen fordern. Es kann auch zielführend sein — etwa zwecks Insolvenzabwehr —, dass das Gremium eine auf Krisensituationen spezialisierte Fachkraft (Turnaround-Manager) oder sogar einen neuen Geschäftsführer mit tiefgehender Sanierungskompetenz für eine bestimmte Zeit engagiert. Schwierig wird es nämlich gerade, wenn der Gründer oder der geschäftsführende Gesellschafter noch an Gewohntem festhält und versucht, sein Lebenswerk zu retten, indem er auf alte, meist längst überholte Muster zurückgreift, zu denen vielfach eine hartnäckige Beratungsresistenz gehört — und er nicht Experten die Aufgaben erledigen lässt.

 Profi-Tipp

Zweifel äußern und unbedingt notieren

Firmeninhaber sollten darauf achten, dass Beiräte, die starke Bedenken bei gewissen Entscheidungen haben, ihre Argumente im Detail in Sitzungen aussprechen und sie genau protokollieren lassen. So können sie im juristischen Streitfall nachweisen, dass sie Zweifel offen angemeldet hatten, so dass sie später nicht für Fehlentscheidungen haftbar gemacht werden, für die sie in letzter Konsequenz keine Verantwortung trugen.

In der Krise kann der Beirat durch geschicktes Agieren sowohl nach innen als auch nach außen zur Beruhigung beitragen. Existenzielle Bedrohung kann starke Emotionen in der Eigentümerfamilie oder der Belegschaft auslösen. Gerät eine Firma in Schieflage, ist die einstmals positive Wahrnehmung in der Öffentlichkeit bald dahin, zumal wenn Personal abgebaut wird. Dann beginnt die Suche nach einem Schuldigen, dem das Debakel angelastet wird. Schnell wird mit dem Finger auf den Geschäftsführer, die Bank oder den Betriebsrat gezeigt. Wird der Firmenchef, der aus der Eigentümerfamilie stammt, als Verursacher der Krise benannt, kriegt das rasch auch seine engste Verwandtschaft zu spüren. Die Stimmung kann dann so schlecht und gereizt sein, dass der Zusammenhalt der Familie in Gefahr gerät. Sollte der Betroffene als Geschäftsführer abberufen werden, sind regelrechte Verwerfungen im Familienbund möglich. Auch hier sollte der Beirat den Mut haben und einschreiten: dann aber nicht als Kontrolleur und Berater mit Fokus auf die Sanierung des Unternehmens, sondern als Vermittler, Versöhner und Kommunikator nach innen und damit auch nach außen. Schließlich transportieren Belegschaft und Betriebsrat interne Entscheidungen in die Umwelt.

 ## Checkliste

Richtige Fragen in der Krisensituation stellen

In einer Krisensituation ist es besonders wichtig, dass der Beirat seine von den Gesellschaftern übertragene Kontrollaufgabe intensiv wahrnimmt und die richtigen Fragen stellt, um die Ursachen der Misere aufzudecken und dadurch hilft, geeignete Gegenmittel zu veranlassen. Die Fragen sollten sich auf das Geschäftsmodell, die Liquiditätslage, das Kontroll-, Risiko- und Compliance- sowie das Krisenmanagement, das Berichtswesen, die Geschäftsführung und nicht zuletzt auf das Kontrollgremium selbst beziehen.[24]

Bereich	Fragen	Ja	Nein
Strategie, Produkt, Absatz	• Besteht eine am Markt und an Zukunftstrends ausgerichtete Strategie (auch für die Funktionsbereiche)?	☐	☐
	• Gibt es eine kontinuierliche Wettbewerbsanalyse?	☐	☐
	• Werden die Kundenbedürfnisse besser befriedigt als durch den Wettbewerb? Was wird besser gemacht und was schlechter? Wie kann die Nachfrage stimuliert werden?	☐	☐
	• Ist die Organisation so ausgerichtet, dass die Strategie umgesetzt werden kann?	☐	☐
	• Besteht die richtige Vertriebsstruktur?	☐	☐
	• Wird aktiv an neuen Themen und Trends gearbeitet?	☐	☐
	• Bestehen ausreichend Kapazitäten und Kompetenzen, um die Herausforderungen erfolgreich zu bewältigen?	☐	☐
Unternehmensplanung	• Ist die Planung aus der Unternehmensstrategie abgeleitet?	☐	☐
	• Hat die Krise Einfluss auf die kurz-, mittel- und langfristige Planung? Wenn ja, welchen?	☐	☐
	• Sollte die Planung angepasst werden? Inwieweit?	☐	☐
	• Werden Maßnahmen getroffen, um den Plan dennoch zu erreichen? Wenn ja, welche?	☐	☐
Erfolgslage	• Können Produkte, Strukturen, Prozesse und Systeme verändert werden, um Verluste zu reduzieren? Wenn ja, welche?	☐	☐
	• Kann die Ergebnissituation mit herkömmlichen Kostensenkungsmaßnahmen verbessert werden? (z. B. Ausgaben-, Investitions-, Einstellungsstopp, Entlassung von Mitarbeitern in Probezeit, Reduktion von Reise- und Marketingkosten)	☐	☐
	• Können Potentiale beim Einkauf genutzt werden? Wenn ja, welche?	☐	☐
	• Müssen Mitarbeiter entlassen werden?	☐	☐
Liquiditätslage	• Kann der Cashflow hinreichend genau vorhergesagt werden?	☐	☐
	• Sind im Bereich des „Working Capitals" alle Liquiditäts- und Kostensenkungspotentiale erreicht?	☐	☐
	• Halten die Liquiditätspläne einer Prüfung stand?	☐	☐
	• Ist der Liquiditätsstatus noch positiv?	☐	☐
	• Welche Finanzierungsquellen stehen noch zur Verfügung?	☐	☐
	• Wann besteht eine Insolvenzreife?	☐	☐
Risiko und Krisenmanagement	• Sind die Auswirkungen der Krise auf die Risiken klar?	☐	☐
	• Greifen Steuerungs- und Notfallmaßnahmen aus dem Risikomanagement?	☐	☐
	• Sind wesentliche eingetretene Risiken vorab identifiziert worden und im Risikomanagementsystem enthalten?	☐	☐
Berichtswesen	• Wurde die Realität in den Berichten abgebildet?	☐	☐
	• Reichten die Controlling-Instrumente aus?	☐	☐
	• Erfolgte die Berichterstattung zeitnah?	☐	☐
	• Muss das Beiratsberichtswesen angepasst werden?	☐	☐
	• Besteht eine zeitnahe und umfassende Insolvenz-Kontrolle?	☐	☐
Geschäftsführung	• Ist die Geschäftsführung richtig besetzt, um mit der Krise umzugehen?	☐	☐
	• Soll ein Sanierungsfachmann involviert werden?	☐	☐
	• Ist die Geschäftsführung richtig strukturiert und organisiert?	☐	☐
Beirat	• Ist der Beirat den gestiegenen Kontrollaufgaben gewachsen?	☐	☐
	• Hat der Beirat die erforderliche Kompetenz und die entsprechenden Kapazitäten für die Krisensituation?	☐	☐
	• Sollen organisatorische, prozessuale oder personelle Anpassungen vorgenommen werden?	☐	☐

Ein wichtiger Teil der operativen Kontrolle ist die Prüfung, Billigung und Feststellung der von der Geschäftsführung aufgestellten Jahresabschlüsse. Das können auch Konzernabschluss inklusive des Lageberichts sein. Das Kontrollgremium muss Abschluss, Lagebericht und unter Umständen den Vorschlag zur Gewinnverwendung auf Recht-, Ordnungs- und Zweckmäßigkeit hin überprüfen. Zudem muss sich der Beirat ein detailliertes Bild machen über den gesamten Rechnungslegungsprozess, die Wirksamkeit des Kontroll-, Risiko- und Compliance-Managements und der internen Revision. Es liegt auf der Hand, dass die Insassen des Kontrollzentrums zwingend über entsprechendes Fachwissen verfügen müssen. Große Beiräte sollten deshalb einen Prüfungsausschuss gründen, dem nur bestens ausgebildete Finanzexperten angehören.

Der Prüfungsbericht und der intensive Austausch mit dem Abschlussprüfer sind die Grundlagen für die Kontrolle, Billigung und Feststellung des Jahresabschlusses durch den Beirat. Der Abschlussprüfer ist ein wichtiger Zuarbeiter des Gremiums. Deshalb wählt der Beirat regelmäßig die aus seiner Sicht bestmögliche Person für diese Tätigkeit aus und achtet auf deren Unabhängigkeit. Folgende Aspekte sollte der Beirat, insbesondere dessen Vorsitzender, beachten:[25]

- *Prüfungsschwerpunkte* werden dem Abschlussprüfer vom Beirat vorgegeben, wie etwa die Bewertung halbfertiger und fertiger Erzeugnisse, von selbstgeschaffenen immateriellen Vermögenswerten, die Bilanzierung von Pensionsverpflichtungen, wesentliche Transaktionen des Geschäftsjahres (Unternehmenskäufe, Joint Ventures oder Eigenkapitalmaßnahmen) sowie die Ausnutzung von Bilanzierungs- und Bewertungswahlrechten.

- Das *Prüfungsvorgehen* wird mit dem Abschlussprüfer teilweise festgelegt, um das Risiko möglicher Ungereimtheiten einzudämmen. Dazu zählen Vereinbarungen über den Einsatz von Prüfungspersonal, über Stichproben oder über die Einzel- bzw. Systemprüfung.

- *Updates zum Stand der Dinge* werden beim Abschlussprüfer während seiner Tätigkeit für das Unternehmen eingeholt: Der Beirat fragt nach eventuellen Überraschungen im Untersuchungsverlauf und deren Klärung, nach der Offenheit der Auskunft gebenden Personen und ob Informationen leicht zugänglich sind.

- Der *Prüfungsberichtsentwurf* geht zeitgleich an den Beirat und die Geschäftsführung; der Gremiumsvorsitzende nimmt an der finalen Besprechung zwischen Abschlussprüfer und Geschäftsführer teil. Wichtige Fragen dabei sind: Was waren die größten Feststellungen? Welche Themen wurden in dem Gespräch mit dem Management kontrovers diskutiert? Gab es unterschiedliche Positionen der Geschäftsführung und des Prüfers? Welche Positionen in der Bilanz sind riskant? Wie kann insgesamt der Grad der Rechnungslegungspolitik eingeschätzt werden?

- Zur *Vorstellung des finalen Prüfungsberichts* bei der Beiratssitzung sollte der Abschlussprüfer eingeladen werden: Der Beirat sollte sich gerade über Ergebnisse, rechnungslegungsrelevante Schwächen im Kontroll-, Risiko- und Compliance-Management sowie über Sonderprüfungen berichten lassen.

 Profi-Tipp

Eine Liste voller Schwerpunkte

Die Deutsche Prüfstelle für Rechnungslegung veröffentlicht jährlich vor dem Hintergrund des aktuellen wirtschaftlichen Umfeldes Empfehlungen zu Prüfungsschwerpunkten. Haben die Beiratsmitglieder von den Gesellschaftern die Aufgabe der operativen Kontrolle übertragen bekommen, sollten sie sich die Empfehlungen beschaffen und nach Lektüre dem Abschlussprüfer entsprechende Hinweise geben.

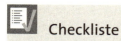

Checkliste

Fragen zum Jahresabschluss offen stellen

Während und nach der Berichterstattung des Abschlussprüfers in der Beiratssitzung sollte ein offener Dialog geführt werden. Folgende Fragen können bei der Sitzung mit dem Abschlussprüfer gestellt werden.[26]

Fragen an Geschäftsführung und Abschlussprüfer	Ja	Nein
• Folgt der tatsächliche Rechnungslegungsprozess allen Mindeststandards und ist er adäquat für die Größe des Familienunternehmens?	☐	☐
• Wurden Rechnungslegungsgrundsätze geändert, anders ausgelegt? Wenn ja, welche, und welche Konsequenzen ergaben sich daraus?	☐	☐
• Gab es Auswirkungen der Problemfälle bzw. der kritischen Bewertungsgrundsätze aus dem vorherigen Jahr auf den aktuellen Abschluss? Wenn ja, welche?	☐	☐
• Kam es zu Veränderungen in der Werthaltigkeit von Goodwill, immateriellen Werten, Beteiligungen oder Sachanlagen? Wenn ja, zu welchen und wie werden ggf. notwendige Abwertungen vorgenommen?	☐	☐
• Gibt es außerbilanzielle Geschäfte und welche Auswirkungen hätten diese bei Aufnahme in den Abschluss?	☐	☐
• Kam es zu Differenzen über Bewertungsansätze und Vorgänge zwischen Geschäftsführung und Abschlussprüfer? Wurde dabei weiterer Rat eingeholt? Wie wurde schlussendlich damit umgegangen?	☐	☐
• Sind im Lagebericht der Geschäftsverlauf und der Ausblick zutreffend und übereinstimmend mit den anderen von der Geschäftsführung vorgelegten Informationen (z. B. Budget für das laufende Jahr)?	☐	☐
• Sind weitere Maßnahmen in den Bereichen Kontroll-, Risiko- und Compliancemanagement sowie interne Revision notwendig?	☐	☐
• Gibt es Anzeichen von Fraud im Unternehmen bzw. auf Geschäftsführungsebene?	☐	☐
• Sind die Geschäfts- und Rechnungslegungsprozesse nachhaltig und welche Empfehlungen sind zur Verbesserung der Nachhaltigkeit zu geben?	☐	☐

Reicht der Meinungs- und Faktenaustausch nicht aus, weil Widersprüche bestehen blieben, sollte der Beirat weitere Unterlagen, Nachweise und Erklärungen von der Geschäftsführung fordern. Diese sollte er selbst oder durch einen Sachverständigen kritisch durchsehen lassen und bei Bedarf Konsequenzen ziehen. Alternativ kann er der Firmenleitung den Auftrag erteilen, entsprechende Schritte anzuordnen und das Kontrollgremium über deren Umsetzung in regelmäßigen Abständen zu informieren.

Trifft der Beirat als Schlusspunkt unter dieser Debatte ein positives Gesamturteil über den Jahresabschluss und den Lagebericht, kommt es zum Billigungsbeschluss, wodurch die Bilanz als festgestellt gilt. Damit sind alle Entscheidungen zum Jahresendergebnis wirksam. Zu guter Letzt unterschreibt die Unternehmensspitze den Abschluss.

Existiert keine gesellschaftsvertragliche Regelung über die Gewinnverwendung, können der Beirat oder die Gesellschafterversammlung darüber befinden. Fällt die Zusammenkunft der Eigentümer die Entscheidung, sollte der Beirat zuvor eine Empfehlung ausgesprochen haben. Mitunter gibt es in Unternehmen eine Vereinbarung, nach der — beispielsweise abhängig von der Eigenkapitalquote — nichts, 25 Prozent oder gar 50 Prozent des Gewinns an die Inhaber zu überweisen ist. Damit der Beirat dennoch seiner Wächterfunktion nachkommen kann, ist es möglich, ihm das Recht einzuräumen, den fälligen Betrag innerhalb bestimmter Grenzen — denkbar sind je nach Geschäftslage plus oder minus 10 bis 20 Prozent — nach unten oder oben zu verschieben. Diese Regelung sowie die Abstimmungsmehrheit, ab der sie greift, müssen zwingend im Gesellschaftsvertrag festgelegt sein.

Um den generationsübergreifenden Fortbestand einer Firma zu sichern, ist es — wie bereits mehrfach betont — wichtig, Risiken im Blick zu haben. Zwar wird im Familienunternehmen oftmals — und zurecht voller Stolz — auf die besondere Vertrauenskultur verwiesen, weshalb ein integriertes Kontroll-, Risiko- und Compliance-Management nicht notwendig sei. Doch immer wieder zeigen Ereignisse wie Kartellstrafen oder Bestechungsskandale in Familienunternehmen, wie wichtig es ist, frühzeitig sicherzustellen, dass weder in der strategischen Ausrichtung, der Finanzierung, der Rechnungslegung noch in einem anderen Bereich Fehler gemacht werden — und wenn doch, dass sie möglichst rasch entdeckt werden.[27] Ein geeignetes System, das klare Verantwortlichkeiten auf Geschäftsführungsebene definiert, sollte mögliche Gefahren in der gesamten Wertschöpfungskette beobachten und bei Unregelmäßigkeiten sofort Alarm schlagen. Das gilt vor allem in den Bereichen Markt und Vertrieb, Technik, Materialwirtschaft, Personal, Finanzen und Administration. Dafür ist es besonders wichtig, offenkundige Risiken umfassend und professionell zu analysieren und zu dokumentieren. Wie die Praxis immer wieder zeigt, besteht daran häufig ein Mangel. Das gilt leider auch für Defizite in der Unternehmenskultur, in der Eigentümer, Manager, Mitarbeiter oder auch Beiratsmitglieder eigene Befürchtungen lieber in den Mantel des Schweigens kleiden, statt sie ehrlich und offen anzusprechen.

Daher sei nochmals ausdrücklich erwähnt: Der Beirat sollte sich intensiv mit den Prognosen des Managements, den etablierten Kontrollen und der Einhaltung der Normen und Gesetze befassen. Er sollte im Einklang mit der Geschäftsführung Grenzen bestimmen, was das Unternehmen in Bezug auf den Ertrag maximal riskieren darf. Flankiert werden muss dies von Mindestanforderungen an die Firmenspitze zur Ausgestaltung der Kontroll-, Risiko- und Compliance-Bestimmungen. Das kann etwa bedeuten, dass firmenintern ein *Risk- und Compliance-Officer* etabliert werden muss, der permanent ein wachsames Auge auf die Vorgänge im Unternehmen hat. Zu den Vorgaben des Beirats können auch Maßnahmen zum Schutz vor Korruption, Straftaten oder Ordnungswidrigkeiten gehören, Schulungen von Mitarbeitern, Anweisungen zum professionellen Umgang mit anonymen und namentlichen Hinweisen auf Unregelmäßigkeiten sowie die systematische Aufklärung von Verdachtsfällen. Das Berichtswesen sollte Ergänzungen qualitativer und quantitativer Art zur Risikosituation aufnehmen. Beteuerungen aus der Unternehmensleitung, jegliche Gefahren seien unter Kontrolle oder lange nicht so schlimm wie von Medien und Flurfunk behauptet, sollte einen Beirat eher aufhorchen lassen. Denn selbst das beste System bietet keinen vollständigen Schutz.

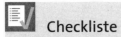

Checkliste

Risiken überwachen

Bei der Überwachung der Risiken können Sie sich als Beiratsmitglied von folgenden Fragen leiten lassen.[28]

Fragen an die Geschäftsführung	Ja	Nein
• Bestehen Regeln und Maßnahmen im Umgang mit Risiken? Wenn ja, welche?	☐	☐
• Wurden Maßnahmen ergriffen, die das Risikobewusstsein im Unternehmen schärfen? Wenn ja, welche?	☐	☐
• Sind alle Bereiche in die Risikobetrachtung einbezogen worden (z. B. ausländische Tochtergesellschaften, Projekte oder Stabsfunktionen)? Wenn nein, welche nicht?	☐	☐
• Sind alle Risiken, die mit der eingeschlagenen Strategie verbunden sind, einbezogen? Wenn nein, welche nicht?	☐	☐
• Werden alle wesentlichen Einmalrisiken beobachtet? Wenn nein, welche nicht?	☐	☐
• Sind alle wesentlichen Risiken in der Unternehmensplanung berücksichtigt? Wenn nein, welche nicht?	☐	☐
• Sind die Auswirkungen der Risiken auf das Ergebnis, den Fortbestand des Familienunternehmens, die Reputation am Markt bekannt? Wenn ja, welche sind es?	☐	☐
• Können Risiken maßgebliche Projekte beeinflussen? Wenn ja, welche?	☐	☐
• Gibt es Risiken, die momentan besonders akut sind? Wenn ja, welche und wie wird darauf reagiert?	☐	☐
• Gibt es ausreichend Maßnahmen zur Risikoprävention? Wenn ja, welche?	☐	☐
• Sind die kommunizierten Verhaltensregeln auch in den betrieblichen Alltag der Mitarbeiter eingegangen? Wenn nein, wieso?	☐	☐

So gut wie jedes unternehmerische Vorhaben birgt ökonomische Gefahren, die je nach Art der Initiative oder der Transaktion unterschiedlich ausgeprägt und zudem oft schwer einzuschätzen sind. Der Beirat kann allerdings ein wirksames Schutzschild aufstellen, indem er bestimmte Risiken als generell nicht verantwortbar einstuft, und Handlungsmaximen festlegt, die generell von der Unternehmensleitung beachtet werden müssen, weil sie schwerwiegende Missstände verursachen könnten.[29] Risiken, die im schlimmsten Schadensfall mehr als 30 Prozent des Eigenkapitals vernichten, beispielsweise aufgrund von Kartellstrafen, sollten nicht eingegangen werden können.

Mitunter gehören zu den Vorgaben Verbote: So sagen manche Familien, dass etwa Dienstleistungen nicht bei Familienmitgliedern eingekauft oder keine Geschäfte mit Rüstungsunternehmen getätigt werden dürfen. Bei folgenden Risiken sollte eine Null-Toleranz gelten:

- Existenzgefährdung,

- Unbegrenzte Verluste (in Höhe und Dauer),

- Gefährdung der Unabhängigkeit als Familienunternehmen,

- Gefährdung von Geschäftsbeziehungen zu Schlüsselkunden,

- Lange Lieferunterbrechungen,

- Überforderung der Organisation,

- Gefährdung der Reputation, des „guten Namen".

Umgekehrt hat der Beirat die Möglichkeit, verantwortbare Risiken zu formulieren. Das können solche sein, die das Unternehmen in der Vergangenheit regelmäßig verkraftet hat oder bei denen absehbar ist, dass sie maximal einen bestimmten Teil des Jahresergebnisses oder des Eigenkapitals kosten würden, sollten prognostizierte Schwierigkeiten zutreffen. Zudem sind gängige Maßnahmen zur Begrenzung möglicher fataler Fehlentwicklungen naheliegend: Dazu zählen stufenweises und behutsames Agieren bei der Strategieumsetzung, Nutzung bewährter Vorgehensweisen, Absicherung durch Versicherungen, Auslagerung von Firmenvermögen, Haftungsausschlüsse oder professionelle Risikoverteilung in Konsortien.

3. Macht über das Top-Management – oder auch nicht

Eine weitere zentrale Aufgabe des Beirats ist die Suche und kontinuierliche Bewertung der Unternehmensspitze, wenn das so von den Gesellschaftern gewollt ist. Entscheidet er über die Besetzung des Chefpostens, dann sollte er auch die Konditionen und den Zeitraum des Vertrags bestimmen. Juristisch gesehen kann der Beirat also verantwortlich für die Auswahl, Bestellung, Anstellung, Entlastung sowie Abberufung der Geschäftsführer sein. Kontrolle und Personalentscheidung können als die beiden Seiten einer Medaille betrachtet werden:

Denn seine Wächterfunktion läuft weitgehend ins Leere, wenn der Beirat bei auftretenden Fehlentwicklungen keine personellen Konsequenzen ziehen kann. Hier sollte immer auch die Eigentümerfamilie ein bedeutendes Mitspracherecht haben. Entweder ist sie selbst im Beirat vertreten oder aber sie übt ein Vetorecht über die Gesellschafterversammlung aus. Denn bedeutsam ist, dass die Frau oder der Mann im Chefsessel eine breite Zustimmung aus dem Eigentümerkreis erfährt.

Die Bestellung eines Geschäftsführers erfordert einen erstklassig strukturierten Auswahlprozess. Dafür braucht es ein objektives Bewertungssystem. Im ersten Schritt wird ein klares Profil für den Wunschkandidaten entwickelt, in dem fachliche Mindestanforderungen, Kernkompetenzen, Erfahrungen sowie Persönlichkeitsmerkmale festgelegt werden (vgl. Abbildung 8). Zudem sollten die Aufgaben präzise beschrieben werden, damit die fachlichen und persönlichen Anforderungen an den künftigen Chef definiert sind, ehe die Suche startet.

Daneben sollte auch die Frauenquote berücksichtigt werden, die bei mitbestimmungspflichtigen oder börsennotierten Unternehmen (in der Rechtsform der AG, SE, KGaA, GmbH) vom Beirat, der manchmal einem Aufsichtsrat gleich kommt, für die Geschäftsführung verbindlich festzulegen und zu berücksichtigen ist. Das Gremium braucht keine Zielgröße vorschreiben, wenn dies bei der GmbH die Gesellschafterversammlung selbst übernimmt und diese Pflicht nicht auf das Kontrollorgan übertragen hat. Über die Erreichung der Quote ist jährlich zu berichten. Sollte sie nicht erfüllt werden, müssen die Gründe benannt werden.

Im nächsten Schritt werden entweder im Unternehmen oder außerhalb geeignete Kandidaten identifiziert. Familienunternehmen rekrutieren ihre Geschäftsführer häufig aus den eigenen Reihen, da die Personen mit dem Umfeld der Firma vertraut sind, was Vorteile mit sich bringt. Interne Kandidaten können bei ihrem Reifungsprozess langfristig beurteilt werden. Wünschen die Eltern, dass ein Kind ihr Erbe in der Firmenspitze antritt, sollten die gleichen Maßstäbe angelegt werden wie bei Personen, die nicht aus der Verwandtschaft der Eigentümer kommen. Bietet sich kein geeigneter Bewerber aus der Familie oder dem Unternehmen an, muss der neue Chef „von außen" geholt werden.

Kriterien	Anforderungen	Beleg	Note
Fachliche Mindestanforderungen	• Promovierter Ingenieur • Management-Hintergrund	• Abschluss • Führungserfahrung in Unternehmen unterschiedlicher Größenordnung	1 2
Berufliche Erfahrungen (Funktionalerfahrung, Breite, Dauer der Erfahrung, Größe Verantwortungsbereich)	• Erfahrener CEO • Volle Ergebnisverantwortung • Breite internationale Erfahrung • Erfahrung mit Finanzinvestoren • Erfahrung in Krisensituationen	• In drei Unternehmen • Budgetverantwortung • Deutschland, USA • Private-Equity-Gesellschafter • Durch zwei Restrukturierungen gegangen	2 2 3 2 2
Kernkompetenzen	• Führungskompetenz • Methodenkompetenz • Fach- und Branchenkompetenz • Unternehmerische Kompetenz • Organisatorische Kompetenz • Familienunternehmenskompetenz	• Hohe Durchsetzungsstärke • Verhandlungsstärke • Maschinenbauer • Innovationsorientiert • Delegationsfähig • Umgang mit Familiengesellschaftern	2 2 3 1 2 2
Persönlichkeitsmerkmale	• Hohe Kontaktfähigkeit • Hohe Ausdrucksstärke • Hohe Aufgeschlossenheit • Hohe Anpack-Mentalität • Hohe Motivation	• Ja • Ja • Ja • Ja • Ja	2 1 2 1 2

Stärken	Schwächen
• Hohe Konfliktfähigkeit • Zukunfts- und Zielorientierung • Klare Entscheidungsfähigkeit	• Wenig Internationalität

Referenzen, Stallgeruch	Persönliche Situation	Verfügbarkeit	Vergütung
• Matthias Müller • WHU, KPMG • Ehefrau, Gesellschafterin	• Verheiratet • Zwei Kinder	• Ab sofort	• 290.000 € fix • 100.000 € variabel • Dienstwagen

Grad des Interesses	Zweifel	Bewertung (A, B, C)	Gesamtnote
• Sehr hoch	• Umzug	• A-Kandidat	• 2

Abbildung 8: Beispiel eines Bewertungsbogens für einen Geschäftsführungskandidaten

Bei der Auswahl des nächsten Chefs sollte, gerade wenn es zu wenige oder gar keine geeigneten Kandidaten aus dem Unternehmen gibt, mit Hilfe einer Personalberatung außerhalb gesucht werden. Interne Kandidaten — soweit vorhanden — sollten in den Bewertungsprozess integriert werden. Dabei geht ein Personalberater regelmäßig wie folgt vor:

- *Vorbereitung:* Erarbeitung des Suchprofils; Festlegung der Suchstrategie

- *Suche:* Marktrecherche in den Zielfirmen; Erstellung einer Kandidatenliste

- *Interviews:* Persönliche Interviews zwischen Personalberater und Interessenten; danach Reduzierung der Anzahl der Kandidaten

- *Präsentation:* Persönliche Gespräche zwischen Beiratsvorsitzendem und dem Kandidaten unter eventueller Beteiligung des scheidenden Geschäftsführers, unterstützt durch den Personalberater; Einholen von Referenzen; Festlegung auf einen Favoriten; Präsentation vor dem gesamten Beirat und finale Entscheidung

- *Abschluss:* Unterstützung bei der Vertragsverhandlung; Absage an die nicht erfolgreichen Kandidaten

Die Auswahl des richtigen Chefs hat maßgeblichen Einfluss auf den Erfolg eines Familienunternehmens: Erweist sich ein inthronisierter Kandidat als Fehlgriff, führt das zu hohen direkten und indirekten Kosten, die sich Expertenberechnungen zufolge auf bis zu 40 Mio. Euro belaufen können.[30] Deshalb sollten die Suche — und Findung! — äußerst sorgfältig erfolgen. Neben einem klaren Profil und einem professionellen Auswahlprozess sollte insbesondere darauf geachtet werden, dass ein enger, offener Dialog ohne versteckte Agenda zwischen der aktuellen Geschäftsführung, dem Beiratsvorsitzenden und dem Personalberater auf der einen sowie dem Kandidaten auf der anderen Seite geführt wird.

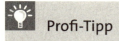

Profi-Tipp

Reden, reden, reden

Die Faustregel bei der Geschäftsführersuche lautet: Lieber ein Gespräch mehr führen als eines zu wenig. Je mehr über die einzelnen Kandidaten im Detail bekannt wird, je klarer die Wertvorstellungen, persönlichen Ziele und Managementpräferenzen sind, und je stärker einer bei der Befragung ins Schwitzen kommt (oder eben auch nicht), je leichter fällt die Auswahl.

Bei der Suche sollten die Besonderheiten des Unternehmens und der Inhaberfamilie intensiv berücksichtigt werden. Außerdem sollten die Bewerber durch den Personalberater einem schlüssigen Assessment unterzogen werden und die Beiräte ihre Kandidatenbewertungen regelmäßig vergleichen. Angeraten ist, alle Gesellschafter während des Prozesses über den aktuellen Stand zu informieren. Hat der Beirat seinen Favoriten auserkoren, sollte dieser unbedingt sämtlichen Firmeneigentümern vorgestellt werden. Wichtige Gesellschafter, die keinen Sitz im Beirat haben, sollten schon vorher in den Gesamtvorgang einbezogen werden.

Vor der Bestellung eines neuen Geschäftsführers verhandelt der Beirat mit ihm die Anstellungskonditionen. Die Vergütung sollte so ausgerichtet sein, dass sie mit den Werten und Zielen der Unternehmerfamilie konform geht. Sie sollte sich in einem angemessenen Verhältnis zu den Aufgaben und Leistungen des Geschäftsführers befinden und generell zur Lage der Firma passen. Neben einer fixen Vergütung gilt es insbesondere, die variablen Bestandteile des Gehalts an den Interessen der Gesellschafter auszurichten.[31] Dabei sollte sich ein Teil der veränderlichen Größe an der Ausschüttung an die Eigentümer orientieren. Denn die Gesellschafter wünschen sich prinzipiell wachsende Renditen. Zudem wollen die Eigentümer eine langfristige Wertsteigerung ihres Unternehmens, weshalb sich ein Teil der variablen Vergütung auch danach richten sollte. Das muss nicht automatisch heißen, dass der „von außen" geholte Geschäftsführer Firmenanteile erhält. Denkbar ist die prozentuale Beteiligung an der Wertzunahme. Diese zusätzliche, auf lange Sicht angelegte Entlohnung kann Inhabern einer Personengesellschaft, die in der eigenen Firma im Spitzen-Management tätig sind, vorab als Gewinn ausgezahlt werden. Zur Vergütung zählen auch Pensionszusagen oder Hinterbliebenenbezüge.

Nach Ablauf eines Geschäftsjahrs und mit der Billigung und Feststellung der Bilanz durch den Beirat wird in der Regel die Leitung des Unternehmens entlastet. Das kann auch die Gesellschafterversammlung übernehmen. Üblicherweise wird die Beurteilung pro Geschäftsführer vorgenommen, was heißt, dass diesem — auch im juristischen Sinne — das Vertrauen ausgesprochen wird. Nach diesem Vorgang kann das Unternehmen keine Schadensersatzansprüche mehr gegen die betroffene Person geltend machen. Allerdings bezieht sich die Entlastung nur auf jene Geschäfte, die bekannt bzw. aufgrund der vorliegenden Informationen und sorgfältigen Prüfung bekannt sind oder sein sollten. Ansprüche, die dem Gläubigerschutz dienen, sind hierbei nicht berücksichtigt.

Zur Personalaufgabe des Beirats gehört auch, dass er sich über die Personalentwicklung und die Nachwuchsförderung informieren lässt im Sinne der Wettbewerbsfähigkeit und Sicherstellung der qualifizierten Unternehmensführung. Empfohlen wird, dass sich die Mitglieder des Kontrollgremiums persönlich ein Bild von der Ebene unterhalb des Top-Managements machen, um stets zu wissen, wer welchem Geschäftsführer — im Unglücks-, Krankheits- oder Todesfall — kurzfristig nachfolgen könnte.

Sind mehrere Geschäftsführer in einem Unternehmen tätig, sollte der Beirat auch ein Auge darauf haben, ob sie kollegial zusammenarbeiten, insbesondere wenn ein Familienmitglied einen Chefposten innehat. Auch hier gilt, dass zumindest einmal im Jahr zwischen Beirat und Firmenleitung die Werte und Ziele abgeglichen werden. Dass jeder Geschäftsführer seine Fach- und Führungsaufgaben danach ausrichtet, ist schließlich für die Kultur und das Selbstverständnis von Familienunternehmen äußerst bedeutsam.

Stellt der Beirat fest, dass einzelne Mitglieder des Top-Managements weder ihre Aufgaben erfüllen, noch die gewünschten Leistungen erbringen, müssen personelle Konsequenzen folgen. Dass diese Entscheidung bei einem Geschäftsführer, der nicht zur Verwandtschaft der Inhaber gehört, deutlich einfacher ist als bei einem Familienmitglied, liegt auf der Hand. Meist schreckt der Beirat bei Familiengeschäftsführern vor harten Beschlüssen zurück und wird nur in gravierenden Fällen eine Abberufung durchsetzen. Das hat vor allem damit zu tun, dass Top-

Managern aus der Familie zwar gekündigt werden kann, sie aber ihre Anteile behalten: Diese Konstellation birgt Konfliktpotential. Im Interesse des Unternehmenserfolgs sollten allerdings persönliche Interessen eines Familienmitgliedes Entscheidungen nicht beeinflussen. Nepotismus hat in einer modernen Firma nichts zu suchen.

Der Beirat und sein Vorsitzender sollten das notwendige Standing haben, um schwierige Personalentscheidungen konsequent und schnell durchzusetzen. Die Mitglieder des Gremiums sollten sich gerade bei derlei gelagerten Streitfällen ins Gedächtnis rufen, dass sie in erster Linie dem Unternehmensinteresse verpflichtet sind und nicht den individuellen Anliegen eines Gesellschafters. Das gilt auch und gerade für diejenigen im Beirat, die zur Inhaberfamilie gehören.

Um das Problem einer komplizierten Abberufung zu umgehen, sollte der Anstellungsvertrag von Beginn an befristet werden. Dies erlaubt es, Beirat und Eigentümern regelmäßig zu prüfen, ob die Leistung des Geschäftsführers noch den Erwartungen entspricht. Das ist gerade von Vorteil, wenn einzelne oder alle Inhaber zugleich in der Firma angestellt sind. Zudem sollten die Gründe für eine mögliche Abberufung im Vertrag geregelt werden, in etwa das deutliche Verfehlen von Unternehmenszielen mehrere Jahre in Folge.

Der Beirat sollte zudem die letzte Personalentscheidungskompetenz über alle Familienmitglieder im Unternehmen haben, da Konflikte ausbrechen können, wenn zum Beispiel in der Firma tätige Eigentümer Hierarchien überspringen und ihre Verwandten in der Geschäftsführung ansprechen anstelle ihrer direkten Vorgesetzten. Um all diesen Auswüchsen einen Riegel vorzuschieben, sollte von den Gesellschaftern ein Zustimmungsvorbehalt für den Beirat eingerichtet werden. Es besagt, dass das Kontrollzentrum über alle einschneidenden Angelegenheiten, die die im Unternehmen tätigen Angehörigen der Inhaberfamilie betreffen, Bescheid wissen und zustimmen muss. Fachleute sprechen dabei zu Recht von einer „Hygieneklausel". Sie sorgt für konfliktfreie Prozesse. Die Klausel beginnt bei der Verantwortung des Beirats für die Anstellung eines Familienmitglieds, unabhängig auf welcher Ebene. Und sie geht soweit, dass das Gremium bei der kontinuierlichen Leistungsbewertung involviert wird und bei Bedarf als Mentor zur Verfügung steht.

Im Zusammenhang mit der Personalauswahl kann der Beirat auch eine Art Auffangfunktion übernehmen. Wenn beispielsweise ein

Geschäftsführer ausfällt, muss er sicherstellen, dass die Unternehmensführung anderweitig wahrgenommen wird. Das kann durch die Bestellung eines Interim-Geschäftsführers oder auf Zeit eingesetzten Generalbevollmächtigten passieren. Manchmal tritt auch ein Beiratsmitglied zurück und übernimmt die Funktion des befristet berufenen Firmenchefs.

4. Mediator und Schiedsrichter

Weitere Aufgabe des Beirats kann sein, dass er schlichtend eingreift, wenn es im Management oder im Eigentümerkreis — untereinander oder gegeneinander und in welcher konkreten Konstellation auch immer — zu tiefgreifenden Meinungsverschiedenheiten oder handfesten Konflikten kommt. Das ist gerade der Fall, wenn mehrere Familienmitglieder im Unternehmen mitarbeiten. Denn Gezänk in der Verwandtschaft ist normal. Unternehmerfamilien sind davon nicht ausgenommen. Eine zwischen Kollegen übliche „Sicherheitsdistanz" existiert unter Verwandten nicht — jedenfalls nicht in dem Maße, wie es unter Fremden der Fall ist. Jeder Einzelne kennt die verwundbaren Punkte des Anderen ziemlich gut und nutzt sie im Streit hemmungslos aus. Privat können sich auch Verwandte aus dem Weg gehen. Als Kollegen aber laufen sie sich immer wieder über den Weg. Konflikte — vor allem jene, die sich um Geld und Macht drehen — können ein Unternehmen in finanzielle Schieflage bringen oder dadurch lahmlegen, dass nichts mehr entschieden wird.

Hier ist der Beirat dazu da, Streit zu entschärfen oder ein Patt aufzulösen. Sein Ziel muss sein, das Unternehmen jederzeit entscheidungsfähig zu halten. Er ist Warner, Aufpasser, Schlichter, Mahner, Moderator, Lösungsfinder und Entscheider — und stellt somit die Funktionsfähigkeit des Unternehmens sicher.[32]

Konkret wird diese Aufgabe bei Pattsituationen in der Geschäftsführung. Sind sich etwa zwei Geschwister als geschäftsführende Gesellschafter in einer wichtigen Frage nicht einig, sollte der Beirat sie klären. Er kann, wenn er entsprechend ausgestaltet ist, als eine Art letzte Instanz mit hoher Entscheidungsgewalt agieren, die noch über das im Katalog zustimmungspflichtiger Geschäfte festgelegte Maß hinausgeht. Dieses weiträumige Entscheidungsrecht dient dem Gremium als Mittel, Streit zu vermeiden oder im Ansatz zu ersticken, beispielsweise über die Verteilung des Gewinns. Hat der Beirat hier die Macht des abschließenden Votums, stellt er im Interesse des Unternehmens sicher, wie stark — wenn überhaupt — ausgeschüttet wird. Schließlich weiß ein gut informierter Beirat, was die Firma sich leisten kann, ohne ihre Liquidität zu gefährden.

Konflikte unter den Firmeninhabern reduziert der Beirat schon dadurch, dass die Gesellschafter Kompetenzen an ihn abtreten. Indem er sich um knifflige oder strittige Themen kümmert und bei wegweisenden sowie emotional aufgeladenen Entscheidungen — nicht zuletzt die über die Nachfolge — ein gehöriges Mitspracherecht oder sogar das letzte Wort hat, entzieht er der Familie das Potential für Gezänk. So entlastet der Beirat die Geschäftsführung und die Gesellschafter gleichermaßen. Gerade bei emotionalen Themen ist er es, der für eine Versachlichung einer aufgeregten Debatte sorgen kann, indem er vor Entscheidungen das Für und Wider fair und objektiv berücksichtigt.

Neben seiner Aufgabe als alleiniger Entscheider und Schiedsrichter kann der Beirat auch als Mediator fungieren und dabei helfen, einen Konsens zu finden. Er agiert dann als Geburtshelfer für eine gemeinsame Lösung, die zwei bis dahin zerstrittene Parteien dank seiner Unterstützung erarbeitet haben. Die Mitglieder des Gremiums müssen sich dabei bemühen, die Anliegen und Wünsche der Beteiligten zu verstehen und ihnen anschließend unter die Arme zu greifen, um eine gemeinsame Lösung vorzulegen.

Der *Mediationsprozess* besteht im Kern daraus, dass zuerst die Streitparteien ihre Positionen klar benennen, dann ihre Interessen erkundet werden, Kriterien für die Lösungsfindung aufgestellt werden und schließlich ein Konsens erarbeitet und bewertet wird. Der Beirat hat die Optionen, den Vorgang zu begleiten oder direkt als federführender Mediator aufzutreten, wobei der Vorsitzende dann der Mediator sein kann, insbesondere in der Konstellation, wenn er nicht aus der Eigentümerfamilie stammt (vgl. Abbildung 9). Der Prozess beinhaltet im Einzelnen:

- *Position beziehen:* Zunächst werden die Fronten geklärt. Jeder Beteiligte erläutert, warum er ein bestimmtes Projekt oder eine anstehende Personalentscheidung ablehnt oder befürwortet, so dass allmählich ein Bild entsteht, wer was möchte. Die zwei Konfliktparteien erklären ihren Standpunkt und wie sie zu diesem gelangt sind. In dieser Situation hört der Beiratsvorsitzende als neutraler Mittler aufmerksam zu und versucht durch geschicktes Fragen, den

Sachverhalt vollständig abzubilden, so dass sich die Anwesenden am Ende auf demselben Stand der Dinge bewegen. Am Schluss steht eine Liste, auf der klar benannt ist, was jede Partei will.

- *Interessen erkunden*: In der zweiten Phase geht es darum, die Interessen, Motive, Gefühle und Bedürfnisse zu erforschen, die hinter den Positionen stehen. Gesellschafter und Firmenleitung werden nach ihren Beweggründen gefragt, also warum sie das diskutierte Vorhaben oder eine bestimmte Person ablehnen oder befürworten. Was genau steckt hinter der jeweiligen Haltung und welche rationalen oder emotionalen Gründe sind ausschlaggebend? Wünschenswert ist, dass die Konfliktparteien ehrlich und offen reden. Hilfreich ist, wenn der Mediator eine besondere Vertrauensposition genießt. Schlüpft der Vorsitzende oder ein anderes Mitglied des Beirats in diese Rolle, muss er sich strikt neutral verhalten. Sollten ungeachtet der Befragungen und Diskussionen die Interessen der Streitparteien verschwommen bleiben, sind Einzelgespräche angezeigt.

- *Kriterien für eine Lösungsfindung aufstellen*: Sind die Anliegen und Motive der Beteiligten eindeutig benannt und gegenseitig klar, muss gefragt werden, welche Kriterien für eine Lösungsfindung beachtet werden sollten. Hier kann festgelegt sein, dass bei einer Investition im Ausland zwingend ethische und moralische Standards sowie die Ziele der Eigentümerfamilie in Bezug auf risikobewusstes Wachstum berücksichtigt werden müssen.

- *Lösung erarbeiten und bewerten:* Kennen alle Anwesenden die Standpunkte und Interessen der jeweils anderen Seite und sind gemeinsame Kriterien für die Lösungsfindung definiert, geht es daran, in einem Brainstorming gemeinsam Wege aus der Sackgasse zu diskutieren, wie beispielsweise ein Risiko entschärft werden kann oder ob der neue Vertrag mit dem Geschäftsführer auf drei statt vier Jahre befristet werden sollte. Die verschiedenen Lösungsoptionen werden vom Mediator eingesammelt, gemeinsam vor dem Hintergrund der zuvor definierten Kriterien bewertet und anschließend in einen Konsens gegossen.

Wird in der Mediation keine gemeinsame Lösung gefunden, nimmt der Beirat eine *Schiedsrichterfunktion* ein, falls diese im Gesellschaftsvertrag in einer Schiedsklausel verankert ist. Hilfreich ist das vor allem, wenn ein Patt nicht aufgelöst werden konnte. Zuerst sollte der Beiratsvorsitzende als Entscheider angerufen werden. Wie in der Mediation

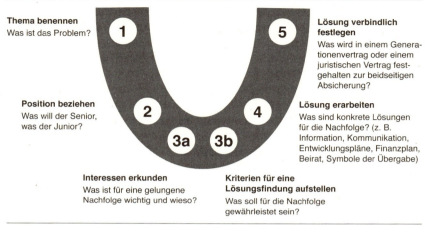

Thema benennen
Was ist das Problem?

Lösung verbindlich festlegen
Was wird in einem Generationenvertrag oder einem juristischen Vertrag festgehalten zur beidseitigen Absicherung?

Position beziehen
Was will der Senior, was der Junior?

Lösung erarbeiten
Was sind konkrete Lösungen für die Nachfolge? (z. B. Information, Kommunikation, Entwicklungspläne, Finanzplan, Beirat, Symbole der Übergabe)

Interessen erkunden
Was ist für eine gelungene Nachfolge wichtig und wieso?

Kriterien für eine Lösungsfindung aufstellen
Was soll für die Nachfolge gewährleistet sein?

Abbildung 9: Beispiel eines Mediationsprozesses in der Nachfolge[33]

muss er sich zunächst von der Situation einen Eindruck verschaffen und danach unter Beteiligung der anderen Gremiumsmitglieder eine Empfehlung aussprechen, an die sich die Eigentümer halten müssen, sollte im Gesellschaftsvertrag festgelegt sein, dass der Beirat im Streitfall als letzte Instanz auftritt.

Handelt der Beirat als Schiedsrichter, bedarf es besonders qualifizierter, neutraler, und generell akzeptierter Beiratsinsassen mit Rückgrat, die möglichst nicht der Inhaberfamilie angehören. Sie müssen von einer breiten Basis der Gesellschafter akzeptiert werden. Das kann dadurch erreicht werden, dass familienexterne Beiratsmitglieder von der Gesellschafterversammlung mit überwältigender Mehrheit (ab 75 Prozent) der abgegebenen Stimmen gewählt werden müssen.

Eine besondere Rolle kommt dem Vorsitzenden zu. Er ist derjenige, der den engsten Draht zu den Vertretern der Eigentümerfamilie und der Geschäftsführung entwickeln — und haben — sollte und ihnen, wenn es darauf ankommt, klar machen muss, dass sie sich im Interesse des Unternehmens zusammenraufen und mit einer Stimme sprechen müssen. Als oberster Vorgesetzter der Geschäftsführung kann er notfalls auch durchgreifen.

Bleibt die Frage, ob ein Kontroll- und Beratergremium überhaupt aussöhnender Vermittler sein kann oder ob es nicht besser ist, einen externen Streitschlichter-Profi, sei es als Mediator oder Schiedsrichter, zu engagieren. Denn in der Mediation gelten in der Regel Prinzipien wie Vertraulichkeit, Transparenz, ergebnisoffene Diskussionen und Neutralität des Prozessleiters. Und es ist natürlich von Vorteil, wenn das Gremium Mediationsfachwissen, -geschick und -erfahrung hat. Hilfreich ist, wenn mindestens ein Mitglied eine entsprechende Ausbildung durchlaufen und damit Kenntnisse hat, wie man klug fragt, um Standpunkte und Interessen zu erkunden, oder wie man sich als Streitschlichter verhält, so dass man beiden Seiten als neutral erscheint (und es hoffentlich auch ist). Vor Beginn sollte also geklärt werden, ob diese Kriterien auf die involvierten Beiratsmitglieder zutreffen oder sie sich früher zugunsten einer Partei engagiert hatten – vielleicht in guter Absicht und im Bewusstsein, objektiv agiert zu haben.

Außerdem ist die Eskalationsstufe eines Streits festzustellen. Gibt es schon eine starke Lagerbildung, stellen sich die Konfliktparteien verbal bloß und werden von ihnen Tatsachen geschaffen, kann es für den Beirat ein enorm schwieriges oder unmögliches Unterfangen sein, eine Konsenslösung als Mediator zu entwickeln. Dann ist es wahrscheinlich besser, einen externen Mediator, der sich gerade mit Dynamiken in Familienunternehmen auskennt, zu involvieren.

In der Funktion als *Schiedsrichter* kann es leichter für den Beirat sein, wenn ihm ein Volljurist (Richter, Rechtsanwalt etc.) angehört, der als Schiedsrichter eine Entscheidung fällt, falls der Austausch aller Argumente zu nichts geführt hat. Im Interesse der Konfliktlösung müssen die Beteiligten zusagen, das Urteil ohne Wenn und Aber zu akzeptieren und befolgen. Das setzt ein entsprechendes Standing des Beirats voraus. Dieser Vorgang birgt aber auch ein Risiko. Denn möglich ist, dass das Gremium nach einem Schiedsrichterspruch von Teilen der Unternehmerfamilie als „verbraucht" angesehen wird. Grund dafür ist, dass diejenigen Eigentümer, gegen die das Votum ausgefallen ist, das Vertrauen in den Beirat verlieren. Deshalb ist zu überlegen, ob er überhaupt als Schiedsrichter eingesetzt wird oder auch hier ein externer Experte engagiert wird.

Ultima Ratio eines Mitglieds oder des gesamten Beirats im Fall, dass alle Einigungsversuche fehlgeschlagen sind oder er sich als „verbrannt" betrachtet, ist der Rücktritt. Wenn man so will, erweist er dem Unternehmen damit vielleicht einen letzten Dienst: Danach ist nämlich der Weg für andere frei, den Konflikt zu lösen. Ein solcher Schritt bedarf auf Seiten der Beiratsmitglieder Distanz zur eigenen Rolle und die Gabe, das eigene Ego zurückzustellen.

5. Netzwerker, Türöffner und Headhunter

Auch beim Networking ist der Beirat eine starke Ressource. Er stellt Kontakte zu anderen Unternehmen, Organisationen und Behörden her. Der Netzwerkaufbau und -ausbau ist nützlich, um Türen zu öffnen, das Familienunternehmen zu legitimieren und Lobbying zu betreiben. Die Beiratsmitglieder können mithilfe ihrer persönlichen Kontakte und ihres Renommees neue Kundenkreise und Marktzugänge erschließen. Auf diese Weise unterstützen sie die Firma im Kampf um Marktanteile und bauen Vertrauen sowie Kooperationsbereitschaft auf. Deshalb ist es von Vorteil, Persönlichkeiten in den Beirat zu berufen, die über ein geeignetes Netzwerk verfügen, in Verbänden aktiv sind und Kontakte in die Politik haben. Allerdings sollte man auch die Grenzen des Networkings im Blick haben: Nehmen wir als Beispiel einen Manager mit ausgezeichneten Verbindungen zu einer Bank und dem Ziel der Geschäftsführung, ein Darlehen für eine Investition aufzunehmen. Einerseits könnte er ein günstiges Darlehen besorgen, andererseits genau damit die Abhängigkeit des Familienunternehmens von eben diesem Kreditinstitut erhöhen.

Zum Networking gehört auch die Repräsentation der Firma in der Öffentlichkeit. Die Erfahrung zeigt, dass gerade Firmeneigentümer, die nicht in ihrem Unternehmen arbeiten, Wert darauf legen, dass ihr guter Name in Wirtschafts- und Gesellschaftskreisen hohes Ansehen genießt. Ein Beiratsmitglied, dem Mitarbeiter, Lieferanten, Kunden und andere Vertreter der Gesellschaft vertrauen, kann dieses Image pflegen und verbessern. Insbesondere Angehörige der Inhaberfamilie mit Sitz im Beirat ihres Unternehmens können diese Repräsentationsaufgaben übernehmen.

6. Moderator für die ganze Familie

Der Beirat hat beste Möglichkeiten, die Beziehung zwischen Unternehmen und Gesellschaftern, aber auch innerhalb der Eigentümerfamilie zu fördern. Er kann die Grundlage dafür schaffen, dass Entscheidungen zwischen Firma und Familie synchronisiert werden, indem er durch objektive und konsequente Kommunikation das gegenseitige Verständnis fördert. Er kann aber auch darauf hinwirken, dass Eltern, Kinder, andere Verwandte sowie weitere Gesellschafter sich auf ein Grundgesetz in Form einer Familienverfassung oder -charta verständigen. Das Gremium schlägt die Brücke zwischen Unternehmen, Geschäftsführung, Gesellschaftern und Familie. Es ist Puffer und Vermittler zwischen zwei Welten: zwischen den Inhabern, die im eigenen Unternehmen arbeiten, und denen, die es nicht tun. Diese Beiratsaufgabe ist ab der Geschwistergesellschaft notwendig. Ihre Relevanz nimmt mit der Größe der Familie zu. Denn steigt die Zahl der Gesellschafter mit unterschiedlichen Interessen, wirken umso mehr Personen auf das Unternehmen und die Geschäftsführung ein, um das Beste für sich selbst herauszuholen.

In Unternehmen mit sehr großen Gesellschafterkreisen sind anstelle des Beirats ein Familienmanager, -rat oder Gesellschafterausschuss dafür zuständig, den Zusammenhalt der Eigentümer zu stärken. Dann fließen Informationen und Entscheidungsfindungen von den Gesellschaftern über den Familienmanager zum Beirat und von dort zur Geschäftsführung – und umgekehrt. Ein solches Vorgehen wird der Komplexität der Familie gerecht.

Als Moderator kann es die Aufgabe des Beirats sein, das Unternehmen vor übertriebener oder schädlicher Beeinflussung durch die Eigentümerfamilie zu schützen. Er bündelt die unterschiedlichen Meinungen in der Familie, begleitet Diskussionen darüber und stellt sicher, dass Gesellschafter der Geschäftsführung nicht unmittelbar und übergebührlich reinreden oder gar ins Handwerk pfuschen. Das Gremium ist also Scharnier zwischen Firmenspitze und Inhabern.

Der Beirat ist aber auch dazu da, die Gesellschafter vor Machtmissbrauch durch die Geschäftsführung zu schützen. Das bedeutet, dass er die Eigentümer gerade auch bei Entscheidungen berät, die sie ursprünglich allein fällen wollten. Das kann eine Akquisition betreffen oder die finale Entscheidung über eine große Investition. Der Beirat informiert dann über den geplanten Unternehmenskauf, bewertet diesen und spricht unter Umständen auch eine Empfehlung aus, unter welchen Bedingungen das Geschäft vollzogen werden sollte oder auch nicht.

Damit der Beirat die Geschäftsführung und somit das Unternehmen im Sinne der Familie führen kann, ist eine intensive Abstimmung zwischen Beirat und Gesellschaftern notwendig. Treten Konflikte zwischen einzelnen Gesellschaftern oder Stämmen auf, sollte das Gremium hier als Schutzschirm fungieren, damit der Streit nicht unmittelbar auf die Geschäftsführungsebene durchschlägt. Konkret bedeutet das, dass die einzelnen Gesellschafter Anfragen nicht direkt an die Unternehmensleitung, sondern erst an den Beirat richten sollten. Dieser sammelt die Fragen, antwortet selbst darauf oder leitet sie mit der Bitte um Reaktion an die Firmenspitze weiter. Auf diese eher simple Weise nimmt der Beirat Unternehmensentscheidungen die Emotionen.

Der Beirat sollte zudem Kommunikator zwischen Geschäftsführung und Gesellschafter sein. So adressiert die Geschäftsführung ihre Berichte nicht an die Gesellschafter, sondern primär an das Kontrollgremium. Über den Inhalt wird in seinen Sitzungen diskutiert. Dem Beirat, allen voran den Familienvertretern im Gremium, kommt die Aufgabe zu, falls dem aus rechtlichen Gründen nichts entgegenspricht, den Verlauf und die Ergebnisse des Gedankenaustausches mündlich im Detail an alle anderen Eigentümer weiterzugeben. So trägt der Beirat zur Meinungsbildung innerhalb der Familie bei. Dieses Vorgehen schafft das gute Gefühl, dass niemand außen vorbleibt — gerade wenn es um kontroverse Debatten geht. Da zugleich die Geschäftsführung angehalten ist, schriftlich und umfassend an die Gesellschafter zu berichten, können sich die einzelnen Familien ein umfassendes Bild von der Lage machen.

Ratsam ist eine generelle Geheimhaltung gegenüber Dritten: Hiervon sollte jedoch in Bezug auf die Gesellschafter Abstand genommen werden, wenn es um Verhandlungen und Sitzungsergebnisse im Beirat geht. Vertraulichkeit sollte nur dann gegenüber den Eigentümern gelten, die nicht im Gremium sitzen, wenn aus rechtlichen oder anderen, zwingenden Gründen etwas dagegen spricht. Schließlich sind es gerade sie, die die Folgen von Fehlentscheidungen tragen müssen. Deshalb sollten sie über die Inhalte und Gründe strategischer Vorhaben ausreichend im Voraus informiert und in die Meinungsfindung einbezogen werden.

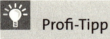 **Profi-Tipp**

Protokolle unter Verschluss halten

Es ist dringend geboten, Protokolle aus Beiratssitzungen nicht weiterzugeben, selbst wenn die vereinbarte Vertraulichkeit nicht für die Eigentümer eines Unternehmens gilt. Die Praxis hat immer wieder gezeigt, dass die Inhalte ohne weitere Erklärungen missverstanden werden und/oder Inhalte angefochten werden. Es passiert sogar, dass einzelne Gesellschafter beginnen, bei der Firmenleitung zu intervenieren. All das wird vermieden, wenn die Ergebnisse einer Sitzung nur mündlich weitergereicht werden.

Gerade wenn die Inhaber in Stämmen — also in zwei oder mehrere Gemeinschaften von Familiengesellschaftern mit Abstammung von einem Stammesgründer — organisiert sind, sollte der Beirat sicherstellen, dass alle Familienmitglieder, die nicht in einem Gremium der Firma repräsentiert sind, stets und umfassend auf dem Stand der Dinge bleiben. Wird darauf nicht geachtet, kann das zu Desinteresse, Demotivation, Misstrauen, zur Abkehr vom Unternehmen und letztendlich zum Ausstieg eines Gesellschafters führen, was sich meist insgesamt belastend auswirkt.

Auch und gerade der Blick auf den Zusammenhalt innerhalb der Familie und die Sicherung einer starken Bindung an das Unternehmen unterstreicht die Rolle des Beirats als Moderator. Daneben kann er sich um die Organisation von Family-Governance-Aktivitäten kümmern — ebenfalls mit dem Ziel, das Miteinander der Verwandtschaft zu fördern. Entsprechende Aktivitäten umfassen beispielsweise ein jährliches Familienwochenende oder -fortbildungen zu Wirtschaftsthemen. Des Öfteren ist der Beirat beauftragt, gesamtgesellschaftliche Projekte zu beaufsichtigen, die von der Familie ausgehen. Das kann eine Stiftung zur Bildungsförderung in der Region oder ein kulturelles Engagement sein.

7. Alles hat seine Grenzen

Grundsätzlich kann der Beirat mit allen Aufgaben ausgestattet werden, die nicht die Kerntätigkeiten anderer Organe wie die der Gesellschafterversammlung oder die der Geschäftsführung beeinträchtigen. Er kann nicht mehr Aufgaben übernehmen, als den Eigentümern selbst zustehen und diese sich quasi dadurch selbst entmachten, dass sie (gesetzeswidrig) Rechte und Pflichten an Dritte abgeben. So muss den Firmeninhabern das Recht des endgültigen Votums bei sämtlichen zentralen Entscheidung des Unternehmens zustehen. Möglich ist jedoch, dem Beirat Aufgaben und/oder Rechte parallel zu den Gesellschaftern einzuräumen. Allerdings sind für ihn im Vergleich zu den Inhabern folgende Aufgaben und/oder Rechte tabu, wobei das durchaus abhängig davon ist, ob der Beirat bei einer Personen- oder einer Kapitalgesellschaft eingerichtet ist:[34]

- Änderung des Gesellschaftsvertrages bzw. der Satzung,

- Beschluss über die Einforderung von Nachschüssen (Kapitalerhöhung),

- Beschluss über die Herabsetzung des Kapitals,

- Beschluss über die Umwandlung oder Auflösung der Gesellschaft,

- Übertragung von Mitverwaltungsrechten,

- Übernahme des Auskunfts- und Einsichtsrechtes der Gesellschafter,

- Festlegung der Unternehmensstruktur und der Rechtsform,

- Wahl, Abberufung und Festlegung der Vergütung der Beiratsmitglieder,

- Teilnahme an der Gesellschafterversammlung und das dortige Stimmrecht (sowie deren Übertragung, Stichwort „Mitverwaltungsrechte"),

- Gewinnanteil an der Gesellschaft,

- Recht zur Anfechtung von Gesellschafterbeschlüssen,

- Veräußerung der Beteiligung und das daraus entstehende Auseinandersetzungs- und Abfindungsguthaben,

- Ausschluss eines Gesellschafters aus wichtigem Grund.

Zudem darf der Beirat nicht Aufgaben der Geschäftsführung übernehmen, da es in Deutschland eine strikte Trennung zwischen Führung und Kontrolle bzw. Beratung gibt. Untersagt sind ihm in Bezug auf die Unternehmensspitze:

- Führung der Geschäfte und Vertretung des Unternehmens nach außen,

- Durchführung von Handelsregisteranmeldungen,

- Aufstellung des Jahresabschlusses und die Erledigung der Buchführung.

8. Geburtshelfer für den neuen Chef

In der Nachfolge eines Familienunternehmens kann der Beirat ein wichtiger Anker für Kontinuität und Stabilität sein. Von Vorteil ist es auf alle Fälle, wenn seine Mitglieder schon lange Zeit im Boot sitzen und die Firma sowie deren Eigner gut kennen. Die konkreten Aufgaben des Beirats bei der Suche nach dem neuen Chef hängen von der Struktur des Unternehmens und der Anzahl und Art der Gesellschafter ab.

Beim Alleininhaber, der die Geschäfte selbst führt, sollte der Beirat objektiv und fair dabei helfen, den Nachfolger aus dem Kreise der Kinder auszuwählen. Das gilt selbstverständlich auch im Notfall. Eltern fällt es mitunter schwer, die Fähigkeiten ihres Nachwuchses neutral zu beurteilen. Hier tut ein kritischer Blick von außen gut, gerade wenn es um eine so zentrale Entscheidung geht wie die Übergabe der Firma. Außerdem kann der Beirat ein seriöser und kluger Begleiter sein, wenn der Senior schrittweise das Unternehmen verlässt. Hier eröffnet sich zugleich die Chance, den scheidenden Chef institutionalisiert im Beirat einzubinden, so dass er sein Lebenswerk nicht nur emotional, sondern auch inhaltlich weiter begleitet. Der Senior kann die Geschicke des Unternehmens nah am Geschehen verfolgen, auch den Vorsitz übernehmen. Allerdings muss er dann die Größe haben, sich nicht als heimlichen Chef zu begreifen. Die externen Beiratsmitglieder können sowohl den Vater als auch den Sohn coachen, aber auch im Notfall sofort einspringen und damit die Handlungsfähigkeit des Familienunternehmens sicherstellen.

In der *Geschwistergesellschaft* sollte der Beirat die Qualität der Unternehmensleitung sichern, unabhängig davon, ob es sich um einen Familien- oder Fremdgeschäftsführer handelt. Er sollte sicherstellen, dass aus dem Kreis der Cousins, zwischen denen häufig große Altersunterschiede bestehen, der fachlich Beste und Kompetenteste als Nachfolger ausgewählt wird. Aus welchem Teil der Familie er kommt, darf dabei keine Rolle spielen.

Will oder kann kein Familienmitglied in der Vetterngeneration die Geschäftsführung übernehmen, muss der Beirat einen geeigneten Manager aus dem Unternehmen oder „von außen" engagieren. Zu beachten ist hier, dass sich dadurch die Aufgaben des Gremiums verschieben und Korrekturbedarf entsteht. Es wird dann stärker zum Kontrolleur. Mindestens ein Angehöriger der Unternehmerfamilie sollte — nicht allein als Folge des Wechsels im Top-Management — im Beirat vertreten sein, am besten als Vorsitzender. Im Idealfall sollten alle Gremiumsmitglieder aus dem Kreis der Familie kommen, wenn sie die Kompetenzen und Fähigkeiten dafür haben.

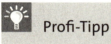 **Profi-Tipp**

Ein Vertrauter als Testamentsvollstrecker

Mitglieder eines Beirats, die ein Unternehmen und seine Besitzer seit vielen Jahren kennen, genießen in der Regel in hohem Maße das Vertrauen der Eigentümerfamilie. Sie können mit der Aufgabe der Testamentsvollstreckung beauftragt werden.

Geburtshelfer bei der Regelnachfolge

Die Regelnachfolge läuft in *drei Phasen* ab.[35] Die erste betrifft die *Vorbereitung*, in der die Grundsatzentscheidungen in Bezug auf die Führungs- und Beteiligungsnachfolge getroffen werden. Will ein Angehöriger aus der Eigentümerfamilie in die Geschäftsführung, sollte dessen Potential bewertet sowie ein Entwicklungsprogramm und Einstiegsplan erarbeitet werden. Gelingt das einvernehmlich, steigt der Kandidat in das Unternehmen ein. In der Übergabephase durchläuft er das Entwicklungsprogramm. Dabei muss er sich bewähren und zeigen, dass er das Potenzial für die Leitung der Firma wirklich besitzt. Ist das der Fall, kommt es zum Wechsel innerhalb der Geschäftsführung — der Übergeber verlässt sie und der Nachfolger übernimmt. Die ersten Jahre nach dem Wechsel bilden die Übernahmephase.

Analog zu diesem Nachfolgeprozess übernimmt der Beirat bestimmte Aufgaben:

- *Vorbereitungsphase:* Der Beirat erarbeitet in Abstimmung mit den Inhabern ein Geschäftsführungsprofil. Dabei sollten die Qualifikationen und Erfahrungen des künftigen Chefs definiert werden. An den vereinbarten Anforderungen sollten alle Kandidaten aus der Familie vom Beirat gemessen werden. Im nächsten Schritt spricht das Gremium mit den Eigentümern, die sich für den Posten interessieren. Oftmals wird das Suchprofil von einem aussichtsreichen Kandidaten mit Potential nicht vollständig erreicht. In diesem Fall sollte er unterhalb der Geschäftsführung in das Unternehmen einsteigen. Dafür sind Mindestkriterien erforderlich, wozu ein abgeschlossenes Studium, berufliche Erfahrung außerhalb des eigenen Unternehmens, persönliches Potential und ausreichend Rückhalt in der Verwandtschaft gehören können. Ist das gegeben, sollte der Beirat die Konditionen für die Übergabephase mit dem Bewerber verhandeln. In diesem Zusammenhang sollten Beirat und Kandidat ein Entwicklungsprogramm erarbeiten, in dem Aufgaben und Ziele eindeutig festgelegt sind. Abhängig von der Einstiegsebene sollte dem Auserwählten auch Ergebnisverantwortung übertragen werden, damit er sich beweisen kann. Der Anstellungsvertrag für die Übergabephase sollte abhängig von deren Dauer angelegt werden. Darin sollte auch vereinbart werden, dass der Kandidat das Unternehmen verlassen muss, wenn er das Programm nicht erfolgreich durchläuft. Fällig ist hier eine marktübliche Vergütung.

- *Einstieg und Übergabephase:* Befindet sich der potentielle Nachfolger in der Zeit der Erprobung, sollte ihm ein Beiratsmitglied als Mentor zur Seite stehen. Dieser unterstützt ihn, die Aufgaben zu erfüllen und die Ziele zu erreichen. Der Beirat in Gänze bewertet die Leistung des Kandidaten und gibt ihm regelmäßig Feedback. Bei jeder Stufe des Entwicklungsprogramms entscheidet das Gremium insgesamt, ob der Kandidat die nächste Stufe nehmen kann. Dieses Ergebnis sollte an den Inhaberkreis kommuniziert und dort besprochen werden. Die Entscheidungskriterien, die den Beirat leiten, ergeben sich aus den Aufgaben des Entwicklungsprogramms und der Zielerreichung. Sprechen sich die Mitglieder am Ende des Prozesses für den Kandidaten aus, verhandelt der Beirat mit ihm den Anstellungsvertrag als Geschäftsführer.

- *Finaler Wechsel und Übernahmephase:* Sind die Ziele erfüllt worden, kann der Nachfolger in die Geschäftsführung aufsteigen, vielleicht nicht sofort als Vorsitzender oder Sprecher. Der Beirat sollte die Übernahme aktiv mitgestalten, indem er den alten und neuen Firmenchef bei der Festlegung von Nachfolgesymbolen — genannt seien hier ein fester Parkplatz und eine Feier zur Inthronisierung — und bei der Übergabe der Geschäfte unterstützt. Zu Beginn dieses Abschnitts sollten zwischen dem Beiratsvorsitzenden, dem scheidenden Firmenleiter und seinem Nachfolger regelmäßige Gespräche stattfinden. Daneben sollte der Beirat den neuen Geschäftsführer darin unterstützen, mögliche Strategie- und Strukturanpassungen durchzuführen. Das Gremium widmet sich der strategischen und operativen Kontrolle, wenn der Nachfolger nicht aus der Eigentümerfamilie kommt.

Damit der Beirat diese Aufgaben ausüben kann und alle Gesellschafter fair behandelt werden, sollten die Regeln der Übergabe entweder im Gesellschaftsvertrag, in einem speziellen Beschluss der Eigentümer oder der Familienverfassung festgehalten werden. Darin sollten auch die Richtlinien für die Veränderung des Gremiums aufgrund der Nachfolge festgelegt sein. Das beinhaltet etwa die künftige Zusammensetzung des Beirats. Oder aber die Festlegung, dass der Senior einen Sitz in der Institution nur solange haben sollte, bis der Junior den Vorsitz der Geschäftsführung übernimmt.

Um eine neutrale Entscheidung zu gewährleisten, sind die Beiratsmitglieder, die nicht zur Inhaberfamilie gehören, bevorzugt zu fragen, wen sie als künftigen Chef favorisieren. Dafür braucht es ausreichend externe Insassen im Gremium. Sie sollten unabhängig und nicht mit der Familie verbandelt sein, um mit der nötigen Distanz und Objektivität über die Fähigkeiten des Kandidaten entscheiden zu können. Allerdings sollte die Familie — wie schon mehrfach erwähnt — ein bedeutendes Mitspracherecht haben, da der Kandidat höchstwahrscheinlich nur dann alle Phasen erfolgreich durchlaufen wird, wenn er starke Rückendeckung hat.

Zur Organisation der Beiratsmitglieder, die sich primär um die Nachfolgeentscheidung kümmern, kann ein Nachfolgeausschuss für die Zeit des Nachfolgeprozesses gebildet werden. Das hat den Vorteil, dass sich die Ausschussmitglieder fokussiert und unter sich mit der Nachfolgefrage beschäftigen können. In der Übernahmephase ist der Ausschuss wieder aufzulösen.

Als Qualifikationsausweis gilt, wenn mindestens ein Beiratsmitglied schon einmal eine Nachfolge begleitet hat. Auch Ausbildungen als Coach sind notwendig. Für die Begleitung des Kandidaten in seinem Entwicklungsprogramm und bei der anschließenden Einstellungsentscheidung braucht es gestandene Leute im Beirat, gerade wenn es darum geht, einem gescheiterten Kandidaten mitzuteilen, dass er die Ziele verfehlt hat und das Unternehmen verlassen muss.

Geburtshelfer bei der Notfallnachfolge

Für den Fall, dass ein Geschäftsführer unerwartet durch Krankheit, eine persönliche Lebenskrise oder Tod ausfällt, sollte klar geregelt sein, was zu tun ist.[36] Insbesondere der Alleininhaber, der sein Unternehmen selbst lenkt, braucht einen Notfallplan. Gerade wenn der Firmenpatriarch unerwartet stirbt, befindet sich die gesamte Familie in einem emotionalen Ausnahmezustand. Zu beobachten ist, dass es ein Unternehmen maximal zwei Wochen ohne Führungsspitze aushält, bevor sich Unruhe einstellt. In dieser Situation zahlt es sich aus, dass die externen Beiratsmitglieder stets zentrale Informationen bekommen haben, die es im Notfall braucht, um die richtigen Empfehlungen zu geben. Umso besser ist es, wenn sie hohes Ansehen und Vertrauen genießen. Dann ist es gut, wenn die Mitglieder des Gremiums die einzelnen Angehörigen der Unternehmerfamilie seit Jahren persönlich kennen und — falls der Nachfolger aus ihren Reihen kommen soll — deren Qualifikationen, Kernkompetenzen und persönlichen Charaktereigenschaften einschätzen können.

Das ist der Grund, warum Einzelunternehmer häufig ihren Beirat in der *schuldrechtlichen Form* einrichten. Stößt dem Alleininhaber etwas zu, so dass er für längere Zeit oder dauerhaft ausfällt, werden die Kompetenzen des Gremiums automatisch ausgeweitet, so dass die Firma handlungsfähig bleibt. Es übernimmt zusätzlich zur Beratung die Kontrolle und die Personalentscheidung. Ein guter Beirat wird sich sogleich daran machen, mit den Kindern des Firmenchefs zu entscheiden, wer die Geschäfte in der nächsten Generation führt, wenn dies noch nicht geregelt ist. Kommt es dann ganz schlimm und auch der Nachfolger fällt vorübergehend oder dauerhaft aus, kann der Beirat das volle Aufgabenspektrum an sich ziehen. Sind die erbenden Kinder noch minderjährig, können einzelnen Beiratsmitgliedern ausgewählte Eigentümerrechte wie die Testamentsvollstreckung zukommen.

Wird kein Beirat eingerichtet, sollte in Betracht gezogen werden, testamentarisch oder erbvertraglich zu regeln, dass im Fall eines Todes des Alleininhabers und Geschäftsführenden Gesellschafters ein Beirat eingerichtet wird. Der Nachlasser kann darin bestimmen, welche Mitglieder auszuwählen sind. Die Erstarkung des Beirats in den hier genannten Fällen sollte proaktiv im Gesellschaftsvertrag oder in der Satzung festgelegt werden, damit es im Notfall nicht in Frage gestellt wird und jeder weiß, was wann zu tun ist.

Dass der Beirat in Deutschland zunehmend eine tragende Rolle bei der Nachfolge spielt, zeigt ein Blick in die Praxis.[37] Er stellt im Einklang mit der Geschäftsführung sicher, dass die Führungsstrukturen übergabefähig sind. Das beinhaltet eine klare Aufgabenverteilung auf Geschäftsführungsebene, ein eindeutig zuordenbares Berichtswesen sowie angemessene gesellschaftsrechtliche Strukturen.

 Profi-Tipp

Eine heftige Drohung

Unternehmer, die die Gründung eines Beirats testamentarisch anordnen, haben eine scharfe Waffe, dafür zu sorgen, dass dieser Teil ihres letzten Willens durchgesetzt wird: Sie können mit Enterbung drohen, sollten die Hinterbliebenen die Anweisung ignorieren. Allerdings darf die entsprechende Straf- oder Verwirkungsklausel keine sittenwidrigen Auflagen beinhalten, sonst ist sie rechtswidrig. Wer sich zu dieser Variante entschließt, sollte auch bedenken, dass einem quasi ad-hoc eingesetzten Beirat jegliche praktische Erprobungs- und Eingewöhnungszeit fehlt und er weder das Unternehmen noch eventuelle Nachfolgekandidaten kennt. Das macht es nicht gerade leichter, die Zukunft der Firma zu sichern.

Beispiele aus der Praxis

Ralf **Ammann** überlegt nun, mit welchen Aufgaben er seinen Beirat betraut, damit er den Nutzen erbringt, den der Alleineigentümer von ihm erwartet. Da der Schwerpunkt auf der Beratung — vor allem bei der Entwicklung und Umsetzung der Strategie mit Blick auf neue Märkte — liegen soll, entscheidet er sich für die schuldrechtliche Form. Gleichwohl nimmt sich der Maschinenbauer vor, Empfehlungen des Beirats zu befolgen, auch wenn sie nicht seiner Meinung entsprechen. Zudem erhofft sich Ammann wertvolle Hinweise zur Weiterentwicklung der Strukturen seiner Firma: Weil die Geschäfte als Folge der gestiegener Nachfrage aus Asien gut laufen, wird er die 100 Mio. Euro Umsatz bald überbieten, was gravierende Korrekturen in den betrieblichen Organisationsstrukturen erfordert, zumal zahlreiche Neueinstellungen geplant sind.

Der Alleininhaber Amman wird seinen Beirat beauftragen, die Jahresplanung inklusive Budget zu prüfen und eine Empfehlung auszusprechen. Obwohl das schuldrechtliche Gremium keine Entscheidungsgewalt und kein Vetorecht hat, will Ammann „zu meinem eigenen Schutz", wie er es selbst formuliert, Bedenken oder Einspruch Rechnung tragen. Umgekehrt sagt er dem Beirat zu, einmal im Quartal die Geschäftslage des Maschinenbauers ausführlich zu schildern sowie den Jahresabschluss und den Abschlussprüfer dessen Endbericht vortragen zu lassen.

Ammann ist ein kluger, professioneller und vorausschauender Unternehmer. Die Nachfolge geht er sehr früh an. Sein Herzenswunsch ist es zu erleben, wie seine zwei Söhne die Firma gemeinsam führen. Sie sind die erklärten Favoriten für die Geschäftsführung für die Zeit nach ihm. Allerdings weiß Ammann, dass das kein Selbstläufer wird, weshalb er fest entschlossen ist, die Eignung seiner Kinder zu testen — gerade durch eine neutrale Instanz. Sollten sie durchfallen, will er, so hart die Entscheidung auch wird, das Unternehmen einem kompetenten Manager aus dem eigenen Betrieb oder einem externen Geschäftsführer anvertrauen. Daher steht für Ammann fest, seinen Beirat von Beginn an und in höchstmöglichem Maß in den Nachfolgeprozess einzubinden. Als primäre Aufgabe weist er ihm zu, Sparringspartner für die Söhne zu sein und ihnen zu helfen, ihren Weg an die Firmenspitze zu gehen. Die Beiratsmitglieder hält er dazu an, ein ehrliches Urteil zu fällen und ihm das genauso offen zu kommunizieren. Damit die Kinder wissen, woran sie sind, erklärt er das ihnen ausdrücklich in einem vertraulichen Gespräch mit dem Vorsitzenden. Auch für den Notfall rüstet sich der Familienunternehmer, indem er festlegt: Sollte er plötzlich sterben oder ihm etwas zustoßen, was ihn monatelang ans Krankenbett fesselt, soll der Beirat automatisch von der schuld- zur organschaftlichen Form wechseln, so dass er mehr Kompetenzen erhält und die Nachfolge maßgeblich entscheidet.

Für die fünf Geschwister, denen der Schokoladenhersteller **Baumann** gehört, hat sich der Workshop gelohnt. Sie sehen sich in ihrem Anliegen bestätigt, einen Beirat ins Leben zu rufen. Denn die Diskussion hat einerseits Konfliktpotential auf mehreren Themenfeldern erkennen lassen und andererseits, wie sehr ein kritischer Begleiter auf dem Weg zur geplanten Expansion nach Osteuropa und Asien vonnöten ist.

Die Geschäftsführung von Baumann erwägt neue Produkte für den deutschen Markt, die vor allem junge Leute ansprechen sollen. Dazu zählt Schokolade mit „wilden" Geschmacksrichtungen, die mittels witziger Werbespots populär gemacht werden soll. Die Baumanns denken sogar daran, Schokoladenplantagen selbst zu betreiben, um Qualität und Lieferung des benötigten Kakaos sicherzustellen. Da Produkteinführungen und eine Geschäftsausweitung immer auch erhebliche Risiken beinhalten, legen die Geschwister besonderen Wert auf externe Expertise im Beirat. Mit seiner Unterstützung soll die Geschäftsführung die neue Strategie erarbeiten, was Themen wie Vertrieb, Logistik und Kauf oder Pacht landwirtschaftlicher Anbauflächen in Afrika oder Südamerika einschließt.

So votieren die Baumanns folgerichtig für einen organrechtlichen Beirat. Sie wollen zwar nicht, dass er immer und überall mitentscheidet, sehr wohl aber bei zentralen Aspekten das letzte Wort hat. „Das gibt uns allen das gute Gefühl, das Richtige zu tun", formulierte es eine der Schwestern. Der Katalog zustimmungspflichtiger Geschäftsführungsmaßnahmen fällt relativ knapp aus. So muss der Beirat künftig Entscheidungen über die Strategie, die Jahresplanung sowie große Investitionen und Verkäufe aus Betriebsvermögen zustimmen.

Wegen einer unschönen Erfahrung zwei Jahre zuvor, als Baumann — nach einem unerwarteten Absatzrückgang in den USA — (zu) spät auf eine Lücke in der Finanzplanung reagierte, die mit einem teuren Überbrückungskredit geschlossen werden musste, stand für alle Geschwister außer Frage, das finanzielle Kontrollnetz enger zu spinnen und den Beirat hier einzuspannen. Er sollte künftig die Bilanz durchschauen, billigen und feststellen sowie über das Risiko-, Kontroll- und Compliance-Management wachen.

Bei der Ausschüttung soll der Beirat ebenfalls mitreden. Die Eigentümer einigten sich auf einen Schlüssel für die Gewinnverwendung, gestanden dem Kontrollgremium aber zu, die Einbehaltung des Überschusses (Thesaurierung) um bis zu 10 Prozentpunkte erhöhen zu dürfen — oder bei Bedarf zu senken. Außerdem ist der Beirat für die Bestellung der Geschäftsführung zuständig inklusive ihrer Vergütung. Alle fünf Gesellschafter haben zwei bis drei Kinder, die zum Zeitpunkt der Einrichtung des Beirats zwischen 15 und 29 Jahren alt waren. Das Gremium wird angehalten, mit darauf zu achten, dass der Nachwuchs gleiche und faire Chance hat, sollten mehrere Kinder an die Spitze von Baumann streben. Er soll aber auch ehrlich und ohne Rücksicht auf individuelle Vorlieben und Zuneigungen bekunden, wen er für ungeeignet hält, ins Top-Management der Firma aufzurücken. Der Beirat bekommt diverse Aufgabenstellungen, die darauf abzielen, den Zusammenhalt der Eigentümerfamilie zu stärken. Er wird ausdrücklich dazu angehalten, in Streitfällen frühzeitig einzugreifen und bei Bedarf als Schlichter zu agieren. Daher erhalten seine Mitglieder das Recht, einen Mediator anzurufen, selbst als solcher zu agieren oder bei einem gescheiterten Schlichtungsversuch als Schiedsrichter eine Entscheidung zu treffen. Zudem sollen sie als Wächter über die Familienverfassung dienen.

Die Baumanns legen auch die Grenzen der Machtbefugnisse des Beirats klar fest. Wichtig ist ihnen, dass er nichts anschieben oder entscheiden darf, das die Marke Baumann im Kern nachhaltig verändern würde. Hier behalten sich die Firmenbesitzer die alleinige Zustimmung vor.

Die **Cietelmanns** haben seit Jahrzehnten einen Beirat. Für sie geht es allein darum, seine Aufgaben neu zu definieren. Schließlich hat sich der Maßstab für den erwarteten Nutzen gerade in jüngerer Zeit nochmals drastisch geändert. Dem Einstieg ins Hotelgeschäft soll Rechnung getragen werden. Außerdem hat sich herumgesprochen, dass der Beirat intern als „Altherrenklub" betrachtet wird, was sich nicht unbedingt motivierend auswirkt und auf Dauer Konfliktpotential beinhaltet. Wer will schon zum alten Eisen gehören?

Der Workshop war schon deshalb ein Erfolg, weil die Cietelmanns rasch feststellten, dass es höchste Zeit für die inhaltliche und personelle Diskussion wurde und sowohl die Aufgaben des Beirats als auch seine Besetzung neu geregelt werden müssen. Sie stellten übereinstimmend fest, dass das Gremium noch stärker in die strategische Entwicklung und Kontrolle eingebunden werden soll. In dem Workshop wurde ausgiebig in die Vergangenheit geschaut. Vor drei Jahren war die Pharmasparte in eine Krise geraten. Das hatte dazu geführt, die Kontrolle dieses Konzernbereichs unter Beteiligung des Beirats zu verschärfen. Aufgrund positiver Erfahrungen als Konsequenz aus der damaligen Nachjustierung beschlossen die Cietelmanns, das enge Netz auf alle Firmenbereiche auszuweiten und den Beirat auch hier stärker in die Pflicht zu nehmen. Die Kontrolle bezieht sich umfassender denn je auf die Finanz-, Ertrags-, Investitions- und Risikolage. Der ohnehin schon umfangreiche Katalog zentraler Maßnahmen, bei dem die Holdingspitze, aber auch die Führung der einzelnen Sparten das Votum des Beirats abwarten müssen, wurde nochmals verlängert. Damit es hier keine Verzögerungen gibt, tagt der Beirat nun sechsmal und nicht wie bisher viermal im Jahr. Hinzu kommen weitere vier Treffen via Telefonkonferenz. Das Kontrollgremium bestellt nun auch den Abschlussprüfer, prüft, billigt und stellt die Jahresbilanz fest.

Das Gremium wurde beauftragt, in seiner Rolle als Berater wesentlich ausgiebiger und kritischer über die Entwicklung der sechs Sparten zu diskutieren und dabei auch unpopuläre Themen anzusprechen oder Entscheidungen in Frage zu stellen, die im Top-Management befürwortet werden. Insbesondere das noch junge Engagement im Hotelgewerbe sollen die Mitglieder schärfer unter die Lupe nehmen, da die Ergebnisse der Kette in mittelgroßen Städten hinter den Erwartungen zurückblieben. Festgelegt wurde, dass der Beirat nicht nur wie bisher allein als Sparringspartner der Familie Cietelmann zur Verfügung steht, sondern die Strategien der sechs Geschäftsbereiche gemeinsam mit den jeweiligen Vorständen und dem Holdingchef ausarbeitet und formuliert.

Die Aufgaben des Beirats als Streitschlichter und Personalberater bleiben unverändert. Hier zeigten sich die Cietelmanns zufrieden mit der bisherigen Arbeit. Er kümmert sich weiter um alle zentralen Personalfragen der Holding sowie die des Top-Managements sämtlicher Tochtergesellschaften inklusive Vergütung.

Allerdings soll das Gremium verstärkt darauf achten, den Zusammenhalt in der Familie zu sichern. Sie hatte nämlich bewusst auf einen Familienrat verzichtet. Um den Informationsfluss zu sichern, soll der Beirat eine detaillierte Berichterstattung an die Gesellschafter sicherstellen. Die Familienmitglieder, die einen Sitz im Beirat haben, müssen die anderen Inhaber aus der Verwandtschaft umfassend über Beratungen des Kontrollzentrums berichten. Umgekehrt sollen sie dem Wunsch nachkommen, häufiger Themen aus dem Kreis der Eigentümer in die Beiratssitzungen mitzunehmen, so dass der Gedankenaustausch rege bleibt. Auch hier galt es, aus Fehlern der Vergangenheit zu lernen. Der Verkauf des Gestüts samt Pferdezucht, das noch aus der Gründerzeit stammte, hatte zu einem hochemotionalen Streit geführt. Einzelne Familienmitglieder fühlten sich zu spät informiert und beklagten, sie hätten deshalb nicht früh genug protestieren können. Es dauerte lange, bis die Wunden geheilt waren. Der Beirat soll mit darauf achten, dass so etwas nicht wieder passiert.

Festgelegt wurde, dass sich ein Beiratsmitglied speziell um das Rahmenprogramm zur Gesellschafterversammlung kümmert und das neu ins Leben gerufene, jährliche Familienwochenende federführend organisiert. Auf dem Treffen sollen sämtliche Mitglieder des Gremiums anwesend sein und den (anderen) Eigentümern Rede und Antwort stehen müssen.

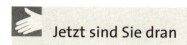

Jetzt sind Sie dran

Art des Beirats und seine Aufgaben festlegen

Zur Erinnerung: Erst den erwarteten Nutzen des Beirats definieren, anschließend die sich daraus ergebenden Aufgaben. Soll er nur beraten und keine Entscheidungen treffen, wird er in schuldrechtlicher Form eingerichtet. Ist er für Kontrolle oder Personalentscheidungen zuständig, ist die organschaftliche Variante angebracht, wo die Mitglieder regelmäßig Beschlüsse fassen. Des Weiteren sollte der Beirat in die gesamte Governance passend integriert werden.

Führen Sie nun eine Diskussion im Gesellschafterkreis über die Aufgaben des Beirats unter Hinzunahme des definierten Nutzen. Legen Sie zuerst fest, ob Sie einen schuldrechtlichen Beirat oder einen organschaftlichen Beirat einrichten möchten.

☐ Schuldrechtlicher Beirat

☐ Organschaftlicher Beirat

Entscheiden Sie auch, bei welcher Gesellschaft der Beirat etabliert werden soll.

☐ Holding

☐ Tochtergesellschaft

☐ GmbH oder ☐ KG

Definieren Sie nun, abhängig davon, ob Sie einen schuldrechtlichen oder organschaftlichen Beirat wünschen und wo dieser angesiedelt ist, die Aufgaben des Gremiums. Legen Sie dabei auch immer fest, ob der Beirat bei der Aufgabe eine Empfehlung aussprechen soll oder sogar entscheiden darf.

Aufgaben	Detailaufgaben des Beirats
Beratung	
Kontrolle	
Personalentscheidung, insbesondere Nachfolge	
Konfliktlösung	
Networking	
Förderung der Familienbeziehung	

Stufe 3:
Die Stellhebel des Beirats

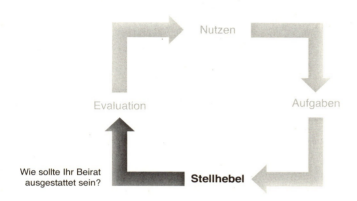

Nachdem Nutzen und Aufgaben definiert sind, sollte der Beirat so ausgestaltet werden, dass er die ihm übertragenen Aufgaben effektiv und effizient erfüllen kann. Um dieses Ziel zu erreichen, sollten *vier relevante Stellhebel* situationsadäquat eingestellt werden (vgl. Abbildung 10).[38] Dieser Prozess erfolgt analog zur jeweiligen Größe des Gesellschafterkreises sowie der Struktur und strategischen Ausrichtung des Familienunternehmens. Die Festlegungen sollten im Gesellschaftsvertrag und der Beiratssatzung oder Beiratsordnung festgelegt werden. Die relevanten Stellhebel sind:

• Struktur,

• Qualifikation,

• Instrumente,

• Vergütung.

1. Struktur	2. Qualifikation

• Größe
• Amtszeit
• Ausschlusstatbestände
• Zusammensetzung
• Beiratsvorsitz
• Beschlussfähigkeit und
  Beschlussfassung
• Sitzung (Häufigkeit, Plan,
  Agenda, Teilnehmer, Protokoll)
	• Fachliche Mindestanforderungen,
	  berufliche Erfahrungen,
	  Kernkompetenzen,
	  Persönlichkeitsmerkmale
	• Beiratsmix
	• Unabhängigkeit
	• Aus- und Weiterbildung
	• Wechsel Geschäftsführung
	  in Beirat

4. Vergütung	**3. Instrumente**
• Gesamtkosten • Beiratsvergütung: einfaches Mitglied, Vorsitzender • Steuern • Beraterverträge	• Auswahlprozess • Berichtswesen • Beiratsbüro • Ausschüsse • Haftungsregelung • Beiratsregelwerk

Abbildung 10: Beiratsstellhebel im Überblick

1. Grundlagen und Rüstzeug

Die Eckpunkte zur Beiratsstruktur müssen sowohl im Gesellschaftsvertrag oder der Satzung als auch in der Beiratsordnung oder -satzung festgehalten werden. Das sind die Anzahl und die Amtszeit der Mitglieder, nach wie langer Zeit sie das Gremium verlassen müssen, sowie Regeln zur Zusammensetzung, die Rolle des Vorsitzenden und alle Themen rund um Sitzungen, also Häufigkeit, Agenda, Abstimmungsmehrheiten, Anwesenheitspflichten und Protokolle.

Sinnvolle Mitgliederzahl

Die Größe von Beiräten ist frei gestaltbar. Das bietet die Chance einer individuellen und passgenau auf das Unternehmen zugeschnittenen Festlegung. Nicht zuletzt die finanziellen Möglichkeiten spielen dabei eine wesentliche Rolle. Wer einen Beirat mit einer hohen Zahl an Sitzen konzipiert, versammelt viel Kompetenz, Erfahrung und Netzwerkmöglichkeiten, was dem Unternehmen generell nutzen sollte. Allerdings müssen die Mitglieder vergütet werden — das kostet entsprechend. Die Entscheidungsprozesse dauern unter Umständen länger, der organisatorische Aufwand sowie die Anforderungen an die Kommunikation wachsen mit steigender Zahl der Mandatsträger. Ein personell nicht ganz so stark besetzter Beirat ist meist effizienter, mitunter entscheidungsfreudiger und motivierter — übrigens vielfach auch deshalb, weil der Ansporn, stets sein Bestes zu geben, steigt, wenn sich die Verantwortung auf wenige Schultern verteilt.

Insofern sollten Vor- und Nachteile kleiner und großer Beiräte genau abgewogen werden. Grundsätzlich gilt: Die richtige Größe wirkt sich positiv auf den Markterfolg aus — die falsche negativ. Am besten ist, wenn sich Firmeneigentümer schon bei der Definierung des erwarteten Nutzens erste vorsichtige oder besser konkrete Gedanken über die Besetzung des Beirats machen und überlegen, wo sie den personellen Schwerpunkt setzen wollen, damit er zum inhaltlichen Hauptaugenmerk passt. Soll ein breites Spektrum an Fachkompetenz versammelt werden, ist eine breite Familienrepräsentanz wichtiger, oder soll die Anzahl der Mitglieder so groß sein, dass beides leicht miteinander verknüpft werden kann? Die Antworten darauf hängen eng damit zusammen, was sich die Gesellschafter für die Zukunft von ihrem Beirat erhoffen.

Die Anzahl der Mitglieder richtet sich nach Größe und Komplexität des Unternehmens. Wenn Pattsituationen — auch das Gremium muss sich nicht immer einig sein — ausgeschlossen werden sollen, ist eine ungerade Zahl angeraten. Sie ist aber weder ungeschriebenes Gesetz noch Pflicht. Rund ein Drittel aller Beiräte in Deutschland hat eine gerade Anzahl von Mandatsträgern. Drei Sitze sind das Minimum, laut Gesetz auch bei Aufsichtsräten, deren Anzahl in der Regel in Dreierschritten auf höchstens 21 anhebbar ist. Optimal für Beiräte sind fünf oder sechs Mitglieder. Ab dieser Mitgliederzahl ist ein umfangreicher Qualifikationsmix gewährleistet. Sie sorgt für Effizienz, hält die Kommunikationsanforderungen in Grenzen und eröffnet dennoch die Chance auf intensive Diskussionen.

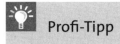
Nicht zu üppig werden

Auch wenn Ausnahmen möglich sind, gilt als Faustregel: Die Zahl der Beiratsmitglieder sollte bei maximal neun liegen. Alles, was darüber hinausgeht, erschwert interne Abstimmungen sowie die Koordination und führt zu hohen Kosten. Bei zu vielen Mandatsträgern wird es kaum Sitzungen geben, zu denen alle Mitglieder erscheinen. Mehr Anwesende bedeuten nicht gleich mehr Kompetenz und damit zusätzlichen Nutzen für das Unternehmen. Ist der Beirat zu groß, drohen sowohl Überlastung als auch Unterforderung. Ein Blick in die Praxis belegt beste Erfahrungen mit Größen von bis zu fünf Sitzen: In rund 80 Prozent aller deutschen Unternehmen mit Beirat liegt die Mitgliederzahl zwischen drei und fünf, wobei sich davon die ganz klare Mehrheit für die ungeraden Varianten entschieden hat.[39]

Nach fünf Jahren ist erst einmal Schluss

Für Familienunternehmen besteht — im Gegensatz zu Konzernen mit gesetzlich vorgeschriebenem Aufsichtsrat (maximal fünf Jahre) — keine gesetzliche Vorschrift zur Begrenzung der Amtszeit von Beiratsmitgliedern. Enthalten die Verträge oder der Bestellungsbeschluss keine entsprechende Regelung, ist die Berufung unbegrenzt. Hier besteht nur die Möglichkeit, das Gremiumsmitglied aus gravierendem Grund oder mit dafür notwendiger Mehrheit abzuberufen. Deshalb empfiehlt sich eine klar definierte Amtszeit. Sie sollte auf *drei bis fünf Jahre* beschränkt werden, wobei Fachleute zur dreijährigen Option raten. So kann die Zusammensetzung des Kontrollzentrums immer wieder optimal an das aktuelle Unternehmensumfeld angepasst und um neuerdings erforderliche Kompetenzen ergänzt werden. Dadurch wird nicht nur Flexibilität erzielt, sondern auch eine in vernünftigen Zeitabständen erfolgende Leistungsbewertung der kritischen Begleiter ermöglicht.

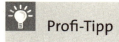

Profi-Tipp

Zeitliche Entzerrung

Es ist ratsam, nicht alle Mitglieder des Beirats im gleichen Jahr zu wählen, wenn ihre Amtszeit dieselbe Befristung enthält, also ihre Berufung am gleichen Tag endet. Scheiden alle Personen mit einem Schlag aus dem Gremium aus, ist der Kompetenzverlust enorm. Die neu bestimmten Mitglieder müssen sich erst einarbeiten und das Unternehmen kennenlernen. Mit einer sogenannten rollierenden Amtszeit wird das vermieden. Konkret: In einem Beirat mit drei Sitzen und dreijähriger Mandatierung sollte jedes Jahr immer nur ein Mitglied zur Wahl stehen. In einem neu installierten Kontrollgremium ist das nicht sofort oder allenfalls nur durch Absprachen möglich, indem mit den einzelnen Mitgliedern unterschiedliche Laufzeiten von drei, vier sowie fünf Jahren vereinbart werden, und es anschließend — also nach Ablauf der Verträge — nur noch Amtsperioden von drei Jahren gibt, so dass der Turnus erhalten bleibt. Im Laufe der Zeit — hier kann auch der Zufall helfen — pegelt sich das ein, wenn Unternehmen und Eigentümer darauf achten.

Eine Amtszeit kann aus bestimmten Gründen — unter Umständen auch gegen den Willen des Betroffenen — vorzeitig enden.[40]

Ein Beiratsmitglied

- wird bei gravierenden Fehlern oder Interessenskonflikten zur Aufgabe gezwungen. In der Fachsprache heißt das „Abberufung aus wichtigem Grund". Dazu zählt auch fahrlässiges Verhalten oder eine Anstellung bei der Konkurrenz.

- muss auch unabhängig von einem wichtigen Grund sein Amt niederlegen, wenn sich die Firmeneigentümer gegen ihn stellen. Den Beschluss darüber müssen sie mit der Mehrheit fällen, die zur Änderung des Gesellschaftsvertrags notwendig ist. Ist einer Person vertraglich ein Sonderrecht gewährt worden, das einen Sitz im Beirat beispielsweise bis zur Erreichung eines bestimmten Lebensalters zusichert, ist ein Rauswurf unmöglich.

- wird von demjenigen abberufen, der das Recht hat, eben diese Person in den Beirat zu entsenden. Er kann diese Entscheidung jederzeit rückgängig machen.

- legt selbst das Amt nieder, was jederzeit innerhalb einer angemessenen Frist (drei Monate) möglich ist. Bei Angabe eines wichtigen Grunds — hier geht es in der Regel um den Verlust der Unabhängigkeit durch Arbeitgeberwechsel — sollte dem Betroffenen jederzeit möglich sein, den Beirat zu verlassen. Seine Erklärung gilt auch, wenn er sie mündlich gegenüber der Geschäftsführung abgibt.

- verstirbt. Es ist ein nicht selten anzutreffender Irrglauben, dass ein Sitz im Beirat vererbt werden könne.

Kriterien für das Ausscheiden

Es gibt gute Gründe, Regeln vorzuschreiben, wann ein Beiratsmitglied automatisch sein Mandat verliert. Damit wird eine Zementierung der Zusammensetzung vermieden, das Gremium bleibt flexibel und kann sich neuen Gegebenheiten in Eigentümerfamilie und Unternehmen anpassen sowie Interessenskonflikte vermeiden. Übliche Gründe sind:

- *Altersgrenze*: Sie liegt in der Regel zwischen 65 und 75 Jahren, sollte aber 80 Jahre nicht übersteigen und auch für Mitglieder der Eigentümerfamilie gelten.[41] Die Praxis hat gezeigt, dass ältere Persönlichkeiten zwar auf erhebliche Erfahrungen zurückgreifen, aber mitunter — gerade wenn sie zuvor in der Unternehmensführung waren — auch Innovationen und kritische Diskussionen verhindern, die gefühlt oder tatsächlich an ihrem Lebenswerk rütteln. Ihr Blick auf den Markt kann verstellt oder gar realitätsfern und ihr Netzwerk geschrumpft sein. Fort- und Weiterbildung sind für ältere Menschen weniger interessant und die Belastbarkeitsgrenze sinkt. Jüngere sind agiler, stressresistenter, mehr unterwegs und bringen frischen Wind, haben aber einen geringeren Erfahrungsschatz. Insofern gilt es auch hier, genau abzuwägen — allerdings: Ein völliger Verzicht auf eine Altersgrenze ist nicht ratsam. Das Alter des Beirats sollte zur Generation der Geschäftsführung passen. Außerdem ist ein Limit kein unumstößliches Dogma. Die Gesellschafter können Ausnahmen beschließen, so dass ein verdientes, professionell arbeitendes und unverzichtbares Gremiumsmitglied seinen Sitz behält, obwohl es das Alter erreicht hat, das sein Ausscheiden bedeuten würde.

- *Maximale Anzahl an Positionen:* Für eine Tätigkeit in einem Beirat muss ausreichend Zeit eingeplant werden: für die Vorbereitung der Treffen, die Tagungen selbst, für Sondersitzungen und für Gespräche zwischen den Zusammenkünften. Damit sich die einzelnen Mitglieder ausreichend engagieren können, sollten sie nicht mehr als fünf Beiratsmandate zugleich innehaben. Eine Persönlichkeit, die sich nur der Beiratsarbeit widmet, sollte nicht mehr als zehn solcher Mandate ausüben. Wegen der Mehrbelastung wird der Vorsitz hier „doppelt" gezählt.

- *Erreichung der maximalen Amtsdauer:* Ein Beiratsmitglied sollte nicht mehr wiedergewählt werden können, wenn es eine bestimmte Anzahl an Amtsperioden hinter sich gebracht hat. In der Praxis findet man oft Drei-mal-Drei-Kombinationen, also eine Verweildauer im Beirat von drei Jahren, die höchstens zweimal verlängert werden darf.[42]

- *Mitarbeit im Unternehmen:* Übernimmt ein Beiratsmitglied eine Anstellung im Unternehmen, sollte es sein Amt niederlegen. Das sollte sich nicht nur auf die Geschäftsführungsebene beziehen, sondern generell auf eine Mitarbeit in der Firma. Grundsätzlich sollte die Gewaltenteilung zwischen Führung und Kontrolle gewahrt werden.

- *Fehlende Unabhängigkeit:* Ein Beiratsmitglied, das nicht zur Eigentümerfamilie gehört, sollte sein Mandat niederlegen, wenn sich herausstellt, dass die Person nicht frei von persönlichen, finanziellen und geschäftlichen Abhängigkeiten von dem Unternehmen und/ oder dessen Besitzern ist. Falls solche Überschneidungen vorher bekannt sind und anzunehmen ist, dass sie zum Problem werden könnten, sollte die Person gar nicht erst nominiert werden.

Familie contra Fremde

In Bezug auf die Besetzung eines Beirats muss die Frage geklärt werden, ob und wie viele Mitglieder der Eigentümerfamilie eines Unternehmens in das Gremium einziehen sollen. Kriterien hierbei sind die Strukturen des Managements (Familienpräsenz in der Geschäftsführung) und der Inhaberschaft (Anzahl der Gesellschafter), aber auch die Größe des Kontrollzentrums. Generell zu beachten ist: Nur bei ausreichendem Sachverstand können Beiräte ihre Aufgaben umfassend erfüllen.

Mitglieder, die nicht aus der Inhaberfamilie stammen, haben den Vorteil, dass sie Strategiediskussionen objektivieren, Entscheidungen der Geschäftsführung kritischer hinterfragen als Beiratsangehörige aus der Unternehmerfamilie und die Kontrollintensität erhöhen. Sind sie unabhängig, unterliegen sie keinen Zwängen, die sich aus der Familienhistorie ergeben. Sie können auf Probleme hinweisen, die unter Verwandten aus — gut gemeinter, aber mitunter schädlicher — Rücksichtnahme verschwiegen werden. Zudem können sie Konflikte abwenden oder versachlichen. Allerdings sollte bei externen Mandatsträgern klar sein, dass sie mit den Werten und Zielen der Firmeneigentümer konform gehen — ansonsten besteht die Gefahr, dass sie nicht im Sinne ihrer Auftraggeber und des Unternehmens handeln.

Je weiter sich die Inhaberfamilie aus der Geschäftsführung zurückzieht, desto wichtiger wird ihre Präsenz im Beirat. Wird das Unternehmen ausschließlich von Managern geführt, die nicht aus der Verwandtschaft der Eigentümer kommen, sollte die Familie zwingend dominierend in der Kontrollinstanz vertreten sein. Gesellschafter sind durch ihre Inhaberschaft logischerweise am kurz-, mittel- und langfristigen Erfolg des Unternehmens sowie der langfristigen Existenzsicherung stark interessiert. Deshalb ist anzunehmen, dass sie besonders intensiv die Aktivität der Führung der Firma prüfen. In der Regel sorgen sie dafür, dass das Top-Management nur mit Fachkräften besetzt wird, die zu den Interessen, Werten und Zielen der gesamten Familie passen. Außerdem gewährleisten sie den Informationsfluss und eine funktionierende Kommunikation zwischen dem Kontrollzentrum und ihren Angehörigen im Gesellschafterkreis. Meist übernimmt ein Familienmitglied im Beirat die Organisation der Family-Governance-Maßnahmen.

Sind zu viele Mitglieder der Familie im Beirat vertreten und ist ein Verwandter der Firmenchef, können Sitzungen des Gremiums zu einer verkleinerten Gesellschafterversammlung verkommen und sich zum Austragungsort von Familienfehden entwickeln. Wichtige Entscheidungen werden dann blockiert, wenn sich die miteinander im Konflikt stehenden Parteien nicht einigen können. Außerdem wächst die Gefahr, dass die nicht im Beirat tätigen Gesellschafter von wichtigen Informationen abgeschnitten und nur begrenzt in richtungsweisende Pläne einbezogen werden. Aus diesen Gründen sollte die Kontrollinstanz mit einem Familienmitglied als Geschäftsführer fremddominiert sein.

Die Praxis zeigt, dass Beiräte sehr unterschiedlich besetzt sind. Die klare Mehrheit von zwei Dritteln setzt auf Kontrollgremien, die entweder allein von externem Sachverstand oder überwiegend herbeizitierter Kompetenz dominiert werden, also Angehörige der Eigentümerfamilie gar nicht (30 Prozent) oder in der Minderheit (36 Prozent) vertreten sind. [43] Lediglich 3 Prozent der Unternehmen mit Beiräten verzichten komplett auf kundige Mandatsträger „von außen".

Manche Familienunternehmen unterliegen der Mitbestimmung. Ob diese sich positiv oder negativ auswirkt, wird kontrovers diskutiert.[44] In der Praxis hat sie sich jedenfalls häufig bewährt. Die gesetzliche Pflicht zur Einrichtung eines Beirats aus mitbestimmungsrechtlichen Erfordernissen — auch wenn es juristisch falsch ist, muss man hier von einem Aufsichtsrat sprechen — wird vielfach vernachlässigt. Grund dafür ist ein häufig mit der Arbeitnehmerseite bestehender Konsens, der den Verzicht toleriert. Allerdings existieren dann andere Gremien in der Binnenstruktur zum Austausch zwischen Arbeitnehmern und -geber. Sollte sich ein Familienunternehmen der Mitbestimmung ohne Gesetzesverstoß entziehen wollen, gibt es die Möglichkeit, eine bestimmte Rechtsform zu wählen: Es muss dann als reine Vermögensholding ohne eigenes operatives Geschäft, Stiftung, Kapitalgesellschaft & Co. KG, Holding im Ausland oder als Societas Europaea firmieren.[45] Kommt keine dieser Optionen in Frage und kann der oben beschriebene Konsens mit der Arbeitnehmerseite nicht gefunden werden, muss in der Regel der Aufsichtsrat ab einer Anzahl von 500 Beschäftigten gebildet werden (vgl. Abbildung 11). In diesem Fall richten viele Unternehmerfamilien zusätzlich zum Aufsichtsrat einen Beirat oder Familienrat ein, der nicht mitbestimmt ist. Dabei sollte darauf geachtet werden, dass die Aufgabenverteilung zwischen den zwei Gremien klar definiert ist.

Der Vorsitzende als Dreh- und Angelpunkt

Die Entscheidung, wer den Vorsitz des Beirats übernehmen sollte, hängt grundsätzlich von exakt denselben Fragestellungen ab wie bei der Auswahl der übrigen Mitglieder. Folgendes ist empfehlenswert: Ist der Geschäftsführer „von außen" geholt worden, sollte der Chef des Kontrollgremiums aus der Unternehmerfamilie stammen. Das ist zwar kein absolutes Muss, hat aber den Vorteil, dass so — zumindest theoretisch — die dynastische Vormachtstellung gewahrt wird. Umgekehrt gilt: Führt ein Eigentümer den Betrieb, sollte der Beiratsvorsitzende kein Verwandter des Firmenchefs sein. Damit wird ein Schutzschild

Arbeitnehmer	501–2.000	2.001–10.000
Größe Aufsichtsrat	• 3, 6 oder 9 Mitglieder, kann auf höchstens 21 angehoben werden • Größe bestimmen Gesellschafter	• 12 Mitglieder
Zusammensetzung	• 2/3 Gesellschaftervertreter • 1/3 Arbeitnehmervertreter	• 1/2 Gesellschaftervertreter • 1/2 Arbeitnehmervertreter (darunter in der Regel 2 Gewerkschaftsvertreter und 1 leitender Angestellter)

Arbeitnehmer	10.001–20.000	>20.000
Größe Aufsichtsrat	• 16 Mitglieder	• 20 Mitglieder
Zusammensetzung	• 1/2 Gesellschaftervertreter • 1/2 Arbeitnehmervertreter (darunter in der Regel 2 Gewerkschaftsvertreter und 1 leitender Angestellter)	• 1/2 Gesellschaftervertreter • 1/2 Arbeitnehmervertreter (darunter in der Regel 3 Gewerkschaftsvertreter und 1 leitender Angestellter)

Abbildung 11: Zusammensetzung des mitbestimmten Aufsichtsrats

aufgebaut, sodass Konflikte innerhalb der Familie keine negativen Auswirkungen auf die Leitung des Unternehmens haben.

Ob die Empfehlung, im Falle eines Fremdmanagements einen Vorsitzenden aus der Inhaberfamilie zu bestimmen, der Weisheit letzter Schluss ist, kann in Frage gestellt werden. Zwar wird die Person als Beiratschef alles tun, den Einfluss der Eigentümer zu sichern. Es gibt jedoch ebenso gute Argumente für einen externen Mandatsträger. Er wird eher als Vermittler auftreten und sicherstellen, dass die Kommunikation mit der Unternehmensspitze ohne Eigeninteresse geführt wird. Dadurch wird verhindert, dass Sitzungen des Beirats zur Alibiveranstaltung werden. Gleiches gilt für die Konstellation mit einem Eigentümer als Firmenchef und einem seiner Verwandten als Beiratsvorsitzendem. Auch das kann sehr gut funktionieren, wenn Rollenklarheit herrscht und ein gemeinsames Verständnis darüber, bei Konflikten Emotionen außen vor zu lassen. Allerdings ist grundsätzlich zu fragen, ob der Vater als Beiratsvorsitzender und der Sohn als Firmenchef die richtige Konstellation bilden. Es gibt Fälle, in denen der Vater sich ausreichend zurücknimmt und den Sohn in seinen Entscheidungen nicht zu sehr beeinflusst, aber auch Beispiele, wo das Zusammenspiel nicht funktioniert.

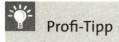

Profi-Tipp

Profi bleibt Profi

Man darf gewiss unterstellen, dass ein „von außen" angeheuerter Profi auch in der Funktion des Vorsitzenden des Beirats als solcher agiert und die zwingend notwendige Distanz wahrt. Bei zentralen Entscheidungen wird er mit Sicherheit die Interessen der Eigentümer und des Unternehmens im Blick haben und sich nicht auf eine Seite schlagen, deren Sichtweise und Pläne ihn in Wahrheit nicht überzeugen. Er wird Argumente der Gesellschafter prüfen, bewerten und den anderen Beiratsmitgliedern „neutral" vortragen, ohne sie selbst einzunehmen. Lässt er sich doch dazu bewegen, gibt er also seine Neutralität auf, ist er der falsche Mann am falschen Platz. Das Risiko dürfte jedoch äußerst gering sein, dass so etwas passiert. Warum sollte der Vorsitzende seinen bislang tadellosen Ruf aufs Spiel setzen? Bei fortgesetzten Konflikten und inhaltlichem Streit mit den Inhabern wird er eher zurücktreten. Denn schließlich gilt: Profi bleibt Profi.

Der Beirat sollte seinen Chef selbst offiziell küren. Geleitet wird die Wahl vom „Alterspräsidenten", also dem an Lebensjahren ältesten Gremiumsmitglied. Öfters wird der Vorsitzende auch von den Gesellschaftern durch ihr gemeinsames Votum bestimmt und im Beirat „nur" bestätigt. Das ist ein gangbarer Weg, um seine besondere Stellung hervorzuheben. Falls die Firmeninhaber keine Entscheidung über den Kandidaten treffen können oder wollen, sollte er vom Beirat gewählt werden. Außerdem sollte er einen Stellvertreter haben.

Der Chef des Gremiums dient als erster Ansprechpartner für die Geschäftsführung und sollte über wichtige Dinge unverzüglich informiert werden. Dadurch ist er die stets zuerst und am besten informierte Person unter den kritischen Begleitern des Unternehmens. Der Vorsitzende ist zudem vorrangiger Adressat für die anderen Insassen des Kontrollgremiums, die über ihn Anliegen an die Firmenleitung herantragen. Er ist aber auch Verbindungsglied zu den Eigentümern und Vermittler zwischen Top-Management und Gesellschafterversammlung.

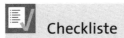

Checkliste

Aufgaben des Beiratsvorsitzenden festlegen

Dem Vorsitzenden können zahlreiche Aufgaben anvertraut werden.[46] Definieren Sie für Ihren Beiratsvorsitzenden seine Aufgaben mit der folgenden Checkliste.

Aufgaben des Beiratsvorsitzenden	Ja	Nein
• Kontakt mit der Geschäftsführung auch außerhalb der Sitzungen	■	■
• Lenkung der Beiratsarbeit, insbesondere der Sitzungen	■	■
• Förderung der Kommunikation im Beirat	■	■
• Erstellung der Sitzungsagenda und Abstimmung mit der Geschäftsführung	■	■
• Einladung zu den Sitzungen (Entscheidung ob, wo und wann die Sitzung stattfindet)	■	■
• Verantwortung für das Sitzungsprotokoll (durch den Vorsitzenden zu unterschreiben)	■	■
• Koordination der Beschlussfassung, Festlegung der Art der Beschlussfassung sowie deren Feststellung	■	■
• Stärkung der Verbindung zur Politik (insbesondere Networking)	■	■
• Repräsentation in der Öffentlichkeit	■	■
• Abgabe von rechtsverbindlichen Erklärungen	■	■
• Koordination der Geschäftsführungsnachfolge	■	■
• Regelung der Führungsnachfolge im Falle des plötzlichen Ausfalls des Alleininhabers	■	■
• Vorsitz von Personalausschuss und Nominierungsausschuss, wenn vorhanden (nicht Vorsitz des Prüfungsausschusses)	■	■
• Oberster Dienstherr der Geschäftsführung	■	■
• Leitung der Gesellschafterversammlung	■	■
• Mediator bei Konflikten	■	■
• Oberster Schiedsrichter in Pattsituationen	■	■

Da die Handlungsfähigkeit des Beirats in erheblicher Weise vom Vorsitzenden und seinem Wirken abhängt, sind an ihn besondere Anforderungen zu stellen — egal, woher er kommt und mit wem er verwandt ist. Der erste Mann im Beirat nimmt in jedem Fall eine Schlüsselstellung zwischen Eigentümern und Firma ein und hat entscheidenden Einfluss. Deshalb sollte er ein besonders überzeugendes Qualifikationsprofil mitbringen und von Beginn an starken Rückhalt im Kreis der Eigentümer genießen. Die Entscheidung über die Person muss gründlich durchdacht sein. Sie muss charakterlich zum Management und zur Besitzerfamilie passen. Der Vorsitzende sollte möglichst all das auf dem Kasten haben, was einem Beirat hilft, die Erwartungen an ihn zu erfüllen: umfassendes Wissen, Erfahrung, Fingerspitzengefühl, diplomatisches Vermittlungsgeschick und Integrationsfähigkeit. Da er als Scharnier zwischen Gesellschaftern, Geschäftsführung und anderen Beiratsmitgliedern dient, sollte er insbesondere eine ausgeprägte Fähigkeit zum Ausgleich haben. Er muss darauf achten, dass sich die Verhältnisse auf Seiten der Unternehmensspitze und der Firmenbesitzer nicht verhärten. Hilfreich ist, wenn sein Stil von Sachlichkeit und Offenheit geprägt ist. Daneben steht bei ihm die unternehmerische Perspektive deutlich mehr im Vordergrund als bei seinen Mitstreitern im Aufpassergremium. Zum Rüstzeug eines Beiratsvorsitzenden gehört große Fachkompetenz in Bezug auf das Geschäftsmodell, den Markt, Mitbewerber und Strategie (vgl. Abbildung 12). Diese Messlatte sollte auf alle Fälle auch für den Kandidaten aus der Eigentümerfamilie gelten. Oder anders ausgedrückt: Die Anforderungen an ihn sollten dem Profil eines professionellen Beiratsvorsitzenden entsprechen. Daher muss kritisch gefragt werden: Fehlt es dem scheidenden Unternehmenschef an diplomatischem, ausgleichendem Geschick? Könnte er als Moderator und sogar als objektiver Mediator agieren? Würde er bei seinem Nachfolger — der Sohn, die Tochter, ein Manager aus dem eigenen Betrieb — kritisch prüfen oder eher ein Auge zudrücken? Ein Automatismus besteht an der Stelle jedenfalls nicht.

In einer *Krise* kommt dem Beiratsvorsitzenden eine besondere Rolle zu. Er muss unter Umständen an heiklen Verhandlungen mit Lieferanten, Kunden, Banken und Arbeitnehmervertretern teilnehmen. Zwar ist es hier in erster Linie Aufgabe der Geschäftsführung, das Schiff durch die stürmische See zu steuern. Doch gerade in schwierigen Situationen braucht sie inhaltliche und motivierende Rückendeckung des Beirats. So kann es sein, dass dessen Spitzenmann und seine Mitstreiter unter Umständen auch Entscheidungen innerbetrieblich erläutern und auch für deren Durchsetzung kämpfen. Der Beirat ist für diesen Job oftmals besser geeignet als die Unternehmensleitung und/oder die Eigentümer — einfach deshalb, weil er als neutraler wahrgenommen wird und deshalb mit weniger Widerstand rechnen muss.

Fachliche Mindestanforderung	Berufliche Erfahrungen	Kernkompetenzen	Persönlichkeitsmerkmale
• Familienunternehmenswissen • Family-Business-Governance-Wissen • Financial-Expert-Wissen (Rechnungswesen, Bilanzierung, Finanzierung, Risikomanagement, Compliancemanagement)	• Branchenkenntnisse • Managementerfahrung • Internationalität	• Strategische Kompetenz • Verhandlungskompetenz • Organisationskompetenz • Moderations- und Integrationskompetenz	• Ehrbarer Kaufmann • Charme und Charisma • Souverän, „breite Schultern" • Objektiv und fair • Nachdrücklich • Überzeugungs- und durchsetzungsstark • Instinktsicheres Gespür

Abbildung 12: Exemplarisches Profil eines Beiratsvorsitzenden

Funktioniert das Zusammenspiel zwischen Beirat und Top-Management einwandfrei, wird der Vorsitzende zuerst und umfassend über neue Entwicklungen im Unternehmen informiert. Somit ist es auch an ihm, frühzeitig mögliche Krisenzeichen zu erkennen und die Alarmglocken zu läuten. Er entscheidet in dieser Situation, welche Informationen die Geschäftsführung vorlegen muss. Der Vorsitzende sollte den Kontakt zu seinen Mitstreitern noch enger knüpfen als gewöhnlich und bei Bedarf einen externen Krisenberater suchen. Zudem muss er im Fall einer Schieflage der Firma die sitzungslose Zeit verkürzen, dabei zugleich aber immer wieder abwägen, wann er welche Informationen an seine Beiratskollegen weiterleitet. Sobald er Bedenken hat, dass die Vertraulichkeit nicht gewahrt wird, muss er schweigen. Außerdem ist er dazu angehalten, auf die genaue Einhaltung der formalen Regularien zu achten und eine mögliche Haftung im Blick zu haben. Außerdem sollte der erste Mann im Kontrollzentrum eines Familienunternehmens Entscheidungen nicht zu häufig im Alleingang fällen, sondern notfalls lieber ein schnelleres Beiratsvotum herbeiführen als bislang geplant. In dieser Situation braucht es ein großes Maß an Durchsetzungsvermögen, Beharrlichkeit und Diplomatie.

Stammt der Vorsitzende aus der Eigentümerfamilie und war er vorher auch noch Chef des Unternehmens, besteht die Gefahr des sogenannten „Groupthink" im Beirat.[47] Übersetzt heißt das zwar Gruppendenken, aber Gruppenzwang trifft es hier besser. Der Begriff bezeichnet das Verhalten von Mitgliedern einer Ansammlung von Menschen, die sich bei Entscheidungen dem Gruppendruck anpassen und dann auf kritische und offene Meinungsäußerungen verzichten. Das ist häufig der Fall, wenn der Vorsitzende sofort die von ihm favorisierte Entscheidung kundtut und die eigentlich gewünschte Diskussion damit zugleich abwürgt, weil sein Statement als im Grunde unumstößliche Ansage „So machen wir's und nicht anders" betrachtet wird — übrigens selbst dann, wenn er es offiziell verneint.

Eine fruchtbare Debatte in der Kontrollinstanz kann aber auch dadurch im Ansatz verhindert werden, dass die Unternehmensleitung nur ungenügend und zu spät Informationen in eine Sitzung einbringt. Der Beirat kann aber unter rigider Führung und Abschottung nach außen nicht seine volle Leistung entfalten. Auch hier sollte der Vorsitzende einschreiten. Es ist maßgeblich seine Aufgabe, darauf zu achten, dass dem Gremium genügend und aussagekräftiges Material vorgelegt wird und eine offene Gesprächsatmosphäre herrscht mit ausreichend Diskussionszeit. Er sollte das Umfeld dafür schaffen, dass seine Beiratskollegen bei Bedarf unter Einbeziehung der Geschäftsführung oder auch der Gesellschafter — Letztere sind normalerweise in den Sitzungen nicht anwesend — gemeinsam Lösungen erarbeiten, die nachhaltig akzeptiert werden und für keinen Beteiligten einen Gesichtsverlust bedeuten. Definierte Entscheidungsprozesse sollten eingehalten, externes Wissen hinzugezogen und Beschlüsse nicht erzwungen, sondern nach nochmaligen Gesprächen unter Umständen besser später getroffen werden. Der Vorsitzende sollte seine eigene, auch unbequeme Meinung ohne Umschweife äußern, doch zeitgleich klarstellen, dass sie nur eine unter mehreren ist. Sein Ziel muss nämlich sein, die Aufgabe des Moderators immer eindeutig von der Rolle des Experten abzugrenzen.

Der Austausch des Beiratschefs hat in manchen Familienunternehmen eine ähnliche Dimension wie der Wechsel an der Firmenspitze. Die *Nachfolge in den Beiratsvorsitz* ist Chance und Herausforderung zugleich — ganz besonders dann, wenn sich die Eigentümerfamilie aus der Geschäftsführung zurückgezogen hat und ihren Einfluss auf die Firma über den Chefposten in dem Kontrollgremium ausübt. Einerseits ist es alles andere als einfach, einen genauso kompetenten Nachfolger zu finden. Andererseits ist es die Möglichkeit, ein eventuelles „Groupthink" abzuschaffen. Die Praxis hat gezeigt, dass Alleininhaber, die ihr Unternehmen geleitet haben und nach dem Ausscheiden aus dem Top-Management in den Beirat gewechselt sind, dort einen patriarchalischen Stil pflegten, der häufig zu dem oben beschriebenen Gruppenzwang führte. Ein neuer Beiratschef kann mit dieser wenig hilfreichen „Tradition" brechen, falls er nicht wie sein Vorgänger tickt.

Häufig übernimmt eines der Kinder des scheidenden Vorsitzenden den Posten. Das kann zu einem Kulturwandel und weiteren personellen Anpassungen führen – muss es aber nicht. Das gilt prinzipiell auch dann, wenn ein externer Fachmann das Ruder im Beirat übernimmt, da ein Spross der Eigentümerfamilie in die Geschäftsführung einzieht.

 Profi-Tipp

Mitgliederwechsel gut vorbereiten

Wie bei der Kür eines neuen Firmenchefs sollte der Stabwechsel im Beirat professionell als strukturierter Prozess vollzogen werden. Dafür sind eine gewisse Vorlaufzeit und vertiefte Gespräche mit den Unternehmenseigentümern und Beiratskollegen notwendig. Ratsam ist – analog zur Suche nach einem neuen Geschäftsführer – die Erarbeitung eines Anforderungsprofils und eines konkreten Zeit- und Ablaufplans der Postenübergabe. Soll der neue Vorsitzende aus der Inhaberfamilie kommen, kann der Auserwählte zunächst als einfaches Mitglied in das Gremium aufgenommen werden. Oftmals geht dem Schritt eine umfangreiche Aus- und Fortbildung voraus, die zum Teil im Unternehmen stattfinden kann. In einer Übergangszeit, in der der Vater oder die Mutter noch als Beiratschef/in agiert, wird geprüft, ob der Kandidat das notwendige Potential besitzt, er sich in die Themen einfuchsen kann und die Kunst der Diplomatie beherrscht – kurzum: die Anforderungen und Erwartungen für den Vorsitz erfüllt. Besteht er den Test, rückt er eines Tages an die Spitze der Einrichtung.

In vielen Familienunternehmen wird der Vater oder die Mutter nach seinem/ihrem Ausscheiden aus dem Beirat zum Ehrenvorsitzenden ernannt. Damit ist ein Gast-, aber kein Mitentscheidungsrecht verbunden. Er sollte peinlichst darauf achten, dass er seinen Nachfolger nicht in seiner Position, Autorität und in dessen Aufgaben unterläuft.

So oft wird getagt

Die Beiratssitzungen bilden den formalen Rahmen für die Arbeit der Einrichtung. Jedes Mitglied sollte das Recht haben, die Einberufung der Kontrollinstanz zu verlangen. Diese Möglichkeit sollte prinzipiell auch den Gesellschaftern und der Unternehmensführung eingeräumt werden, wobei intern geregelt sein muss, wann Eigentümer sowie Top-Management unter welchen Umständen und mit welcher Mehrheit eine Sondersitzung beantragen dürfen.

Die Einberufungskompetenz liegt beim Beiratsvorsitzenden. Der Termin einer Zusammenkunft sollte spätestens zwei Wochen zuvor verkündet werden. Es empfiehlt sich allerdings, auf der letzten Tagung eines Jahres die Sitzungsdaten für das Folgejahr festzulegen oder kontinuierlich zwei Treffen im Voraus zu planen. So vergrößert sich die Chance, dass alle Mitglieder teilnehmen können. Die Einladung erfolgt durch das Beiratsbüro — die Helferinstanz des Gremiums und seiner Mitglieder — im Namen des Vorsitzenden per Brief, E-Mail oder Telefax und beinhaltet bereits die Tagesordnung. Im Idealfall werden mit der Ankündigung auch mögliche Beschlussanträge zugesandt. So können sich die Mandatsträger entsprechend vorbereiten und — falls sie der Tagung fernbleiben müssen — ihre Stimme schriftlich abgeben.

Drei oder vier Sitzungen im Jahr, die zwischen vier und acht Stunden dauern, sind die Regel.[48] Das empfohlene Minimum liegt bei zwei Zusammenkünften. Lediglich 3 Prozent aller deutschen Unternehmen begnügen sich mit einem einzigen Beiratstreffen im Jahr, die meisten neigen zu vier.[49]

Der Vorsitzende sollte sich alle vier bis sechs Wochen oder bei Bedarf zwei, drei Tage vor einer Beiratstagung mit der Geschäftsführung austauschen, um das Treffen inhaltlich vorzubereiten und einzelne, wichtige Themen vorab zu besprechen. Dabei können Prioritäten festgelegt und der Sitzungsverlauf festgezurrt werden. Wie schon ausgeführt, sollte der Beirat im Fall einer Unternehmenskrise die Tagungsrate erhöhen, um seiner Kontrollpflicht intensiver nachzukommen.

Möglich sind zudem *Ad-hoc-Sitzungen* — auch per Telefon oder Video —, um sehr kurzfristig über Pläne der Unternehmensspitze zu entscheiden, die dem Beirat vorgelegt werden müssen, da sie im Katalog zustimmungspflichtiger Maßnahmen aufgeführt sind. Spontan einberufene Tagungen sind zudem eine Möglichkeit, auf außergewöhnliche Ereignisse zu reagieren, etwa auf eine plötzlich auftretende Krisensituation, die Eskalation eines Konflikts im Eigentümerkreis oder den plötzlichen Tod des Firmenchefs.

Empfohlen sind zusätzliche *Klausurtagungen*, meist zu Strategiethemen. Wertvoll kann auch sein, dass ein oder mehrere Beiratsmitglieder an den jährlich stattfindenden Strategietagungen der Geschäftsführung teilnehmen. Außerdem sollte erwogen werden, dass der Beirat nicht nur am Stammsitz der Firma tagt, sondern — zumindest einmal im Jahr — an einem anderen Standort des Unternehmens. Der Vorteil ist, dass sich die Mitglieder einen Eindruck von verschiedenen Niederlassungen machen, das Geschäft besser verstehen und mit Führungspersonal vor Ort sprechen können.

Hält ein mitbestimmtes Gremium eine Sitzung ab, ist damit zu rechnen, dass sich die Arbeitnehmervertretung vorher abstimmt und mit einer geschlossenen Haltung in die Tagung geht. Darauf sollte sich die Anteilseignerseite einstellen. Hier ist es angebracht, dass sich die Vertreter der Eigentümer auch vor der offiziellen Sitzung in entsprechender Runde treffen, um eine gemeinsame Position abzuklären.

Klare Regeln zur Beschlussfähigkeit

Der Beirat kann grundsätzlich in jeder Sitzung Entscheidungen fällen. Allerdings muss der Beschlussgegenstand auf der Tagesordnung stehen und in der Einladung mitgeteilt worden sein. Das Gremium ist *beschlussfähig*, wenn mindestens die Hälfte seiner Mitglieder anwesend ist. Das Votum des Beirats und seiner einzelnen Insassen muss eindeutig sein. Das heißt: Möglich sind nur Zustimmung, Ablehnung und Enthaltung. Ansonsten besteht ein erhöhtes Risiko, dass die Entscheidung für nichtig erklärt wird.

Besondere Gefahr der Beschlussunfähigkeit besteht beim *dreiköpfigen Beirat*, wenn das Familienunternehmen in Stämmen organisiert ist und wechselseitig in der Geschäftsführung und dem Kontrollgremium die Stammesrepräsentanten vertreten sind.[50] Damit Konflikte ausgeschlossen werden, können Unternehmen in der Rechtsform einer Personengesellschaft oder einer GmbH bei einem dreiköpfigen Beirat die Beschlussfähigkeit bei zwei Stimmen ansetzen. Handelt es sich allerdings um eine Aktiengesellschaft, kann man nicht mehr von einem Beirat sprechen. Beim Aufsichtsrat ist dann eine Entscheidungsbeteiligung von mindestens drei Mitgliedern erforderlich. Sämtliche Mitglieder müssen anwesend sein, um ein anerkanntes Votum zu fällen. Dies öffnet manchmal Tür und Tor für Querelen und Blockaden: So kann etwa bei einer Sitzung, in der über die Abberufung oder Kündigung eines Vorstands entschieden werden soll, ein Stammesvertreter in dem Gremium durch Nichterscheinen einen angedachten Beschluss torpedieren. Eine mögliche Lösung: Fehlt ein Mitglied unentschuldigt, sollte dennoch abgestimmt werden. Der nicht anwesende Mandatsträger sollte dann zu einer nachträglichen Stimmabgabe mit einer kurzen Frist von zwei bis drei Tagen aufgefordert werden. Meldet er sich nicht innerhalb dieser Zeitangabe, gilt das als Enthaltung.

Im Normalfall weiß ein Beiratsmitglied im Voraus, dass es an der Teilnahme verhindert ist. Dann kann es einen Kollegen zum sogenannten *Stimmboten* ernennen. Der Auserkorene ist dann beauftragt, entsprechend der Vorgabe zu votieren — er hat dabei keinen eigenen Entscheidungsspielraum. Ein Beiratsmitglied gilt auch als in einer Sitzung anwesend, wenn er via Telefon oder Video zugeschaltet wird. Eine schriftliche Stimmabgabe kann per Brief, E-Mail, Telefax oder in einem nach außen abgeschotteten, gesicherten Datenraum beziehungsweise SharePoint erfolgen, wenn sichergestellt ist, dass es sich tatsächlich um den Mandatsträger handelt und er allein ist, wenn er seine Entscheidung trifft. Jedes Ja und Nein sowie jede Enthaltung sollte sich immer auf einen *konkret formulierten* und *klar zu identifizierenden* Inhalt beziehen. Ein generelles Votum ist nicht möglich. Noch ein Hinweis: Wird der Beschlussantrag in der Sitzung kurzfristig geändert, wird eine schriftliche Stimmabgabe nicht gewertet. Damit ist die Entscheidung nicht wirksam.

Daneben sind Beschlussfassungen ohne Sitzung möglich. Diese sollten per Brief, E-Mail, Telefax, Telefon, Video oder in einem sicheren Datenraum ermöglicht werden. Allerdings braucht es hier eine Festlegung der Beschlussverfahrensart durch den Beiratsvorsitzenden, wobei dessen Mitstreiter dem gewählten Verfahren widersprechen können. Dies kann allerdings auch ausgeschlossen werden. Dann fordert der Vorsitzende die Mitglieder einfach auf, bis zu einem bestimmten Termin ihre Stimme abzugeben.

Ist auf einer Sitzung keine Entscheidung möglich, weil wichtige Informationen fehlen, sollte der Beiratschef sie auf einen neuen Termin vertagen. Um den Aufwand in Grenzen zu halten, ist es ratsam, auf ein weiteres Treffen zu verzichten und das Votum wie oben beschrieben herbeizuführen.

In der Regel reicht eine *einfache Mehrheit* zur Beschlussfassung, soweit es im Gesellschaftsvertrag, in der Satzung oder gesetzlich nicht anders vorgeschrieben ist. Kommt es zum Patt, was bei einer geraden Anzahl von Sitzen möglich ist oder wenn beispielsweise nur vier von fünf Mitgliedern anwesend sind, sollte der Vorsitzende oder im Falle seiner Abwesenheit der Stellvertreter eine zweite, ausschlaggebende Stimme haben.

Die Beschlussfassung muss in jedem Fall schriftlich dokumentiert werden: entweder im Sitzungsprotokoll, wobei das Ergebnis der Abstimmung festzuhalten ist, oder bei einem schriftlichen Votum mittels Feststellung durch den Beiratsvorsitzenden. Das Dokument muss allen Beteiligten zur Kenntnisnahme und Prüfung vorgelegt werden.

 Beispiele aus der Praxis

Da sowohl sein Unternehmen als auch seine Verwandtschaft (noch) relativ klein sind und er sich bei den Aufgaben seines Beirats für Beratung als Schwerpunkt entschieden hat, legt sich Ralf **Ammann** fest: Sein Beirat soll dreiköpfig sein und nur mit Mitgliedern besetzt werden, die nicht aus seiner Familie stammen. Als Alleininhaber des Maschinenbauers hat er genügend Einfluss auf die Geschehnisse der Firma, zumal sich seine Schwester vor zig Jahren ausbezahlen ließ. Für ihn ist es viel wichtiger, kluge Sparringspartner zu haben, mit denen er intensiv diskutieren kann, wohin die Reise für ihn und sein Unternehmen gehen soll.

Zugleich rüstet sich Ammann in doppelter Hinsicht für die Zukunft. Er liebäugelt einerseits damit, in etwa zehn Jahren aus der Geschäftsführung in den Beirat als Vorsitzender zu wechseln. Nicht zuletzt deshalb beschränkt er eine Amtsperiode der Mitglieder auf drei Jahre — mit noch zweimaliger Möglichkeit auf Wiederwahl. Die Altersgrenze legt er bei 70 fest, für Gesellschafter bei 75 — denn dann soll auch Schluss für Ralf Amman sein. Andererseits bereitet er behutsam die Übergabe vor: Obwohl sie es wegen ihres geplanten Auslandsaufenthalts nicht kontinuierlich wahrnehmen können, räumt er den zwei Söhnen Gastrecht im Beirat ein, damit sie dessen Mitglieder und das Unternehmen intensiver kennenlernen.

Ammann reicht es, wenn sein Beratungsgremium zwei bis drei Sitzungen im Jahr absolviert. Allerdings äußert er den Wunsch, dass die Mandatsträger auch an der jährlichen Strategietagung teilnehmen, die er gemeinsam mit seinen zwei wichtigsten Managern abhält.

Um einen gesunden Mix aus Familieneinfluss und externem Fachwissen zu gewährleisten, entscheiden sich die **Baumanns** für einen fünfköpfigen Beirat. Da einer aus ihrem Kreis das Unternehmen leitet, verzichtet die Familie auf die Einnahme einer dominanten Stellung. Allerdings ist ihr ein gehöriges Mitspracherecht im Gremium wichtig. So legen sich die Eigentümer fest, zwei der Ihren zu wählen und drei kundige Experten „von außen" zu holen, von denen einer den Vorsitz übernimmt.

Die Verweildauer aller fünf Mitglieder im Beirat der Baumanns beträgt drei Jahre pro Amtsperiode — maximal sind drei möglich. Für Angehörige der Eigentümerfamilie wurde allerdings die Möglichkeit geschaffen, nach einer Ruhephase von drei Jahren wieder in den Beirat einsteigen zu dürfen. Das Alterslimit liegt bei 75 Jahren. Der Beirat tagt viermal im Jahr. Die wichtigste Sitzung ist stets die im September, wenn es um die Strategie und damit verbundene Investitionen geht. Für Beschlüsse wie über das Budget ist die Anwesenheit von mindestens drei Mitgliedern vorgeschrieben.

Besonders große Unternehmen stehen vor besonders großen Herausforderungen. Immer und immer wieder. Der Beirat der **Cietelmanns** wird diesem Satz gerecht. Er besteht seit vielen Jahren aus neun Mitgliedern. Sieben davon sind stets Angehörige aus der Inhaberdynastie, zwei sind externe Fachleute. Den Vorsitz hat seit geraumer Zeit eine Miteigentümerin inne. Die Zahl der Mandatsträger ändern Cietelmanns nicht. Die Frequenz der Sitzungen wird allerdings mit Blick auf den Einstieg ins Hotelgeschäft von vier auf sechs pro Jahr erhöht, zumal der Workshop eindeutig ergeben hatte, dass erhöhter Informationsbedarf der Mitglieder der Eigentümerfamilie besteht, die nicht im Beirat sitzen. Dem vielfach aus der Verwandtschaft geäußerten Wunsch wollen Cietelmanns durch den Zuwachs an Zusammenkünften gerecht werden. So werden zudem weitere vier Treffen via Telefonkonferenz abgehalten.

Damit der Beirat sein Image als Altherrenklub mittelfristig loswird, verringern Cietelmanns die Altersgrenze von 75 auf 70 Jahre. Um keinen Unfrieden zu stiften, gilt die Modifizierung nicht für bereits gewählte Mitglieder, sondern nur für künftige Neulinge. Allerdings können all jene nicht wiedergewählt werden, die das 75. Lebensjahr überschritten haben. Die Amtszeit sämtlicher Mandatsträger beträgt weiterhin fünf Jahre. Sie nehmen wie bisher an der jährlichen Strategiekonferenz teil. Die Mindestanzahl zur Beschlussfassung bleibt bei fünf.

 Jetzt sind Sie dran

Strukturelle Eckpunkte des Beirats festlegen

Legen Sie die strukturellen Eckpunkte Ihres Beirats fest. Entscheiden Sie sich für eine passende Größe, bei wie vielen anwesenden Mitgliedern der Beirat beschlussfähig und wie lange eine Amtszeit sein soll, ob eine Altersgrenze bestehen und wie er zusammengesetzt sein soll zwischen Familienmitgliedern und Familienfremden, was die Anforderungen an den Vorsitzenden sind und wie oft der Beirat tagen soll.

Struktur	Eckpunkte
Größe	
Beschlussfähigkeit	
Amtszeit	
Altersgrenze	

Struktur	Eckpunkte
Zusammensetzung	
Vorsitz	
Anzahl Sitzungen	

Das brennt auf der Seele

Bei der ersten Sitzung im Jahr, meist *Ende Februar*, sollte die Bilanz des Vorjahres vorbesprochen und die Strategie nochmals diskutiert werden. In der Tagung *Ende Mai* geht es dann meist um den fertigen Jahresabschluss, wozu auch der Abschlussprüfer befragt wird. *Ende September* bietet sich für die wichtige Strategiesitzung an. Wegen inhaltlicher

Wann?	Was?
Ende Februar	• Intensive Diskussion über den Gang der Geschäfte • Vorbesprechung des Jahresabschlusses
Ende Mai	• Diskussion und Genehmigung des Jahresabschlusses, Ausschüttungsvorschlag, Entlastung, Bonus • Bericht des Abschlussprüfers • Diskussion über Forschung und Entwicklung
Ende September	• Erarbeitung bzw. Anpassung der Strategie, Besprechung der geplanten strategischen Investitionen • Besprechung der Führungskräfteentwicklung
Ende November	• Strategieverabschiedung für das nächste Jahr • Budgetverabschiedung (inkl. Umsatz-, Ergebnis- und Investitionsplan sowie Planbilanz) für das nächste Jahr
Ständige Themen	• Aktueller Gang der Geschäfte (Erlös, Kosten, Ergebnis, Risiko) • Zustimmungspflichtige Geschäfte
Aufteilung auf 4 Sitzungen	• Strategie und Unternehmensentwicklung: Analyse der Geschäftssegmente, Marktanalyse, strategische Projekte, Länderanalyse • Funktionsthemen: Entwicklungsbericht, Produktionsbericht, Qualitätsbericht, Finanzierung, Risikobericht, Personalentwicklung

Abbildung 13: Exemplarischer Sitzungsplan für ein Geschäftsjahr

Überschneidungen sollten zugleich Sonderthemen wie etwa die Führungskräfteentwicklung, die Nachfolge oder Probleme verschiedenster Art diskutiert werden. Schließlich ist es *Ende November* an der Zeit, das Budget für das kommende Jahr zu diskutieren und zu verabschieden. Oftmals billigt der Beirat in dieser Zusammenkunft auch die Strategie für das nächste Jahr (vgl. Abbildung 13). Ständige Themen sind der aktuelle Gang der Geschäfte, die aktuelle Risikolage des Unternehmens, Analysen des Markts und einzelner Konzernsektoren, Qualitätsprüfungen sowie immer wieder Maßnahmen der Firmenspitze, denen das Kontrollgremium laut Katalog zustimmen muss. Bei Unternehmen, die ihren Bilanzabschluss in der Jahresmitte haben, verschiebt sich der Sitzungsplan entsprechend um ein halbes Jahr.

 Profi-Tipp

Konzentration ist angesagt

Generell ist es ratsam, den Beirat nicht mit eher unbedeutenden Themen zu be- oder gar zu überlasten. Er sollte sich auf zentrale Entwicklungen und Vorhaben des Unternehmens konzentrieren können, gerade wenn die Einrichtung lediglich zwei- oder dreimal im Jahr tagt. Sowohl Unternehmensführung als auch der Beirat sollten darauf achten, dass die Agenda einer Sitzung nicht ausufert, gerade an Tagen, in denen bedeutende Eckpunkte wie die Strategie diskutiert werden. Das Motto sollte lauten: Zeit ist knapp und kostbar.

 Jetzt sind Sie dran

Sitzungsplan entwickeln

Entwickeln Sie einen Sitzungsplan für ein Geschäftsjahr. Legen Sie zuerst fest, wann die Sitzungen im Geschäftsjahr stattfinden sollen. Dann bestimmen Sie die Inhalte der Sitzungen. Und entscheiden Sie sich auch, welche Themen bei jeder Sitzung besprochen werden sollen.

Was?	Wann?
Ende Februar	
Ende Mai	
Ende September	
Ende November	
Ständige Themen	

Festlegung der Tagesordnung

Die *konstituierende Sitzung*, also die allererste Tagung nach Einrichtung des Beirats, sollte dazu genutzt werden, dass sich die Mitglieder kennenlernen.[51] Angeraten ist, in der Runde gemeinsam mit den Unternehmenseigentümern offen zu diskutieren, was sie von ihrem Beratungs- und Kontrollzentrum erwarten und was es nicht tun soll. Zudem sollten der Vorsitzende und sein Stellvertreter gewählt werden (vgl. Abbildung 14).

Eine *gewöhnliche Sitzung* läuft in der Regel nach stets ähnlichem Muster ab (vgl. Abbildung 15).[52] Nach der Begrüßung sollte der Vorsitzende die Protokollführung festlegen, die Ordnungsmäßigkeit der Einberufung und die Beschlussfähigkeit feststellen sowie die To-do-Liste überprüfen. Außerdem sollte er sich die Agenda und die schriftliche Aufzeichnung über die einzelnen Tagesordnungspunkte von den übrigen Mitgliedern genehmigen lassen, falls dies nicht automatisch passiert. Häufig folgt danach eine kurze Präsentation der wichtigsten Zahlen, Erfolge und Rückschläge seit der letzten Zusammenkunft. Nach einer eventuellen Diskussion über die Entwicklung steht eines der Schwerpunktthemen aus dem Sitzungsplan zur Debatte an. Ist noch Zeit übrig, sollte ein Sonderthema behandelt werden, das nicht zum üblichen Geschäftsverlauf gehört: Dazu zählen mögliche Auswirkungen politischer Ereignisse auf das Unternehmen, Überlegungen zum Risikomanagement oder ein Notfahrplan für den Fall, dass unerwartet viel Personal der

TOP	Uhrzeit	Thema	Dokumente	Verantwortlichkeit
1	09.00–09.30	Begrüßung		Hauptgesellschafter
2	09.30–10.30	Vorstellung der Beiratsmitglieder und der Geschäftsführer	Kurzprofile	Hauptgesellschafter
3	10.30–11.00	Unternehmenspräsentation	Unternehmensprofile	Vorsitzender der Geschäftsführung
4	11.00–11.30	Konstituierung des Beirats durch: • Beschlussfassung über die Beiratsordnung • Wahl des Vorsitzenden und seines Stellvertreters • Bestimmung des Protokollführers	Beiratsordnung	Hauptgesellschafter
5	11.30–12.00	Diskussion über den Nutzen des Beirats vor dem Hintergrund der strategischen Festlegungen der Gesellschafter	Vorgaben der Gesellschafter	Beiratsvorsitzender
6	12.00–12.30	Diskussion über die Berichterstattung an den Beirat	Berichtswesen Unternehmen	CFO
7	12.30–13.00	Terminfestlegung, sonstige Fragen, kurze Feedbackrunde		Beiratsvorsitzender
8	13.00–15.00	Gemeinsames Mittagessen und Unternehmensrundgang		Vorsitzender der Geschäftsführung

Abbildung 14: Exemplarische Sitzungsagenda einer konstituierenden Sitzung

ersten bis dritten Führungsebene ausfällt. Spezielle Gesprächsinhalte werden meistens vom Beiratsvorsitzenden vorgeschlagen. Der Diskussion schließt sich regelmäßig die Zustimmung zu Plänen und Maßnahmen der Firmenspitze an. Handelt es sich dabei um große Investitionen, sollte hierfür selbstverständlich viel Zeit reserviert bleiben. Zum Schluss werden organisatorische Themen besprochen, wozu die nächsten Sitzungstermine und -themen gehören. Eine kurze Feedbackrunde am Ende macht deutlich, was in der Runde gut gelaufen ist und wo vielleicht Optimierungsbedarf besteht.

Der Vorschlag zur *Agenda* kommt von der Geschäftsführung und wird dem Beiratsvorsitzenden zugeleitet. Dieser ergänzt die Tagesordnungspunkte und stimmt sie mit den übrigen Gremiumsmitgliedern ab, holt von ihnen Anregungen und Ergänzungswünsche ein und finalisiert sie entsprechend. Es ist wichtig, dass die Mitstreiter des Vorsitzenden ihre Kompetenz bei der Themensetzung wahrnehmen, weil sie dadurch Einfluss auf die Unternehmensführung ausüben können. Insbeson-

TOP	Uhrzeit	Thema	Dokumente	Verantwortlichkeit
1	09.00–09.15	Begrüßung, Festlegung der Protokollführung, Feststellung der Ordnungsmäßigkeit der Einberufung und Beschlussfähigkeit, Genehmigung der Tagesordnung und des letzten Protokolls, Überprüfung To-do-Liste	Protokoll, To-do-Liste	Beiratsvorsitzender
2	09.15–10.30	Quartalsberichterstattung: Vorstellung und Diskussion	Quartalsbericht	Finanz-Geschäftsführer
3	10.30–11.30	Schwerpunktthema Strategie: Vorstellung der neuen Produktstrategie und Diskussion	Präsentation	Leiter Marketing und Produktion
4	11.30–13.00	Sonderthema Risikomanagement: Vorstellung Risikomanagement und Diskussion	Auszüge aus dem Risikomanagement	Finanz-Geschäftsführer
5	13.00–13.30	Zustimmungspflichtige Geschäfte: Investitionen und Desinvestitionen usw.	Entscheidungsvorlagen	Vorsitzender der Geschäftsführung
6	13.30–13.45	Sonstiges (z.B. Vorschau auf die Themen der nächsten Sitzung, Terminplan) Feedbackrunde		Beiratsvorsitzender
7	Ab 13.45	Gemeinsames Mittagessen mit gesamter Geschäftsführung		Beiratsbüro

Abbildung 15: Exemplarische Sitzungsagenda einer gewöhnlichen Sitzung

dere durch den ersten Mann im Beirat sollte sichergestellt werden, dass eine Problematik solange auf der Agenda bleibt, bis abschließende Antworten darauf gefunden worden sind. Außerdem ist es wichtig, dass die Geschäftsführung bei ihren Vorschlägen, was beraten werden soll, ergebnisoffen agiert. Ansonsten sind die Diskussionen nur die Hälfte wert oder ganz umsonst.

Die *Tagesordnung* kann nach dem Ende der Einberufungsfrist nur noch geändert oder ergänzt werden, wenn kein Beiratsmitglied widerspricht. Fehlt ein Mandatsträger, sollte auf nachträgliche Korrekturen verzichtet werden. Somit wird vermieden, dass bei kurzfristigen Änderungen in der Beschlussfassung schriftlich abgegebene Stimmen nicht gezählt werden und damit eine Entscheidung keine Wirksamkeit erlangt.

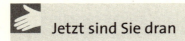 **Jetzt sind Sie dran**

Sitzungsagenda festlegen?

Legen Sie die Sitzungsteilnehmer fest und entwickeln Sie eine Agenda für das nächste Treffen des Beirats. Definieren Sie auch den Zeitrahmen für jedes Sitzungsthema. Und erwähnen Sie auch, ob es unterstützende Dokumente zu den Tagesordnungspunkten gibt. Wichtig ist es ebenso, Verantwortlichkeiten für die einzelnen Themen festzulegen, damit genau feststeht, wer wann präsentieren muss.

. **Sitzung des Beirats**

Ort:

Datum und Zeit:

Teilnehmer:

TOP	Uhrzeit von/bis	Thema	Dokumente	Verantwortlichkeit
1				
2				
3				
4				
5				
6				

Beiräte ganz unter sich?

Die Sitzungen sind generell ausschließlich den Mitgliedern des Beirats vorbehalten. Es sollte aber mindestens auch der Vorsitzende oder Sprecher der Geschäftsführung teilnehmen. Oft ist die gesamte Firmenspitze anwesend. Schließlich ist es ihre Sache, Zahlen und Fakten zu präsentieren. Es sollte allerdings gewährleistet sein, dass der Beirat alleine ohne Geschäftsführung beraten kann, wenn er das möchte. Gerade die Befragung des Abschlussprüfers könnte so eine Gelegenheit sein, denn dieser hat im Sinne der Gesellschafter und des Beirats die Bilanzen kontrolliert und kann damit ein ungetrübtes Bild über die Geschäftsführung geben. Außerdem sollte erwogen werden, zu *Sonderthemen* Manager aus der zweiten Führungsebene einzuladen. Regelmäßige Gäste sind der Chef der Internen Revision, der Risk- und Compliance-Officer oder aber der Justiziar. Die Entscheidung über Gastauftritte obliegt in der Regel dem Vorsitzenden des Kontrollgremiums.

Der Beirat hat die Option, Mitgliedern der Eigentümerfamilie ein *Gastrecht* zuzugestehen, wenn es nicht sowieso schon eine entsprechende Regelung im Gesellschaftsvertrag oder in der Satzung gibt. Manchmal erleichtert das einem langgedienten Vorsitzenden die Niederlegung des Amtes, wenn er weiß, dass er an den Tagungen weiterhin als Besucher mit Sonderstatus, vielleicht als Ehrenvorsitzender, teilnehmen darf, wenn auch ohne Stimmrecht. Sinnvoll kann die Gewährung eines Gastrechts auch sein, wenn die nächste Generation mit Blick auf die Übergabe an das Unternehmen herangeführt werden soll oder wenn in einer Geschwistergesellschaft ein Angehöriger der Eigentümerfamilie weder in der Firma arbeitet noch regulär im Beirat sitzt. Geht es in dem Beratungszentrum um wichtige Fragen, mit denen ein besonderes Risiko verbunden ist — man denke hier an große Akquisitionen oder Investitionen — hat es durchaus Sinn, weitere Gesellschafter als Gäste hinzu zu bitten. So sind sie von Anfang an in eine Entscheidung eingebunden.

Unbedingt Protokoll führen

Über die Sitzungen sollte zwingend ein Protokoll erstellt werden.[53] Dabei stehen zwei Alternativen zur Verfügung: Entweder man gibt den genauen Verlauf wieder oder das Ergebnis. In der Praxis hat sich eine Kombination beider Formen als zielführend erwiesen. Oftmals werden die *Ergebnisse* sowie die wichtigsten Diskussionspunkte, Inhalte und

Stellungnahmen dokumentiert. In manchen Fällen werden allerdings auch *geäußerte Mindermeinungen* und im Ergebnis verworfene oder unterlegene Argumentationen notiert, um diese später nachvollziehen zu können und ihnen eine entsprechende Würdigung zu geben. Das ist besonders angebracht in Zeiten einer Unternehmenskrise und/oder bei Punkten, die im Kreise der Eigentümer umstritten sind. Beiratsmitglieder sollten hier zudem immer an einen möglichen Rechtsstreit denken.

Das Protokoll sollte in Form und Inhalt der Tagesordnung folgen, um die Navigation und Nachvollziehbarkeit zu erleichtern. Die Niederschrift kann von einem Mitglied des Gremiums oder einem Mitarbeiter des Unternehmens oder — wenn vorhanden — des Beiratsbüros erstellt werden. Der Vorsitzende und seine Mitstreiter sollten über den Protokollführer einvernehmlich entscheiden. Die Aufzeichnung sollte bald nach Erstellung vom Gremiumschef unterschrieben und stets in Kopie seinen Kollegen zugeleitet werden. In der jeweils nächsten Sitzung sollte es genehmigt werden, falls nicht festgelegt worden ist, dass dies automatisch passiert, wenn innerhalb einer bestimmten Frist kein Widerspruch aus dem Beirat kommt. Das Dokument sollte mit allen Anlagen, auch präsentierten und nachgereichten Unterlagen sowie Tischvorlagen, ausgedruckt und elektronisch archiviert werden.

Im Grundsatz ist das Protokoll ausschließlich für den Beirat bestimmt. Ob es weitere Personen erhalten dürfen, ist individuell zu entscheiden. Meistens wird dem Firmenchef, manchmal auch der gesamten Unternehmensspitze, das Schriftstück zugeschickt. Zur Förderung von Transparenz und aktiver Einbindung in Entscheidungen kann das Protokoll auch den Eigentümern zugänglich gemacht werden, wenn der Kreis der Empfänger überschaubar ist und sie der Geheimhaltungsplicht nachkommen.

 Profi-Tipp

Den Kreis der Protokollleser eng halten

Nimmt die Zahl der Eigentümer eines Unternehmens zu, sollte das Protokoll nicht sorglos an jeden von ihnen verschickt werden. Zu hoch ist das Risiko, dass Inhalte missverstanden werden oder der eine oder andere Empfänger beginnt, beim Management zu intervenieren, um Vorhaben zu forcieren oder zu sabotieren. Vielmehr ist es ratsam, dass die Beiratsmitglieder aus der Unternehmerfamilie mit den übrigen Gesellschaftern das Schriftstück durchsprechen. So wird dem Wunsch nach Informationen genüge getan und zugleich sichergestellt, dass die Aufzeichnungen, die häufig sensible und strategische Daten enthalten, nicht in falsche Hände geraten. Grundsätzlich ist zu empfehlen, genau festzulegen, wer, wann, welche Informationen erhält.

 ## Jetzt sind Sie dran

Protokoll führen

Nutzen Sie die folgende Tabelle zur Erstellung eines Sitzungsprotokolls. Achten Sie darauf, dass Ihr Protokoll vom Aufbau her der Sitzungsagenda folgt. Definieren Sie auch eindeutig die Aufgaben (To do) und die Verantwortlichkeiten dafür.

. Sitzung des Beirats

Ort:

Datum und Zeit:

Teilnehmer:

Protokollführer:

Empfänger des Protokolls:

Nächste Sitzung:

TOP	Thema, ggf. Diskussion, Ergebnis, Beschlussfassung	Dokumente	Verantwortlichkeit	Kategorie*	To do, Wiedervorlage, Kontrolle
1					
2					

TOP	Thema, ggf. Diskussion, Ergebnis, Beschlussfassung	Doku-mente	Verantwort-lichkeit	Kate-gorie*	To do, Wiedervorlage, Kontrolle
3					
4					
5					
6					

* I = Information, B = Beschluss, A = Auftrag

Im Zuge der Sitzungen ergeben sich häufig Aufträge für die Geschäftsführung oder weitere leitende Angestellte. Weil das Protokoll meist nur einem kleinen Kreis zugänglich gemacht wird, sollten die Instruktionen in einer *To-do-Liste* festgehalten werden (vgl. Abbildung 16). Sie sollte vom Beiratsbüro oder dem Protokollanten geführt werden. Das Papier beinhaltet das Themengebiet, den konkreten Auftrag, den dafür Verantwortlichen und den aktuellen Stand des Projekts. Zu Beginn einer Beiratssitzung sollte der Vorsitzende die Liste durchgehen und aktualisieren. Dabei liegt logischerweise besonderes Augenmerk auf denjenigen Vorhaben, die noch nicht abgeschlossen sind.

Nr.	To do	Verantwortlichkeit	Timing		
			Start	Geplantes Ende	Stand
1	Businessplan für Anlage China	Geschäftsführer Produktion	01.01.14	31.01.14	Abge-schlossen
2	Budget 2015	Finanz-Geschäftsführer	01.03.14	15.12.14	Ongoing
3	Einführung Kontrollsystem	Finanz-Geschäftsführer	01.01.12	Q3-14	Abge-schlossen
4	Verbesserung Berichterstattung	Finanz-Geschäftsführer	01.01.13	Q3-14	Ongoing
5	Einarbeitung Nachfolger	Vorsitzender Geschäftsführer	01.04.14	01.09.14	Start
6	Wiedervorlage Beschluss USA	Vorsitzender Geschäftsführer	01.04.14	Nächste Sitzung	Ongoing

Abbildung 16: Exemplarische To-do-Liste und Kontrollplan zur Beiratsarbeit

Die To-do-Aufzählung kann ergänzt werden durch eine „Liste der Baustellen", auf der die Themen von besonderer Relevanz und Dringlichkeit vermerkt werden. Ihr Inhalt sollte regelmäßig diskutiert und nachgehalten werden, am besten auch bei Treffen zwischen den Vorsitzenden von Beirat und Geschäftsführung, die zwischen den Sitzungen des Kontrollgremiums stattfinden.

2. Nur die Besten schaffen es in den Beirat

1. Struktur
- Größe
- Amtszeit
- Ausschlusstatbestände
- Zusammensetzung
- Beiratsvorsitz
- Beschlussfähigkeit und Beschlussfassung
- Sitzung (Häufigkeit, Plan, Agenda, Teilnehmer, Protokoll)

2. Qualifikation
- Fachliche Mindestanforderungen, berufliche Erfahrungen, Kernkompetenzen, Persönlichkeitsmerkmale
- Beiratsmix
- Unabhängigkeit
- Aus- und Weiterbildung
- Wechsel Geschäftsführung in Beirat

4. Vergütung
- Gesamtkosten
- Beiratsvergütung: einfaches Mitglied, Vorsitzender
- Steuern
- Beraterverträge

3. Instrumente
- Auswahlprozess
- Berichtswesen
- Beiratsbüro
- Ausschüsse
- Haftungsregelung
- Beiratsregelwerk

In Beiräten sitzen Menschen mit unterschiedlichen Erfahrungen, Qualifikationen, Kernkompetenzen und Persönlichkeitsmerkmalen. Dabei gilt, dass ein paar Gramm Charakter wertvoller sein können als ein Kilo Sachverstand. Was selbstverständlich nicht heißt, dass unternehmerischer Hintergrund, Verständnis für das Geschäftsmodell der zu betreuenden Firma und ein sicherer Umgang mit wirtschaftlichen Kennzahlen genauso bedeutsam sind wie Menschenkenntnis, Persönlichkeit und Gremienerfahrung.

Was der Vorsitzende alles drauf haben sollte oder gar muss, ist in diesem Ratgeber schon weiter oben ausführlich beschrieben worden. Doch auch für seine Mitstreiter gilt es, die richtigen Personen auszuwählen. Vielleicht kann man es so auf den Punkt bringen: Gebraucht wird eher der Gutsverwalter als der Gutsherr. Die Mitglieder müssen in jedem Fall zum Unternehmen und dessen Eigentümern passen, aber auch dazu, was von ihnen erwartet wird, also welchen Nutzen der Beirat bringen soll. Entsprechend sollte er zusammengesetzt sein und bei Veränderungen personell angepasst werden können. Das muss vorher abgeklärt werden und im Bewusstsein aller maßgeblich Beteiligten verharren. Jedenfalls darf es nicht dazu kommen, dass sich das Gremium von wichtigen Themen wie Geschäftsmodell, Unternehmensentwicklung, Nachfolge und Family Governance distanziert. Das würde nur zu einer schädlichen Entfremdung führen, von der am Ende niemand etwas hat.

 Profi-Tipp

Mit Sorgfalt Beiratsmitglieder finden

Es liegt in der Verantwortung der Gesellschafter, die geeigneten Personen zu finden. Dabei ist zu beachten, dass die Auserwählten das Rüstzeug mitbringen, um ihre späteren Aufgaben sorgfältig ausüben zu können. Das bedeutet, dass ein Kandidat die Erfahrungen, Qualifikationen und Kernkompetenzen mitbringen muss, die von einem Beiratsmitglied üblicherweise verlangt werden. Das hängt natürlich ab von den Aufgaben, die das Kontroll- und Beratungszentrum erfüllen soll.

Handelt es sich um einen Alleininhaber oder um eine Geschwistergesellschaft, wählen der Eigentümer bzw. die Geschwister die Personen aus. Das gilt nicht nur für ein neu zu gründendes Gremium, sondern auch für Nachrücker. Bei großen Gesellschafterkreisen spielen die schon bestehenden Beiräte eine bedeutende Rolle, die richtige(n) Person(en) entsprechend der Anforderungen von Familie und Unternehmen zu finden, so dass der Mix im Beirat stimmt und dauerhaft gewahrt wird. Die bereits amtierenden Insassen haben die Möglichkeit, selbst Nachfolger für ausscheidende Kollegen oder zusätzliche Mandatsträger vorzuschlagen, wobei der Empfehlung fast immer gefolgt wird. In der Fachsprache wird dieser Vorgang *Kooptation* genannt. Dem geht aber als eine Art Bedingung voraus, dass die Eigentümer die Qualifikationsanforderungen künftiger Beiratsmitglieder klar definieren müssen. Sonst läuft das Gremium Gefahr, zum „Buddy-Club" zu verkommen. Es ist nämlich überaus wichtig für seinen Erfolg, dass nicht nur der Vorsitzende, sondern auch alle seine Mitstreiter von sämtlichen Gesellschaftern respektiert und geschätzt werden. Die Qualifikation der Kandidaten sollte immer vor persönlichen Beziehungen stehen: Vorrang muss das Unternehmensinteresse haben. (Noch eines an dieser Stelle zur Klarstellung: Wenn im Folgenden vom Fachmann gesprochen wird, ist auch immer die Fachfrau gemeint.)

Fachliche Anforderungen an alle Mitglieder

Damit das Kontroll- und Beratungszentrum seine Aufgaben effektiv und effizient wahrnehmen kann, sollten die relevanten fachlichen Qualifikationen individuell auf die Bedürfnisse und strategischen Ziele des Unternehmens zugeschnitten und definiert werden. Dabei gilt der Grundsatz, dass ein Kandidat sämtliches notwendiges Wissen besitzen sollte, um alle anfallenden Geschäfts- und Beschlussvorgänge im Beirat inklusive seiner Entscheidungen ohne Lexikon und Unterstützung Dritter sachgerecht beurteilen zu können (objektivierter Sorgfaltsmaßstab). Die Praxis bestätigt übrigens, dass die fachliche Kompetenz das zentrale Auswahlkriterium ist: Mehr als 80 Prozent der Insassen eines Beirats werden danach ausgesucht.[54] Das ist nämlich Voraussetzung dafür, dass sich die Person in die Lage „ihrer" Firma versetzen kann, deren Umfeld kennt und einschätzen kann und sich mitverantwortlich fühlt.

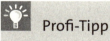

Profi-Tipp

Keine Bevorzugung von Verwandten oder Freunden

Die Suche nach geeigneten Mitgliedern für den Beirat kann erst beginnen, wenn klar ist, nach wem überhaupt Ausschau gehalten wird. Das heißt, dass die fachlichen Anforderungen an den Kandidaten feststehen müssen. Die Auserkorenen müssen zum Suchprofil passen. Wer — aus welchem Grund auch immer — durch das Raster fällt, muss aussortiert werden, auch wenn es dem Mann oder der

Frau emotionale Schmerzen bereitet. Es geht nicht darum, Freunde, den nächstbesten Berater oder irgendein Familienmitglied zu engagieren, sondern darum, Top-Leute zu holen, die das Unternehmen voranbringen. Die Vorgaben müssen also unbedingt sowohl für Kandidaten aus der Eigentümerfamilie als auch für „Fremde" gelten. Dass die Kriterien auch und erst recht auf den Vorsitzenden des Beirats angewandt werden müssen, liegt auf der Hand, sei aber der Vollständigkeit halber dennoch erwähnt.

Fachliches Mindestwissen zur Beurteilung der Finanz-, Ertrags-, Liquiditäts- und Risikolage sind zwingende Voraussetzungen für alle Beiratsmitglieder. Wichtig ist außerdem Sachverstand zum Markt- und Wettbewerbsumfeld des Unternehmens (vgl. Abbildung 17). Dazu kommt nötige Menschenkenntnis, um bei der Besetzung der Chefposten in der Unternehmensführung die richtige Wahl treffen zu können. Da es keine objektiven Kriterien für die Beurteilung von Kandidaten gibt, muss man sich hier auch zum Teil auf seinen Bauch verlassen.

Allgemeines *Branchenwissen* schadet definitiv nicht. Aber im Beirat braucht es keine Hyperspezialisten, die selbst im Schlaf sämtliche Eckdaten und Entwicklungen des Sektors, in dem sie arbeiten, aufzählen könnten – die gehören in die Geschäftsführung. Wichtiger sind *breite Erfahrungen in Familienunternehmen*, Managementkenntnisse und Routine als Führungskraft. Dass es von Vorteil ist, wenn eine in Frage kommende Person schon in einem Beirat gesessen hat und dessen Arbeitsabläufe kennt, liegt auf der Hand. Zu den notwendigen Kernkompetenzen gehören Strategiewissen und die Fähigkeit, andere führen und überzeugen zu können. Da die Mindestvorgaben stets zum jeweiligen Familienunternehmen passen müssen, findet man in der Praxis viele unterschiedliche fachliche Qualifikationsanforderungen an Beiratsmitglieder.

Wissen über Unternehmen bedeutet nicht gleich Wissen über Familienunternehmen. Das klingt für so manchen zunächst einmal verwirrend, ist aber so. Denn das Management eines Familienbetriebs unterscheidet sich – in Teilen sogar weitgehend – von dem anderer Unternehmensformen. Deshalb muss auch ein spezielles Wissen über Familienunternehmen bei einem Beiratsmitglied vorhanden sein.[55] Das darf gerne umfassende Kenntnisse über den Nachfolgeprozess sowie das Zusammenwirken von Geschäftsführern aus der Eigentü-

Qualifikationen	Aspekte	
Fachliche Mindest-anforderungen	• Familienunternehmenswissen • Kaufmännischer, juristischer und ethischer Sachverstand • Grundverständnis zur Beurteilung der Finanz-, Ertrags-, Liquiditäts- und Risikolage • Allgemeine Branchen-, Markt- und Wettbewerbskenntnisse	**Fachliche Qualifikation**
Berufliche Erfahrungen	• Berufserfahrung in einem Familienunternehmen • Management- und Führungserfahrung • Beiratserfahrung	
Kernkompetenzen	• Strategische Kompetenz • Unternehmerische Kompetenz • Führungskompetenz • Managementkompetenz • Familienunternehmenskompetenz	
Persönlichkeits-merkmale	• Verantwortungsvoll • Objektiv und fair • Kritik- und konfliktfähig • Unabhängig • Integer und vertrauenswürdig • Offen • Sorgfältig • Engagiert • Kommunikativ • Rückgrat • Kommunikationsbereit • Zielstrebig • Entscheidungsfähig	**Persönliche Qualifikation**

Abbildung 17: Exemplarisches Anforderungsprofil für jedes Beiratsmitglied

merfamilie und „von außen" geholten Managern einschließen. Hilfreich ist auch Erfahrung in der Schlichtung von Konflikten.

Übernimmt der Beirat kontrollierende Aufgaben, so obliegt ihm meist auch die Prüfung, Billigung und Feststellung des Jahresabschlusses und des Lageberichtes. Um diese Herausforderung qualifiziert wahrnehmen zu können, sollte mindestens ein Mitglied des Gremiums umfassenden Sachverstand in den Bereichen Bilanzierungsvorschriften und -standards, Risikomanagement, Compliance, Kontrollsystem, interne Revision und Abschlussprüfung aufweisen. Dieses Finanzexpertenwissen wird in mehrjähriger Berufspraxis, regelmäßiger Fach- und Weiterbildung erworben.[56] Dem Spezialisten in Finanzfragen fällt primär die Aufgabe zu, Vorhaben und Finanztableaus auf Plausibilität zu prüfen.

Das bedeutet jedoch nicht, dass seine Kollegen von ihrer Kontrollaufgabe befreit wären: Der Jahresabschluss muss vom gesamten Beirat auf Fehler oder Ungereimtheiten durchforstet werden. Dem Finanzexperten kommt dabei dennoch eine entscheidende Rolle zu. Damit sich die übrigen Beiratsmitglieder auf sein Urteil verlassen können, ist es wichtig, dass sein Know-how auf dem neuesten Stand bleibt. Über dieses Wissen verfügen Finanzgeschäftsführer, leitende Mitarbeiter aus den Bereichen Rechnungswesen und Controlling, Finanzmarktanalysten, Wirtschaftsprüfer, Steuerberater und vereidigte Buchprüfer.

 Profi-Tipp

Beim Finanzfachmann ist Unabhängigkeit besonders wichtig

Wer es ernst meint mit einem messerscharfen Controlling, holt sich einen fähigen Finanzexperten in den Beirat. Versteht dieser sein Handwerk, wird er früh eventuelle Risiken aufdecken und Schaden vom Unternehmen abwenden. Vor allem der Fachmann für alles, was Finanzfragen betrifft, sollte unabhängig sein, um entsprechend intensiv kontrollieren zu können. Denn — ohne ihm Unrecht tun zu wollen — beim eigenen Steuerberater oder Wirtschaftsprüfer, der um sein Mandat fürchtet, wenn er unangenehme Fragen stellt, darf bezweifelt werden, dass er im Beirat völlig objektiv und kritisch ans Werk geht.

Persönliche Anforderungen an alle Mitglieder

Charakterstärke ist Trumpf im Beirat: Seine Insassen sollten besondere Persönlichkeitsmerkmale mitbringen, damit sie ihr Mandat nicht als „Ja-Sager" ausüben oder gar missbrauchen. Integrität, Objektivität, Offenheit, Sorgfältigkeit, Verantwortungsbewusstsein, Mut zu Veränderungen, Bereitschaft zu einer konstruktiven Zusammenarbeit und persönliches Engagement — all das sind Eigenschaften, die Kandidaten für den Beirat auszeichnen. Mitglieder, die den festen Willen haben, erheblich zum Erfolg des Unternehmens beizutragen, halten ihre Meinung nicht hinter dem Berg, sind selbst kritikfähig und bereiten sich umfassend auf Sitzungen vor. Sie bleiben an Themen dran und verfolgen die Entwicklungen, die sich aus vom Beirat abgesegneten Entscheidungen ergeben. Sie haben ein offenes Ohr auch für schwierige und emotional aufgeladene Materie, um mit dem Gehörten Brücken bauen zu können mit dem Ziel, Lösungen zu finden, auch und gerade im Konfliktfall. Kurzum: Motivierte und engagierte Beiratsmitglieder identifizieren sich mit „ihrem" Unternehmen und nehmen sich ausreichend Zeit für ihr Mandat. Sie geben eine Art Präsenzgarantie ab, leben diese vorbildhaft mit der Folge, dass das Gremium die Geschäftsführung wesentlich intensiver berät und kontrolliert. Wen wundert es also, dass auf der Wunschliste von Eigentümern von Familienunternehmern für Mitglieder „ihres" Beirats Verantwortungsbewusstsein, Konfliktfähigkeit und Motivation auf den Plätzen eins, zwei und drei stehen.[57]

Für eine konstruktive Zusammenarbeit sind gemeinsame Überzeugungen, Einstellungen und Persönlichkeitsmerkmale von Vorteil. Gefragt ist allerdings weniger absolute Deckungsgleichheit der Meinungen als vielmehr eine übereinstimmende Schnittmenge bei Grundwerten, die wiederum zur Unternehmerfamilie passen müssen. In der Sache sollte kontrovers diskutiert werden, aber immer mit der Zielsetzung einer einvernehmlichen Entscheidung. Nur so kann der Beirat mit einer Stimme sprechen und geschlossen gegenüber der Geschäftsführung und der Gesellschafterversammlung auftreten.

Um die Beratungsaufgabe umfassend ausüben zu können, gehört die Fähigkeit dazu, Strategien, Visionen sowie auch unangenehme Entscheidungen im Sinne einer bestmöglichen Zukunft für die Besitzer und Mitarbeiter durchzusetzen, wofür es eines entsprechenden Rückgrats bedarf. Gerade bei Angelegenheiten, die im Unternehmen tätige Mitglieder der Eigentümerfamilie betreffen, sollten die Beiratsmitglieder offen, objektiv und fair handeln und sich nicht Zwängen unterwerfen. Dafür ist es wichtig, dass sie ihr Amt integer ausüben: glaubwürdig, gewissenhaft, mit Entscheidungsstärke und Durchhaltewillen. Personen, die sich in schwierigen Situationen auch gegen die Meinung der Inhaber und des Firmenchefs behaupten, sich nicht blenden lassen und dabei verlässlich und glaubwürdig bleiben, können ihre Pflichten und Aufgaben im Sinne „ihres" Unternehmens besonders gut erfüllen.

Anforderungen an die Beiräte aus der Familie

Klar ist, dass fachliche und persönliche Mindestanforderungen auch für Beiratsmitglieder gelten müssen, die aus dem Kreis der Familie stammen, der die Firma gehört. Natürlich haben diese ein besonders ausgeprägtes Interesse, dem Unternehmen zum Erfolg zu verhelfen. Doch der Wille allein genügt nicht. Auch diese Personen sollten bestimmte Vorgaben erfüllen, die ebenso wie ihre Rolle im Beirat definiert sein sollten. Die Ansprüche an ihre Fachkompetenz können durchaus niedriger sein als die Anforderungen an externe Kandidaten. Die Abstammung allein kann und darf jedenfalls kein ausschlaggebendes Kriterium sein. Zuallererst ist es wichtig, dass gerade diese Insassen des Kontrollgremiums Rückhalt bei den restlichen Familienmitgliedern genießen. Außerdem sollten sie:[58]

- die Bereitschaft aufbringen, sich mit betriebs- und volkswirtschaftlichen Themen vertraut zu machen.

- den Willen haben, einen bedeutenden Beitrag zum Erfolg des Unternehmens zu leisten.

- ausreichend Menschenkenntnis besitzen für Entscheidungen, wer als Co-Mitglied, Berater oder Geschäftsführer engagiert wird.

- die Familienverfassung und Vorgaben der anderen Eigentümer verinnerlicht haben und ihre Handlungen daran ausrichten.

 Jetzt sind Sie dran

Anforderungsprofil für jedes Beiratsmitglied sorgfältig definieren

Definieren Sie die fachlichen Mindestanforderungen, berufliche Erfahrungen, Kernkompetenzen und persönlichen Anforderungen, die alle Ihre Beiratsmitglieder mitbringen sollten.

Qualifikationen	Aspekte
Fachliche Mindest-anforderungen	
Berufliche Erfahrungen	
Kernkompetenzen	
Persönlichkeits-merkmale	

Der Mix muss stimmen

Damit möglichst viele unterschiedliche Themen angesprochen und beleuchtet werden können, sollte der Beirat aus Personen mit verschiedenen Erfahrungen, Qualifikationen und spezifischem Fachwissen zusammengesetzt sein. Abhängig von den Beiratsaufgaben sollte für jedes einzelne Kernkompetenzgebiet, auf das das Unternehmen besonders großen Wert legt, mindestens ein Kenner der Materie vertreten sein. Das bedeutet nicht, dass ein dreiköpfiger Beirat diese Vorgabe allein deshalb nicht erfüllen kann, weil er zu klein ist. Denn in der Regel verfügen Experten aus Wirtschaft, Politik, Justiz und Wissenschaft über mehrere Qualifikationen und Sachverstand in diversen Fachbereichen. Ein Rechtsanwalt, der sich im Insolvenzrecht auskennt, weiß mit Sicherheit auch eine Menge über Abschlussprüfungen und andere Finanzthemen. Die Beiratsmitglieder müssen vor allem nach den Bedürfnissen des Unternehmens herausgesucht werden. Eine Firma mit einem kleinen Kontrollgremium wird sicher nicht alle Kompetenzfelder gleichermaßen abdecken können, die es gerne im Beirat hätte. Das kann dadurch ausgeglichen werden, dass die Eigentümer die Kandidaten umso sorgfältiger auswählen.

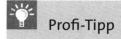

Profi-Tipp

Ein Querdenker schadet nicht

Fachwissen und ein integrer Charakter sind für die Auswahl der Beiratsmitglieder ausschlaggebend. Es ist aber auch nichts dagegen einzuwenden, einen Querdenker mit an Bord zu holen — ganz im Gegenteil. Ein Typ, der Kompetenzen mit schrägen Ideen kombiniert und überraschende Fragen stellt, kann für positiven Wirbel sorgen. Er kann der Mann sein, der den Sinn uralter Gepflogenheiten anzweifelt und Dinge hinterfragt, die als tabu gelten. Doch der Querdenker darf kein Querulant sein. Dann geht die Personalie, wie man so schön sagt, nach hinten los.

Idealerweise sollte der Beirat als Team alle geforderten fachlichen Qualifikationen abdecken. So sollten in einem dreiköpfigen Kontrollzentrum ein Branchenkenner, ein Finanzfachmann und ein Nachfolgeexperte mit familienunternehmerischem Hintergrund sein. Bei einem Gremium mit fünf Sitzen könnten ein (ehemaliger) Geschäftsführer aus einem Familienunternehmen, ein Techniker, ein Marketing- und Innovationsfachmann, ein Finanz-, Steuer- und Wirtschaftsprüfungsfachmann und ein unternehmensrechtlich erfahrener Jurist oder Nachfolgeexperte vertreten sein. In den größten deutschen Familienunternehmen sind durchschnittlich drei unterschiedliche Qualifikationen vertreten.[59] Angeführt wird die Liste von den Wirtschafts-, den Rechts- und den Ingenieurwissenschaftlern.

In der Praxis haben oft aktive oder ehemalige Manager und Unternehmer einen Sitz im Beirat.[60] Sie stellen mehr als zwei Drittel der Mandatsträger. Trotzdem ist es schwierig, Familienunternehmer für die Tätigkeit zu gewinnen. Vor einem — vor allem ihrem ersten — Engagement müssen sie gewöhnlich erst davon überzeugt werden, dass die Berufung auch ihnen Nutzen bringt. Motivierte Mandatsträger erwarten übrigens von der Arbeit in dem Kontrollzentrum, dass sie das Familienunternehmen mitgestalten können. Es geht ihnen weniger um Prestige oder ein Zusatzeinkommen, sondern primär um den Erfolg der Firma, die sie kritisch begleiten.

Auf alle Fälle sollte auf Vielfalt im Beirat geachtet werden. Ein Mix aus jungen und älteren Menschen, Führungskräften und Ex-Managern, Männern und Frauen schafft Raum für verschiedene Sichtweisen aus unterschiedlichen Lebenshintergründen. Manche Beiräte haben nicht zu Unrecht den Ruf typischer „Altherrenklubs". Der Nachholbedarf, hier Frauen stärker einzubinden, ist gewaltig. Etwa 10 Prozent der Sitze fallen auf das weibliche Geschlecht[61], nur rund 20 Prozent der Beiräte haben einen Frauenanteil von mehr als 30 Prozent.[62] In 43 Prozent der größten deutschen Familienunternehmen ist das Kontrollgremium eine reine Männerveranstaltung.[63] Und unterstellt man, dass sich alle vom Gesetz zur Frauenquote betroffenen 43 der 100 größten Familienunternehmen eine Frauenquote von 30 Prozent geben würden, dann würden diesen noch 87 Frauen fehlen.[64]

 Profi-Tipp

Frauen per Gesetz in die Kontrollgremien

Die Frauenquote muss bei mitbestimmungspflichtigen (mehr als 500 Beschäftigte) oder börsennotierten Unternehmen verbindlich vom Aufsichtsrat und bei der GmbH, falls keine Ausnahme besteht, von der Gesellschafterversammlung festgelegt werden. Für voll mitbestimmungspflichtige (mehr als 2.000 Arbeitnehmer) und börsennotierte Konzerne ist eine Rate von 30 Prozent vorgeschrieben. Über die Erreichung der Quote ist jährlich zu berichten. Wird sie nicht erfüllt, muss über die Gründe Rechenschaft abgelegt werden.

Wohltuend ist auch eine gesunde Altersmischung im Beirat in Bezug auf die Mitglieder aus dem Kreis der Eigentümerfamilie. Frische Ideen junger Leute treffen auf den großen Erfahrungsschatz älterer Verwandter. Dem quirligen Ansatz der Jugend steht der ruhende Pol alter Hasen gegenüber. Daraus kann ein guter Mix aus unternehmerischem Wagemut der nachrückenden Generation und bewahrender Vorsicht des Alters erwachsen. Allerdings ist es in den Beiräten der größten deutschen Familienunternehmen mit dem Altersmix (noch) nicht sehr gut bestellt. Es handelt sich eher um die im Buch schon erwähnten Altherrenbünde: Denn das Durchschnittsalter liegt bei knapp 60 Jahren.[65]

Lediglich 2,5 Prozent der Mitglieder sind unter 40 Jahre alt. Mit 37 Prozent ist die Altersklasse der 60- bis 70-Jährigen am stärksten vertreten.

Bei der Zusammensetzung des Beirats sollten auch andere demografische Aspekte berücksichtigt werden, etwa die Nationalität, die insbesondere bei international agierenden Unternehmen beachtet werden sollte. Ausländer sind mit ihrem Wissen und Kenntnissen über andere Länder, Kulturen und Absatzgebieten eine Bereicherung im Beirat. Sie können hilfreich sein bei der Interaktion mit Kunden, Lieferanten und weiteren Geschäftspartnern im Ausland. Von ihnen kann im besten Fall eine positive Signalwirkung bei der Erschließung neuer Märkte und dem Engagement neuer Mitarbeiter ausgehen. Allerdings ist es hier nicht sehr einfach, Profis zu engagieren. Die Quote ist nicht zuletzt deshalb recht gering. Der Anteil von Ausländern in Beiräten oder Aufsichtsräten in Konzernen, die wenigstens 61 Prozent ihres Umsatzes im Ausland erzielen, beträgt gerade einmal 6,2 Prozent.[66]

Weitere Aspekte der Vielfältigkeit im Beirat sind das Studienfach, die Berufserfahrung, die Zugehörigkeit zu Familienzweigen oder die jeweilige Anteilshöhe. So sollte in Stammesorganisationen jeweils der Vertreter einer Inhabergruppe einen Sitz im Kontrollgremium haben — es sei denn, der Stamm ist in der Geschäftsführung vertreten. Außerdem sollte bei breit gestreuten Besitzverhältnissen darauf geachtet werden, dass im Sinne des Minderheitenschutzes nicht nur Inhaber großer Anteilspakete, sondern auch Eigentümer kleiner Päckchen ein Mandat erhalten. Schließlich sollten auch sie Gehör finden.

Kognitive Aspekte gehören ebenfalls zur gesunden Beiratsmischung. Ob er in einem Internat oder in einer Waldorfschule gelernt, an einer Privathochschule oder öffentlichen Universität studiert hat — gewöhnlich prägt die Ausbildung einen Menschen. Hinzu kommen die Erfahrungshintergründe jedes Einzelnen, der aktuelle Beruf und die Frage, ob der Job in einem börsennotierten Konzern oder in einem mittelständischen Familienunternehmen ausgeübt wird.

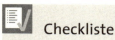

Checkliste

Gesunden Mix im Beirat finden

Überprüfen Sie, inwieweit sich Ihr Beirat aus Personen unterschiedlichen Alters, Geschlechts, Studiums, unterschiedlicher Staatsangehörigkeit, Anteilshöhe bei Familiengesellschaftern sowie Ausbildung und aktueller Tätigkeit zusammensetzt.

Auf Diversität geachtet?	Ja	Nein
Demographische Diversität		
• Alter	☐	☐
• Konfession	☐	☐
• Ethnische Herkunft	☐	☐
• Geschlecht (Frauenquote)	☐	☐
• Staatsangehörigkeit	☐	☐
• Studium	☐	☐
• Anteilshöhe	☐	☐
• Familienunternehmensgeneration	☐	☐
Kognitive Diversität		
• Ausbildung	☐	☐
• Erfahrungshintergrund	☐	☐
• Aktuelle Tätigkeit	☐	☐
• Familienprägung	☐	☐

Aber wie auch sonst im Leben: Man sollte es nicht übertreiben. Sind die Mitglieder des Beirats zu unterschiedlich, kann das die Arbeit und die Entscheidungsfindung negativ beeinflussen. Wirtschaftswissenschaftler haben in Studien — je nach Besetzungsmix des Beirats — sowohl einen positiven als auch einen negativen Einfluss auf den Unternehmenserfolg nachgewiesen.[67] Das heißt also: Die Balance muss stimmen.

Davon abgesehen gilt: Die Zusammenarbeit sollte auf gegenseitigem Respekt beruhen. Die Angehörigen des Beirats brauchen trotz individueller Persönlichkeitsunterschiede einen gemeinsamen Sprachcode und eine einheitliche Sicht auf „ihr" Unternehmen und müssen in den Hauptanliegen, Zielen und Werten der Firma sowie deren Eigentümer an einem Strang ziehen, ohne dass sie zum Kuschelverein mutieren. Kontroversen sollten von gegenseitigem Respekt, Offenheit, Vertrauen und dem Willen zum Konsens geprägt sein. Gerade für Aufsichtsräte, in denen die Arbeitnehmervertretung Stimmrecht hat, ist eine geschlossene Position wichtig. Abgesehen vom unschönen Bild eines zerstrittenen Haufens bergen unterschiedliche Sichtweisen und Einschätzungen im Arbeitgeberlager das Risiko, dass die Arbeitnehmerseite, die so gut wie immer abgestimmt vorgeht, eine gefühlte oder tatsächliche Dominanz erhält.

Um das Risiko eines Missgriffs zu minimieren, sollten für Beiratsmitglieder individuelle Suchprofile erarbeitet werden. Festgelegt werden darin die berufliche und hierarchische Position, das Wunschmuster der Organisation, des Unternehmens und der Branche, aus dem der Mandatsträger kommen soll, der demografische und kognitive Hintergrund sowie spezifische fachliche Anforderungen.

 Profi-Tipp

Ausgewogenheit überprüfen

Für die Analyse, ob der Beirat ausgewogen zusammengesetzt ist, ist es ratsam, die vier individuell wichtigsten Kriterien aufzuschreiben und das Wunschprofil mit den gefundenen Kandidaten abzugleichen. Beispielhaft seien hier die Höhe der Unternehmensanteile, das Alter, das Geschlecht, das Know-how sowie persönliche Eigenschaften wie Durchsetzungskraft, Mediationskenntnisse und Integrationsfähigkeit genannt. Schnell wird beim Abgleich klar, ob die Kriterien erfüllt sind oder sich eine Einseitigkeit zu (Un-)Gunsten eines Bereichs ergibt, wenn drei Finanzexperten in Frage kommen, die keine Ahnung von Mediation haben, aber das Unternehmen Streitschlichtung als zentralen Aufgabeschwerpunkt benannt hat. So könnte beispielsweise ein schlecht besetzter Beirat aussehen: Die älteste Generation der Eigentümerfamilie ist mit zwei Personen vertreten, ihre Anteile haben sie schon übergeben. Sie sind durchsetzungsstark, kaum zu Kompromissen bereit und haben besondere Erfahrungen im Bereich Finanzen und Controlling. Zugleich fehlen der innovative Querdenker, der das Unternehmen voranbringt, und das junge Talent der nachfolgenden Generation. Wenn dann auch noch der Vorsitzende „müde" ist und seinen Frust über die eigene

Lustlosigkeit seine Mitstreiter spüren lässt, sieht es trübe aus. In einem ausgewogen besetzten Beirat sind alle notwendigen menschlichen und inhaltlichen Kompetenzen abgedeckt, so dass die Gefahr von internen Spannungen minimiert wird.

 Beispiele aus der Praxis

Ralf **Ammann** steht vor wichtigen organisatorischen und strategischen Entscheidungen. Da sich inzwischen deutlich abzeichnet, dass sein Betrieb zum ersten Mal auch große Automobilkonzerne als Kunden gewinnen wird, ist ein Umsatzsprung in den kommenden fünf Jahren auf über 100 Mio. Euro zu erwarten. Zudem überlegt der Maschinenbauer neuerdings, ein zweites Standbein im Bereich Leichtbautechnik aufzubauen und sein Unternehmen in eine Holdingstruktur zu überführen. Deshalb steht bei ihm ganz oben auf der Liste des Anforderungsprofils für den Vorsitz eine Persönlichkeit, die selbst ein Familienunternehmen — möglichst aus der Metallindustrie — führt oder einst leitete und die Arbeit einer Holding kennt. Dann hätte er quasi in Personalunion auch gleich einen Profi für die Nachfolge an Bord, die in einigen Jahren ansteht.

Außerdem möchte Ammann einen Fachmann für Restrukturierung im Beirat haben, weil diverse Prozesse optimiert werden sollen, was gerade bei dem geplanten Produktionsausbau wichtig ist. Hier hat ihm ein befreundeter Unternehmer einen Berater empfohlen, der auch als Finanzprofi gilt. Falls es Ammann nicht gelingt, einen (Ex-)Unternehmer aus seiner Branche als Vorsitzenden für seinen Beirat zu holen, will er auf alle Fälle einen Kenner des Maschinenbaus engagieren — aber nur, wenn klar ist, dass der Experte nicht auch für Mitbewerber arbeitet. Zudem erwägt Ammann, einem Nachfolgeexperten einen Sitz im Beirat zu geben. Doch auch hier wartet er erst einmal ab, wer den Vorsitz erhält.

Die **Baumanns** hatten sich für einen fünfköpfigen Beirat entschieden, der aus drei „von außen" geholten Mitgliedern und zwei Geschwistern, Bruder und Schwester, aus ihren Reihen zusammengesetzt wird. Vor allem mit Blick auf den Plan, neue, trendige Produkte für junge Leute auf den Markt zu bringen, engagierten sie als Vorsitzenden einen Marketingexperten, der fünf Jahre in Hongkong und sechs Jahre in Argentinien in der Lebensmittel-Konsumgüterindustrie gearbeitet hat und für Einkauf sowie Marketing und Vertrieb zuständig war. Der Mann hat einen Ruf als exzellenter Fachmann mit internationalem Netzwerk und gilt als äußerst seriös sowie verschwiegen. Da Baumanns weiter mit dem Gedanken spielen, Kakao-Plantagen in Südamerika zu kaufen oder zu pachten, erhoffen sie sich von ihm Rat und Kontakte, die ihnen weiterhelfen könnten. Die anderen zwei externen Mitglieder sind ein Finanzexperte und ein Jurist aus Berlin mit ausgezeichneten Verbindungen in die Politik. Der Finanzfachmann und Wirtschaftsprüfer kümmert sich vornehmlich um die Kontrolle der Finanz-, Ertrags-, Liquiditäts- und Risikolage. Er hat schon in den Gesprächen zum Kennenlernen erste gute Hinweise zur Verbesserung der Abwehr möglicher Krisensituationen geliefert.

Der Bruder, der die Firma Baumann als Geschäftsführer leitet, kam natürlich nicht für den Beirat in Frage. Eine der Schwestern hatte sofort abgewinkt, da sie als Lehrerin arbeitet und der Job sie voll ausfüllt. Damit blieben drei Kandidaten. Obwohl die eine Schwester nicht so richtig wollte, wurde sie von den Geschwistern überzeugt. Denn Baumanns wollten unbedingt eine Frau im Beirat haben. Von den Brüdern fiel die Wahl auf den deutlich jüngeren, zumal er Betriebswirtschaftslehre studiert hat und im Vertrieb eines Lebensmitteleinzelhandelskonzerns arbeitet. Die zwei für den Beirat auserwählten Geschwister haben sich dazu entschlossen, einen mehrmonatigen Wochenendlehrgang für Bilanzprüfung zu absolvieren. Ihr erklärtes Ziel dabei lautete, mit den drei anderen Mitgliedern des Kontrollgremiums auf Augenhöhe diskutieren zu können.

Die **Cietelmanns** haben sich zur personellen Erneuerung ihres Beirats entschlossen — auch mit Blick, ihn vom Ruf des „Altherrenklubs" zu befreien. Gleich drei Mitglieder — zwei aus ihren Reihen und ein externes — sollen das Gremium nach Ablauf ihrer regulären Amtsperiode verlassen. Drei von neun — ein mutiger

Schritt! Die scheidenden Insassen des Kontrollzentrums gehen nicht im Streit, was wichtig für Cietelmanns ist, die sich nach dem Konflikt über den Verkauf des Gestüts vorgenommen haben, den wieder eingekehrten Familienfrieden zu bewahren. In intensiven Gesprächen konnte dem externen Finanzfachmann klar gemacht werden, wie wichtig es für den Konzern ist, einen Tourismus-Experten in den Beirat zu holen. Cietelmanns haben Glück: Unter maßgeblicher Beteiligung der neuen Beiratsvorsitzenden finden sie einen Amerikaner mit ausgezeichneten Deutschkenntnissen, der fast ein Jahrzehnt in Los Angeles für eine Hotelkette der mittleren Preisklasse gearbeitet hat. Er ist seiner aus Bayern stammenden Frau zuliebe nach München gezogen und arbeitet dort im Management einer Kette von Fitness-Studios. Seine Berufung hat einen weiteren Vorteil: Mit seinen 41 Jahren wird er den Altersdurchschnitt drücken. Das 76-jährige Beiratsmitglied aus der Eigentümerfamilie wird von einem 48-jährigen Spross der Cietelsmann abgelöst, der Chef einer mittleren Wirtschaftsprüfungsgesellschaft in Stuttgart ist.

Der bisherige Vorsitzende wollte sowieso nach dem Ende seiner Amtsperiode aufhören, weil ihm die Arbeitsbelastung zu hoch wurde. „Ich bin 73 Jahre alt, habe mein ganzes Leben lang gearbeitet — es ist Zeit abzutreten und jüngere ranzulassen", sagt er. Der Vorsitz bleibt bei Cietelmanns. Auch hier kommt Glück hinzu: Eine Miteigentümerin, die zuletzt in führender Position in einem Konzern mit weltweit 8.000 Mitarbeitern gearbeitet hat, möchte sich beruflich verändern. Dort hat sie neben ihrer Hauptfunktion als Personalchefin geholfen, die Holdingstruktur mit ihrer juristischen Expertise anzupassen. Sie bringt damit umfassende Kompetenzen mit, den sehr erfahrenen Geschäftsführern der Holding und der sechs Sparten des Mischkonzerns als Sparringspartner gegenübertreten zu können.

Die Cietelmanns haben es damit wieder einmal geschafft, den Beirat nur mit den Kompetentesten und Erfahrensten aus ihren Reihen zu besetzen — unabhängig davon, welchem Stamm sie vertreten. Sie haben darauf geachtet, dass unterschiedliche Interessen gewahrt werden. Die Höhe der Anteile spielte wie eh und je keine Rolle.

Der Beirat ist besetzt mit einem Chefarzt einer Klinik, einem ehemaligen Finanzvorstand, einem Personalexperten, einem Senior-

Partner einer international agierenden Rechtsanwaltskanzlei, alle aus der Familie, sowie einem familienexternen Ex-Politiker mit ausgezeichneten Kontakten in die Landeshauptstadt und nach Berlin. Eine Frau als Vorsitzende und ein Ausländer im Beirat — das gab es bisher nicht in Cietelmanns Konzern. Sie sind sehr zufrieden mit der neuen Mischung. Die meisten der sieben Beiratsmitglieder aus der Eigentümerfamilie arbeiten in ihren Jobs: Einer war Personalchef in einem großen Süßwarenkonzern, ein anderer ist Geschäftsführer in einer Eventmanagement- und Catering-Agentur. Er kümmert sich insbesondere um die Familienwochenenden.

 ## Jetzt sind Sie dran

Anforderungsprofile für die verschiedenen Beiratsmitglieder festlegen

Legen Sie die Anforderungsprofile für die verschiedenen Beiratsmitglieder fest. Definieren Sie, welche Position der Kandidat innehaben, welchen Unternehmenshintergrund er mitbringen, wie alt er sein und welche Ausbildung er haben sollte sowie welche spezifischen fachlichen Fähigkeiten wichtig sind. Machen Sie dies, bevor Sie mit der Suche beginnen. Denn es ist wichtig, dass Sie sich klar werden, welche Kompetenzen Sie in Ihrem Beirat vertreten haben möchten.

Kriterien	Person 1	Person 2	Person 3
Position			
Unternehmens-hintergrund			

Kriterien	Person 1	Person 2	Person 3
Demografischer und kognitiver Hintergrund			
Spezifische fachliche Anforderungen			

Unabhängigkeit und Verschwiegenheit sind Trumpf

Grundsätzlich muss der Beirat — wie schon mehrfach betont — in seiner Gesamtheit dem Unternehmensinteresse dienen. Diese Pflicht leitet sich primär aus dem Treuegebot aller Mitglieder ab. Ihnen obliegt es quasi von Amts wegen, in größtmöglicher Loyalität zum Wohle der Firma und deren Eigentümern zu handeln. Sie dürfen ihre Stellung nicht zum eigenen Vorteil missbrauchen. Dazu gehört an erster Stelle, keine Provisions- oder Schmiergeldzahlungen anzunehmen.

Zwingend vertraglich zu regeln ist die Frage, ob sich einzelne Beiratsmitglieder in einem klar zu definierenden Umfang Belangen bestimmter Gruppierungen innerhalb des Eigentümerkreises — man denke hier insbesondere an Gesellschafterstämme — beugen müssen oder aber außergesellschaftlichen Interessen verpflichtet werden können. Existiert keine juristisch klare Vereinbarung dazu, greift die oben beschriebene Pflicht. Soweit im Gesellschaftsvertrag oder der Satzung konkret notiert ist, dass Angehörige des Kontrollgremiums mit der Wahrnehmung der Interessen einzelner Inhabergruppen betraut sind, ist das zulässig. Allein das Recht, eine oder mehrere Personen in den Beirat entsenden zu dürfen, ist an der Stelle nicht ausschlaggebend. Zudem gilt die Faustregel: Gewisse Informationsrechte oder Kontrollaufgaben, die bestimmten Mitgliedern zuerkannt werden, müssen immer auch zugleich im Sinne des gesamten Unternehmens ausgeübt werden. Grundsätzlich angeraten ist, von diesen Rechten keinen oder sehr selten Gebrauch zu machen: Denn der Beirat soll schließlich das

Gesamtunternehmen voranbringen und auch als Moderator oder bei Bedarf als Mediator fungieren.

Dem Interesse der Firma verpflichtet zu sein, heißt auch, persönliche, finanzielle oder geschäftliche Beziehungen zur Geschäftsführung und/ oder zu dem Unternehmen in den Hintergrund rücken zu lassen. Das gilt auch für private Belange eines Beiratsmitglieds. Eine Verquickung, die einen Ethikverstoß darstellt, gereicht dem Unternehmen zum Nachteil: Denn gerade die Beiratsmitglieder, die nicht aus der Eigentümerfamilie kommen, leisten einen wichtigen Beitrag zur strategischen Weiterentwicklung der Firma, da sie keinen dynastischen, betrieblichen und emotionalen Zwängen unterliegen. Nur wenn sie in jeder Hinsicht unabhängig und seriös agieren können, sind sie Garant für Fortschritt und Wachstum.

Folgende Aspekte schränken die Unabhängigkeit und damit Leistungsfähigkeit des Beirats und seiner Insassen ein:[68]

- *Die berufliche Tätigkeit oder die Ausübung eines Beiratsmandats bei Wettbewerbern:* Vertrauliche Informationen könnten weitergegeben oder Entscheidungen so getroffen werden, dass sie eher dem Konkurrenten dienen.

- *Eine persönliche Verbindung zur Geschäftsführung:* Durch die Rücksichtnahme auf den Auftraggeber könnten Beiratsmitglieder Personalentscheidungen zugunsten von Protagonisten treffen, mit denen sie sympathisieren.

- *Das Gewähren von persönlichen Vorteilen über die Bagatellgrenze oder die Wesentlichkeitsschwelle hinaus,* wie zum Beispiel Vergünstigungen beim Bezug von Waren aus dem Unternehmen oder das Ausnutzen von Lieferantenkonditionen. Dadurch kann die Sensibilität für das Aufdecken von Fehlverhalten beeinträchtigt werden.

- *Das Ausüben eines Prüfungs- oder Beratungsmandats, das einen Großteil der Einnahmen des Beiratsmitglieds darstellt:* Hat der beauftragte Steuerberater, Wirtschaftsprüfer oder Rechtsanwalt einen Sitz im Beirat und zugleich Aufträge des Unternehmens, wird er weniger intensiv kontrollieren oder auch gerne ein Auge zudrücken.

- *Rollenkonflikte bei Personengruppen, die mit dem Unternehmen Geschäftsbeziehungen pflegen:* Dazu zählen Vertreter hauseigener Banken,

Lieferanten, Kunden und sonstige Geschäftspartner des Unternehmens. Sie werden im Konfliktfall eher im Sinne ihres Arbeitgebers als im Sinne der Gesellschafter entscheiden, die sie in ihren Beirat geschickt haben.

• *Mangelnde Integrität,* wenn einzelne Beiratsmitglieder ihren persönlichen Interessen Vorzug geben und Informationen persönlich ausnutzen.

• *Die Besetzung des Aufsichtsrates mit Arbeitnehmervertretern,* die die Arbeitnehmerinteressen vertreten und ihre Entscheidungen daran ausrichten werden.

• *Die Entsendung eines Stammesvertreters oder familienfremden Gesellschafters:* Er wird die Interessen seines Auftraggebers berücksichtigen.

Erst in der Praxis entscheidet sich, ob ein Beirat seine Tätigkeit unabhängig und im Sinne des Unternehmensinteresses ausübt. Personen, bei denen schon bekannt oder absehbar ist, dass sie nicht unabhängig handeln können, sollten nicht als Kandidaten in Betracht kommen, geschweige denn, einen Sitz in dem Kontrollzentrum erhalten. Sprechen dennoch Gründe für eine Aufnahme in das Gremium, sollten die Verquickungen zumindest den Gesellschaftern, Geschäftsführern und übrigen Beiratskollegen bekannt sein, so dass sie das stets im Hinterkopf haben können. Treten die *Interessenskonflikte* erst Wochen oder Monate nach der Berufung in den Beirat auf, sollte sie das betroffene Beiratsmitglied aktiv und zeitnah offenlegen und eine Haftung akzeptieren. Das kann bedeuten, dass die Person ihr Amt niederlegt. Die meisten Unternehmer haben die Devise: *keine* Kunden, Lieferanten, Wettbewerber, Berater, Banker oder Freunde. Zusammengefasst sollten folgende Personen also nicht in das Kontrollgremium gewählt werden:[69]

• *Geschäftspartner, wie Kunden und Lieferanten:* Kunden können zwar tiefe Einblicke in deren Entscheidungen ermöglichen und die Vertragsbeziehung festigen, sie sind aber genauso wenig unabhängig wie Lieferanten. Man öffnet ihnen Türen, die zu wettbewerblichen Nachteilen führen können. Außerdem fragen sich Personen auf Abnehmerseite, die nicht im Beirat sitzen, wieso der andere, eventuell auch noch ein Konkurrent, bevorzugt worden ist. Und viele Themen, die in den Sitzungen besprochen werden, sind weder etwas für Kunden noch für Lieferanten.

- *Hausanwälte, der eigene Steuerberater oder Wirtschaftsprüfer:* Diese haben zwar detailliertes Wissen über das Familienunternehmen. Sie sind aber abhängig von dem Auftrag eben für diese Firma. Und ihre Beratung kann jederzeit auch ohne Beiratsmandat erworben werden.

- *Vertreter hauseigener Banken:* Diese liefern zwar besondere Kenntnisse. Sie befinden sich aber in einem Rollenkonflikt. Sie erhalten regelmäßig Einblicke in die Situation des Unternehmens und können diese Kenntnisse theoretisch für eigene Zwecke nutzen. Die Schweigepflicht gerät dadurch in Gefahr. Konsequenz bei einem Hausbankvertreter kann sein, dass Kreditlinien gekürzt oder Darlehen frühzeitig fällig gestellt werden, wenn es dem Unternehmen einmal nicht gut geht. Davon unberührt sollte aber die selbstverständlich wichtige Transparenz gegenüber den Geldhäusern sein.

- *Nicht hinreichend qualifizierte Familienmitglieder:* Zwar sind sie mit Bezug zum Unternehmen aufgewachsen, kennen die Interna und handeln aus ihrer Gesellschafterrolle grundsätzlich im Interesse der Firma. Dennoch sollten auch sie bestimmte Qualifikationsanforderungen erfüllen.

- *Freunde:* Sie gehören nicht in den Beirat, denn Privates sollte so gut wie möglich von Geschäftlichem getrennt werden. Dicke Freunde und gute Bekannte haben nämlich häufig nicht die nötige kritische Distanz zu den Inhabern und der Führung der Firma. Das ist aber gerade für die Beiratätigkeit, die im Sinne des Unternehmensinteresses ausgeübt werden sollte, ein entscheidender Punkt. Außerdem haben sie oftmals nicht die Akzeptanz bei den anderen Gesellschaftern, die sie nicht protegiert haben.

Generell sei hier nochmals erwähnt, dass die Beiratsmitglieder zur Verschwiegenheit verpflichtet sind und keine Geschäftsgeheimnisse weitergeben dürfen. Das ist Grundlage der Zusammenarbeit, die nicht missachtet oder sogar missbraucht werden darf. Das bedeutet, dass keine Geschäftsgeheimnisse und vertrauliche Angaben an Dritte weitergegeben werden dürfen. Dazu zählen unter anderem Gehaltshöhen des Spitzenpersonals, Unternehmensplanungen, Forschungsergebnisse, Produktionserfahrung, Kundendaten, Finanzkennzahlen und andere Interna. Die Verschwiegenheitsregel gilt auch nach dem Ausscheiden aus dem Kontrollgremium und ist sowohl für freiwillige als auch Pflichtbeiräte gesetzliche Vorschrift. Allerdings kann bei letzterem der Schweigezwang einzelner Beiratsmitglieder spezifiziert, eingeschränkt oder ausgeweitet werden. So empfiehlt es sich, eine *Verschwiegenheitsverpflichtung* in die gesellschaftsrechtlichen Verträge aufzunehmen. Die Schweigevorgaben für Beiratsmitglieder aus dem Kreis der Eigentümer kann gegenüber den übrigen Firmeninhabern gelockert werden, um den Informationsfluss zu gewährleisten. Es kann sogar vertraglich vereinbart werden, dass bestimmte Mandatsträger des Kontrollgremiums gegenüber den Gesellschaftern zu bestimmten Auskünften und Stellungnahmen verpflichtet sind. Falls Beiratsmitglieder Dritte in ihre Tätigkeit einbeziehen, sind auch diese an die Zusage gebunden, keine internen Informationen auszuplaudern.

Pflicht zur Weiterbildung

Mitglieder in Beiräten sollten ihr Wissen und ihre Fähigkeiten stets auf dem aktuellsten Stand halten. Weiterbildungen sollten sich auf die Aufgaben und Arbeitsweise des Gremiums beziehen, also auf Rechte und Pflichten, Berichtswesen, Sitzungsablauf, Beschlussfassungen, Unternehmensstrategie und Steuerung, Risikomanagement, Finanzierung und Investition, Innovationsmanagement, Family Business Governance, Ethik sowie Fragen der Nachhaltigkeit. Zum Pflichtprogramm zählen auch Kenntnisse zur Haftung sowie deren Vermeidung.

Für die Weiterbildung sind die Beiratsmitglieder zunächst einmal selbst verantwortlich. Möglichkeiten gibt es einige. Einmal können sich Mandatsträger bei entsprechenden Seminaranbietern einschreiben. Das Angebot ist hier allerdings bislang übersichtlich.[70] Daneben gibt es Netzwerkveranstaltungen, zu denen ausschließlich Mitglieder von Beiräten in Familienunternehmen eingeladen werden, um Erfahrungen auszutauschen. Möglich sind zudem firmeninterne Fortbildungen.

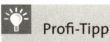 **Profi-Tipp**

Wer zahlt die Weiterbildung?

Die Kostenerstattung für Weiterbildung der Beiratsmitglieder gilt nicht als Vergütung und benötigt deshalb keinen entsprechenden Beschluss der Gesellschafterversammlung. Einige Familienunternehmen lehnen einen finanziellen Ausgleich für Fortbildungsmaßnahmen ab, insbesondere dann, wenn sie dazu dienen, einem neuen Beiratsmitglied das notwendige Mindestmaß an Qualifikation zu vermitteln. Die Kosten für die Vermittlung von Spezialwissen, die auch für das Unternehmen nützlich sind, ersetzen viele jedoch gern – und das sollten sie auch. Diese Bereitschaft erstreckt sich meist ebenfalls auf Fortbildungen aufgrund von Änderungen der gesetzlichen Rahmenbedingungen, etwa Modifizierungen der Bilanzierungsvorschriften. Auch bei firmeninternen Kursen und Veranstaltungen sollte das Unternehmen die finanzielle Last dafür tragen.

Ein *Eigentümer* kann sich zum professionellen Beirat ausbilden lassen. Sinnvoll ist das etwa, wenn der Nachfolger nicht in die Geschäftsführung einsteigen möchte, sondern es vorzieht, in den Beirat zu gehen, vielleicht sogar als Vorsitzender. In diesem Fall braucht er ein passendes inhaltliches Rüstzeug. Dafür sollten zunächst die Qualifikationsanforderungen für den Nachfolger definiert werden. Diese wiederum dienen als Grundlage zur Ausarbeitung eines individuellen Entwicklungsprogramms. Dabei kann es zielführend sein, dass die Person für einen definierten Zeitraum von vielleicht zwei bis sechs Jahren Projekte im Unternehmen übernimmt. Außerdem sollte sie einen Lehrgang zum qualifizierten Beiratsmitglied in Familienunternehmen besuchen, wobei manche Anbieter ein geprüftes Zertifikat ausgeben.

Inhalte dieser Lehrgänge sind die rechtlichen und praktischen Grundlagen der Beiratstätigkeit, Rechnungslegung, Bilanzpolitik, Jahresabschlussanalyse, der Prüfungsbericht, Risikomanagement und Controlling, der Umgang mit Krisensituationen, Compliance und Fraud sowie die Rolle des Vorsitzenden – kurzum: alle Themen, die in dem Vier-Stufen-Modell abgedeckt sind, das die Grundlage für diesen Ratgeber bildet. Übrigens gibt es speziell auf den Mittelstand zugeschnittene Programme.

Eine Abkühlungsphase schadet nicht – oder doch?

Die Unabhängigkeit des Beirats kann beeinträchtigt werden, wenn der ehemalige Geschäftsführer in das Kontrollgremium wechselt, ohne eine Auszeit genommen zu haben, die Fachleute Abkühlungsphase nennen. Der negative Umstand erklärt sich aus seiner vorhergehenden Tätigkeit. Manch früherer Unternehmenschef wird dazu neigen, von ihm begangene Fehler nicht aufzudecken oder schönzureden und seinen Nachfolger, der häufig sein Kind und/oder vielfach sein Zögling ist, nicht entsprechend zur Rechenschaft zu ziehen. Natürlich ist das nicht die Regel. Ist der frühere Firmenlenker an dem Unternehmen beteiligt, geht es auch um sein Vermögen, das er in andere — bekannte oder fremde — Hände übergeben hat. Folgt auf ihn ein Fremdmanager, kann es gerade richtig sein, dass er in den Beiratsvorsitz wechselt, damit er die Unternehmensentwicklung weiterhin intensiv begleiten kann. Allerdings kann ein Verzicht auf den Beiratsvorsitz hilfreich sein, Distanz zum eigenen Unternehmen aufzubauen.

In Fällen, wo ein Eigentümer die Geschicke des Unternehmens über Jahre oder Jahrzehnte an erster Stelle gelenkt hat, besteht überdies die Gefahr, dass er durch seine Erfahrung und seinen Zugang zu internen Informationen als „geschäftsführender Beiratsvorsitzender" agiert. Sein Nachfolger wird dann vielmehr der Chief Operating Officer sein als ein wirklicher Unternehmenschef. Konfliktpotential ergibt sich gerade bei einem Wechsel des Vaters in den Beirat, wenn sein Kind ihm als Geschäftsführer folgt. Ob das generell das richtige Modell einer Übergabe ist, darf in manchen Fällen bezweifelt werden. Denn neben der weiteren Einflussnahme des Ex-Chefs auf die Unternehmensgeschicke sieht er sich dann oftmals in der Pflicht, den Betrieb in der Öffentlichkeit zu vertreten und darzustellen. Er ignoriert dabei, dass der Beirat ein internes Gremium ist, dem eigentlich nicht die Aufgabe zukommt, für die Firma Informations- und Presspolitik zu betreiben, außer das ist exakt so vereinbart. Zwischen PR und Networking besteht ein großer Unterschied. Die Außendarstellung ist allein Aufgabe des Top-Managements und seiner Kommunikationsabteilung.

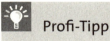

Profi-Tipp

Wechsel in den Vorsitz gut überlegen

Folgt der Sohn dem Vater, ist der direkte Wechsel des Vaters aus der Führung des Familienunternehmens in den Beirat dann zu empfehlen, wenn er dort nicht den Chefsessel übernimmt, sondern stellvertretender Vorsitzender wird. In dieser Konstellation sollte eine Persönlichkeit erster Mann des Kontrollgremiums werden, die nicht aus dem Kreis der Gesellschafter kommt. So kann der Vorsitzende als Moderator und bei Bedarf als Mediator zwischen den beiden Generationen fungieren und zudem sicherstellen, dass der nachgefolgte Sohn den ausreichenden Freiraum erhält, sich zu entfalten. Übernimmt jedoch ein „von außen" engagierter Manager das Ruder in der Firma, ist es unter Umständen besser, wenn der ehemalige geschäftsführende Gesellschafter Beiratsvorsitzender wird — allerdings mit der Maßgabe, nicht zum „Backseat Driver" und Mikromanager zu werden. Das heißt, er muss akzeptieren, dass er nicht mehr der Firmenchef ist, auch kein heimlicher. Der Ex-Geschäftsführer ist dann in der Pflicht, im Beirat die Interessen der Gesellschafter zu vertreten. Würde sich die Familie zu sehr aus der Kontrolle zurückziehen, bestünde das Risiko, dass der Fremdmanager seinen persönlichen Nutzen maximiert, statt den Eigentümern vorrangig zu dienen.

3. Das Werkzeug des Beirats

1. Struktur

- Größe
- Amtszeit
- Ausschlusstatbestände
- Zusammensetzung
- Beiratsvorsitz
- Beschlussfähigkeit und Beschlussfassung
- Sitzung (Häufigkeit, Plan, Agenda, Teilnehmer, Protokoll)

2. Qualifikation

- Fachliche Mindestanforderungen, berufliche Erfahrungen, Kernkompetenzen, Persönlichkeitsmerkmale
- Beiratsmix
- Unabhängigkeit
- Aus- und Weiterbildung
- Wechsel Geschäftsführung in Beirat

4. Vergütung

- Gesamtkosten
- Beiratsvergütung: einfaches Mitglied, Vorsitzender
- Steuern
- Beraterverträge

3. Instrumente

- Auswahlprozess
- Berichtswesen
- Beiratsbüro
- Ausschüsse
- Haftungsregelung
- Beiratsregelwerk

Nachdem die strukturellen Aspekte sowie die Anforderungen an die Qualifikation der Mitglieder des Beirats festgelegt sind, sollte im nächsten Schritt seine Arbeitsfähigkeit sichergestellt werden. Dazu gehört, dass die Mandatsträger entsprechend der Anforderungsprofile ausgewählt werden. Außerdem sollte festgelegt werden, welche Informationen die Gremiumsinsassen erhalten, damit sie ihre Aufgaben effektiv und effizient erfüllen können. Darüber hinaus ist zuerörtern, ob ein oder sogar mehrere Beiratsausschüsse sinnvoll sind und, wenn ja, in welcher Form. Zu beantworten ist auch die Frage, inwiefern die Angehörigen des Kontrollgremiums in die Haftung genommen werden können. Last but not least sollten all diese Eckpunkte in einem Regelwerk festgehalten werden.

Den Richtigen suchen – und finden

Wie bereits ausführlich dargestellt, sollten im Beirat nur Personen vertreten sein, die über die erforderlichen Qualifikationen, die entsprechenden Kernkompetenzen, eine überzeugende Persönlichkeit, das richtige Alter, die notwendige Unabhängigkeit und die Bereitschaft zu Engagement und Zusammenarbeit verfügen. Diese Kriterien gelten für alle, egal, ob sie aus der Eigentümerfamilie des Unternehmens kommen oder nicht.

Geeignete Kandidaten, die nicht aus der Eigentümerfamilie stammen, müssen oftmals um- und geworben werden. Denn nur wenige bewerben sich um einen Sitz im Beirat. Das trifft speziell auf Unternehmer zu, die vielfach auch ohne zusätzliche Belastungen schon alle Hände voll zu tun haben. Zumal sie nicht bereit sind, als „Placebo" zu wirken. Sie wollen einen echten Beitrag dazu leisten, das Unternehmen voranzubringen. Geeignete Persönlichkeiten, die um ein Engagement gebeten werden, stellen regelmäßig vier Grundsatzfragen. Werden diese Fragen bejaht, wächst die Wahrscheinlichkeit, dass Wunschkandidaten zur Verfügung stehen.

- Handelt es sich um einen entscheidenden, kontrollierenden Beirat, der etwas bewegen kann?
- Wird das Gremium regelmäßig und nach einem klar definierten System informiert?
- Hält die Eigentümerfamilie zusammen?
- Befindet sich das Unternehmen in einer wirtschaftlich stabilen Situation?

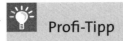

Profi-Tipp

So findet man die besten Kandidaten für den Beirat

Die Ausschau beginnt — wie folgend detailliert beschreiben — mit der Definition der Anforderungen an die Kandidaten. Damit einher geht die systematische und sukzessive Eingrenzung des Suchkreises. Um in diesem Umfeld dann auch tatsächlich geeignete Beiratsmitglieder zu finden, sollte das eigene Netzwerk beansprucht werden. Hilfreich ist hier auch der Rat der eigenen Rechtsanwälte, Steuerberater und Wirtschaftsprüfer — also exakt derjenigen Unterstützer, die wegen Interessenkollisionen selbst nicht als Beiratsmitglieder in Frage kommen.

Ist die Firma im Besitz mehrerer Gesellschafter, sollte jeder einzelne Inhaber seine Kontakte nutzen, für eine Auswahl geeigneter Kandidaten zu sorgen. Dabei ist darauf zu achten, dass die Personen weder privat noch geschäftlich mit dem vorschlagenden Eigentümer verbandelt sind.

Hilfreich bei der Suche sind Mitgliedschaften in Branchen- und Unternehmerverbänden. Sie ermöglichen gerade das Kennenlernen anderer Geschäftsführer. Einrichtungen, in denen sich Unternehmerinnen organisiert haben, erleichtern den Zugang zu Frauen. Gesucht werden kann auch in speziellen Online-Portalen. Auch die gute alte Anzeige kann hilfreich sein.

Zudem können spezielle Beratungsgesellschaften, die ausschließlich Beiratsmitglieder an Familienunternehmen vermitteln und in der Regel eine große Auswahl starker Kandidaten aufweisen, die Suche unterstützen. Diese Beraterfirmen arbeiten meistens auf Basis erfolgsorientierter Honorare.

Bei der Werbung ist ein stringenter Prozess notwendig, den die Gesellschafter individuell festlegen sollten. Dieser sollte insbesondere bei Beiratsmitgliedern, die nicht aus den Reihen der Inhaber kommen, in Gang gesetzt werden — bei größeren Gesellschafterkreisen allerdings auch, wenn die ins Auge gefasste Person aus der Eigentümerfamilie stammt. Einem transparenten und fairen Prozess zu folgen, mindert sowohl die Gefahr von Parteilichkeit eines Beiratsmitglieds also auch von Kungelei. Folgende Punkte können zielführend sein:[71]

- *Anforderungsprofil* für jedes Beiratsmitglied: Im ersten Schritt sollte von den Firmenbesitzern definiert werden, was von allen Gremiumsinsassen unabhängig von ihrer Herkunft und Vorgeschichte erwartet wird. Hier kann auch die Geschäftsführung einbezogen werden, was vornehmlich angeraten ist, wenn der Beirat neu gegründet wird.

- *Anforderungsprofil für spezifisches Beiratsmitglied:* Anschließend ist zu empfehlen, die Vorgaben für spezielles Fachwissen und Können festzulegen. Hierbei müssen sich Geschäftsführung und Gesellschafter abstimmen. Entscheiden sich die Unternehmenseigentümer für eine Person aus ihren Reihen, sollten auch für sie spezifische Anforderungen definiert werden. Zielführend ist das vor allem bei größer werdenden Unternehmerfamilien ganz einfach deshalb, weil es mehr potentielle Kandidaten gibt, was strengere Auswahlkriterien erfordert.

- *Bewertungsbogen für das zu suchende Beiratsmitglied:* Im Anschluss sollte der Beiratsvorsitzende oder der Unternehmenschef einen entsprechenden Bewertungsbogen erarbeiten. Diese Aufgabe kann auch ein Angehöriger der Eigentümerfamilie ohne Funktion im Unternehmen übernehmen. Der Bewertungsbogen ergibt sich aus den beiden zuvor erarbeiteten Anforderungsprofilen (vgl. Abbildung 18). Er sollte vom für den Prozess Verantwortlichen mit den Gesellschaftern diskutiert und von diesen abgesegnet werden.

- *Suchprozess:* Nachdem klar ist, wer von wem gesucht werden soll, wird definiert, wie und wo. Zuvor wird festgelegt, welche Informationen aus dem Familien- und Unternehmenskreis weitergegeben werden dürfen. Im nächsten Schritt sollten mutmaßlich geeignete Persönlichkeiten identifiziert werden. Wird eine Vermittlungsgesellschaft beauftragt, wird der Berater anhand der Anforderungsprofile zunächst eine Liste mit fünf bis zehn potentiellen Kandidaten erstellen und diese mit dem Ansprechpartner aus dem Familienunternehmen abstimmen. Im nächsten Schritt werden die ins Auge gefassten Persönlichkeiten angesprochen und gefragt, ob Interesse besteht. Lautet die Antwort „Ja", wird ein detailliertes Profil erstellt und zusammen mit den Eignungsberichten der anderen Kandidaten an den Leiter des Suchprozesses übermittelt, der sich mit allen Angesprochenen zuerst zu einem Telefoninterview verabreden sollte. Danach folgt eine Vorauswahl. Die drei bis fünf Verbliebenen sollte der Verantwortliche persönlich treffen, eventuell im Beisein weiterer Gesellschafter und/oder schon amtierender Beiratsmitglieder. Das Gespräch sollte protokolliert werden, um im Anschluss daran den Kandidaten anhand des Bewertungsbogens beurteilen zu können. Sind die Interviews beendet, sollte der Prozessleiter das Ergebnis mit den übrigen Insassen des Kontrollgremiums und dem Top-Management diskutieren sowie eine Empfehlung an die Gesellschafterversammlung aussprechen. In einer zweiten Interviewrunde können die Kandidaten dann allen Eigentümern vorgestellt werden.

- *Wahl:* Haben sich alle Firmeninhaber ein Bild von den Besten des Verfahrens gemacht, können sie den Vorgang formal besiegeln. Möglich ist, alle Kandidaten mit einem Mal oder jeden einzeln zu küren. Eine Blockwahl setzt Einigkeit der Gesellschafter über die Besetzung des Beirats voraus. Bei der Einzelabstimmung werden die Bewerber mit einer qualifizierten Mehrheit berufen, damit sie möglichst viele Unternehmenseigentümer vertreten und von einem breiten Konsens getragen werden. Somit können sie sich eines breiten Rückhalts sicher sein. Dabei sollten jeweils die anwesenden und abgegebenen Stimmen relevant sein, um Blockaden durch einzelne Gesellschafter zu verhindern. Erwogen werden kann, jedem Eigentümer entsprechend seines Anteils so viele Stimmen zu geben, wie Beiratsplätze zur Verfügung stehen. Handelt es sich um einen Alleininhaber, wird er nach den Interviews seinen Wunschkandidaten selbst wählen.

- *Beiratseinführung:* Nach der Unterzeichnung des Geschäftsbesorgungsvertrags sollte das Beiratsmitglied mit relevanten Auskünften versorgt werden. Ideal ist es, dem neuen Mitglied ein komplettes Informationspaket vorzulegen, das entscheidende Daten enthält wie die Unternehmenspräsentation, das aktuelle Strategiepapier, die letzte Berichterstattung an den Beirat sowie dessen jüngere Protokolle, das derzeit gültige Budget, den Jahresabschluss samt Lage- und Prüfungsbericht sowie die Vorgaben und erwarteten Nutzenpotentiale an das Kontrollgremium. Dazu zählen auch der Gesellschaftsvertrag des Firmenteils, wo der Beirat angesiedelt ist, und unter Umständen weitere juristische Vereinbarungen. Des Weiteren sollte er auch Einblick in die Familienverfassung oder -charta erhalten. Außerdem sollte das neue Beiratsmitglied seine Gremiumskollegen, die Gesellschafter und die Geschäftsführer so früh wie möglich persönlich kennenlernen, falls dies nicht schon während des Suchprozesses passiert ist. Außerdem sollte die Unternehmensführung die

Redaktion der Mitarbeiterzeitschrift über den Neuling informieren, damit sie ein Porträt planen kann.

Kriterien	Thema	Kandidat 1	Kandidat 2	Kandidat 3
Position	• Familiengeschäftsführer	⇧	⇩	⇨
Unternehmens-hintergrund	• Familienholding • International tätig	⇧ ⇨	⇨ ⇨	⇨ ⇩
Demografischer und kognitiver Hintergrund	• Geschlecht: weiblich • Alter: 55–65 Jahre • Aus Familienunternehmen stammend	⇨ ⇨ ⇨	⇧ ⇧ ⇩	⇨ ⇨ ⇩
Fachliche Mindest-anforderung	• Familienunternehmenswissen • BWL-Wissen • Grundverständnis zur Beurteilung der Finanz-, Ertrags-, Liquiditäts- und Risikolage • Allgemeine Branchen-, Markt- und Wettbewerbskenntnisse	⇧ ⇨ ⇧ ⇧	⇧ ⇧ ⇨ ⇧	⇨ ⇨ ⇧ ⇧
Spezifische fachliche Anforderung	• Ausgeprägte Strategieerfahrung • Nachfolgeerfahrung • Netzwerke in Familienunter-nehmen	⇧ ⇧ 	⇨ ⇨ ⇨	⇩ ⇧ ⇧
Berufliche Erfahrungen	• Berufserfahrung in einem Familienunternehmen • Management- und Führungs-erfahrung • Beiratserfahrung	⇧ ⇨ ⇧	⇧ ⇧ ⇧	⇧ ⇨ ⇨
Kernkompetenzen	• Strategische Kompetenz • Unternehmerische Kompetenz • Führungskompetenz • Managementkompetenz • Soziale Kompetenz • Familienunternehmenskompetenz	⇧ ⇧ ⇨ ⇨ ⇧ ⇩	⇧ ⇧ ⇨ ⇧ ⇧ ⇨	⇧ ⇧ ⇧ ⇧ ⇨ ⇨
Persönlichkeits-merkmale	• Verantwortungsbewusst • Objektiv und fair • Kritik- und konfliktfähig • Unabhängig • Integer • Offen • Sorgfältig • Engagiert • Kommunikativ • Rückgrat	⇧ ⇧ ⇧ ⇨ ⇧ ⇩ ⇧ ⇨ ⇧ ⇩	⇧ ⇧ ⇧ ⇧ ⇧ ⇧ ⇧ ⇧ ⇧ ⇧	⇧ ⇨ ⇧ ⇧ ⇨ ⇧ ⇧ ⇨ ⇨ ⇩
Vertragliches	• Finanzielle Vorstellungen • Regionale Flexibilität	10T € ⇧	12T € ⇧	12T € ⇧

⇧ Anforderungen voll erfüllt   ⇨ Anforderungen teilweise erfüllt   ⇩ Anforderungen nicht erfüllt

Abbildung 18: Exemplarischer Bewertungsbogen für Beiratskandidaten[72]

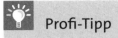

Profi-Tipp

Nicht zu viel, nicht zu wenig

In den Gesprächen mit den Kandidaten für einen Sitz im Beirat kommt es auf das richtige Maß an Informationsweitergabe an. Bevor ein Bewerber nicht offiziell berufen und gewählt ist, gilt für ihn noch nicht die Verschwiegenheitspflicht. Der Auserkorene muss genügend über das Unternehmen erfahren, damit er sich ein Bild machen kann und weiß, auf was er sich einlässt. Er sollte aber nicht übermäßig viele konkrete Interna zu Strategieplänen oder anderen sensiblen Themenfeldern erfahren. Wichtig ist, dem Versuch zu widerstehen, einen Wunschkandidaten damit zu locken, dass er von Zukunftsplänen des Unternehmens erfährt, die eigentlich noch geheim sind. Sagt er ab, nimmt er das Wissen mit. Und man weiß nie, wo dieses am Ende landet.

Neben der Wahl besteht die Möglichkeit der *Entsendung* von Beiratsmitgliedern durch bestimmte Unternehmenseigentümer oder Gesellschaftergruppen. Diese Option muss gesellschaftsrechtlich verankert sein, damit sie Geltung erlangt. Das ist häufig der Fall, wenn die Eigentümerfamilie in Stämmen organisiert ist. Dann ist es besonders wichtig, dass ein Regelwerk besteht, wie innerhalb einer Gemeinschaft von Anteilseignern der Willensbildungsprozess abläuft und Entscheidungen getroffen werden. Es kann aber auch sein, dass einem Eigentümer, der nicht aus der Unternehmerfamilie kommt, das *Sonderrecht* eingeräumt wird, ein Beiratsmitglied zu bestimmen, um dadurch Einfluss geltend machen zu können. In der Praxis kommt das gerade dann vor, wenn sich eine Private-Equity-Gesellschaft, ein Family Office oder eine Beteiligungsgesellschaft am Familienunternehmen beteiligt. Bei der Entsendung steht es dem Berechtigten zu, selbst das Beiratsmitglied auszuwählen.

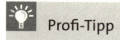

Profi-Tipp

Fingerspitzengefühl ist gefragt

Ein entsandtes Beiratsmitglied hat es nicht leicht und braucht besonderes Fingerspitzengefühl bei der Verrichtung seiner Tätigkeit. Es befindet sich ständig in einer Zwickmühle: Einerseits ist der Botschafter — selbst wenn er unabhängig agiert — (mit) demjenigen verbunden, der ihm sein Vertrauen geschenkt hat. Andererseits ist der Entsandte als seriöser Mitstreiter des Kontrollgremiums verpflichtet, nicht dem Entsender zu dienen, sondern dem gesamten Unternehmen. Das macht die Aufgabe nicht leichter. Daher wird ein solches Mitglied zumindest anfangs mit einigem Argwohn betrachtet — manchmal auch aus dem Irrglauben heraus, es genieße Sonderprivilegien. Das ist nicht der Fall. Jeder Mandatsträger hat dieselben Rechte und Pflichten. Eine Persönlichkeit, die die Tätigkeit im Beirat ernst nimmt und nach bestem Wissen und Gewissen ausführt, wird das Interesse der Firma über die Anliegen desjenigen stellen, der ihn in das Gremium geschickt hat. Das Mitglied ist ohnehin nicht verpflichtet, den Weisungen des Auftraggebers zu folgen. Jedoch kann er ihm gegenüber von seiner Verschwiegenheitspflicht Gebrauch machen. Das heißt aber eben auch, permanent in einem Spannungsfeld zu leben.

Firmeninhabern kann im Gesellschaftsvertrag das Sonderrecht eingeräumt werden, dass sie nach dem Ausscheiden aus der Geschäftsführung automatisch in den Beirat wechseln können. Dieses Eintrittsrecht, das nicht übertrag- oder vererbbar ist, lassen sich viele Gründer einräumen, weil sie von dort aus ein wachsames Auge auf ihr Lebenswerk werfen können. Allerdings sollte auch hier die allgemeine Altersgrenze für Mitglieder des jeweiligen Beirats gelten.

Eine weitere Möglichkeit der Kandidatenauswahl ist die schon weiter oben beschriebene Kooptation. Der Beirat selbst hat dann im Fall einer Vakanz das Recht, einen neuen Mitstreiter zu bestimmen. Bei einer Gesellschafterfamilie mit zwei Stämmen kann das so ablaufen, dass jede Anteilseignergemeinschaft jeweils ein Gremiumsmitglied wählt und sich dann im Anschluss die beiden Wunschkandidaten auf einen dritten Kollegen verständigen. Allerdings nehmen die Gesellschafter damit in Kauf, Einfluss auf die Zusammensetzung des Beirats teils oder vollständig zu verlieren. Im Notfall oder aber bei der Generationenfolge kann das allerdings sinnvoll sein.

Auch wenn das in der Praxis extrem selten bis gar nicht vorkommt, da sich betroffene Unternehmen nicht die Blöße geben wollen, einen Konflikt um eine wichtige Personalie nach außen dringen zu lassen, sei hier der Vollständigkeit halber erwähnt: Falls wegen eines Streits innerhalb einer bestimmten Frist – in der Regel drei Monate – kein Nachrücker für ein ausscheidendes Beiratsmitglied gefunden werden kann, sollten sich Firmen auch dafür rüsten. Dann sollte ein vorher festzulegender Bestimmungsmechanismus greifen, damit das Gremium wieder beschlussfähig ist. So könnte beispielsweise der örtliche Präsident der Industrie- und Handelskammer den neuen Mandatsträger verbindlich benennen.

Die Gesellschafterversammlung ist nicht nur für die Bestellung, sondern auch für die *Entlastung des Beirats* verantwortlich.[73] Der entsprechende Beschluss sollte jährlich gefasst werden, wobei gewöhnlich die einfache Mehrheit genügt. Normalerweise wird dem Kontrollgremium komplett das Vertrauen ausgesprochen, manchmal gibt es auch eine Einzelentlastung, wenn ein Beiratsmitglied während des Geschäftsjahrs ausscheidet. Betrifft das Votum sämtliche Mitglieder auf einen Schlag, dürfen nur jene Eigentümer des Unternehmens entscheiden, die selbst nicht im Beirat vertreten sind. Bei der Einzelentlastung eines Inhabers, der dem Kontrollgremium angehört, darf dieser nicht mitstimmen.

Ist die Arbeit des Beirats und seiner Mitglieder für tadellos befunden worden, sind sie also entlastet, kann das Unternehmen keine Schadensersatzansprüche mehr geltend machen. Die Entlastung bezieht sich immer nur auf die Vergangenheit, in der Regel auf das zuletzt abgelaufene Geschäftsjahr. Betroffen sind grundsätzlich nur solche Vorgänge, die offengelegt bzw. aufgrund vorliegender Informationen und sorgfältiger Prüfung bekannt sein sollten. Ansprüche, die dem Schutz von Gläubigern dienen, sowie grob fahrlässiges und vorsätzliches Verhalten fallen nicht unter diese Klausel.

Die Verweigerung des Vertrauensvotums stellt keine unmittelbare Rechtswirkung dar. Das Beiratsmitglied hat auch keinen Anspruch darauf, allerdings das Recht, Entlastung zu beantragen. Ihre Verweigerung ist kein Grund dafür, das Beiratsmandat niederzulegen. Sie kann höchstens im Fall einer eventuellen Schadensersatzklage bei der Urteilsfindung von dem Gericht als Indiz gewertet werden.

Der Beirat muss nicht alles wissen – oder doch?

Nur ein Gremium, das weiß, Feigenblattfunktion zu haben, wird sich mit einer dünnen Tischvorlage zu einer Sitzung begnügen. Das gilt auch für den einen oder anderen Beirat. Damit seine Mitglieder ihre Qualifikationen und Kompetenzen voll im Dienste des Unternehmens einsetzen können, sollten sie mit — wie schon früher hervorgehoben — allen Informationen versorgt werden, die für ihre Arbeit und Entscheidungen von Relevanz sind.[74] Der Aufbau eines effektiven Berichtswesens ist eine Kernvoraussetzung für die Funktionsfähigkeit des Kontrollgremiums. Oftmals existiert in der Praxis zwar formal eine adäquate Informationsversorgung, doch fehlt es häufig an der Übersichtlichkeit. Mal ist es zu viel des Guten, wenn Auskünfte zu detailliert und damit unverständlich sind. Mal ist die Differenzierung der Angaben ungenügend. Auch wichtige Einzelinformationen sucht man mitunter vergeblich, selbst wenn es sich um generelle Zusammenstellungen handelt, etwa zu Umweltauflagen oder zur Branchenentwicklung. Häufig werden die Berichte zu spät weitergereicht, so dass keine professionelle Vorbereitung der Beiratsmitglieder möglich ist.

Grundsätzlich ist die Geschäftsführung, insbesondere deren Vorsitzender oder Sprecher, verantwortlich für die Informationsversorgung des Beirats. Entscheidend ist, dass die Angaben des Top-Managements nicht selektiv ausgewählt werden in der Hoffnung, dass die Bewertung dann günstiger ausfällt. Davon hat das Unternehmen nichts. Die Informationen sollten allen Angehörigen des Kontrollgremiums *gleichzeitig* zugehen. Unterschiedliche Wissensstände sorgen für Missstimmung und konterkarieren das Bemühen um ein faires sowie objektives Urteil.

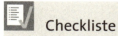

Checkliste

Informationsquellen bedienen

Der Beirat kann sich unterschiedlicher Informationsquellen bedienen, um die Finanz-, Ertrags-, Investitions- und Risikolage zu beurteilen. Grundsätzlich zählen dazu folgende Berichte, wobei die Liste durchaus noch erweitert werden könnte. Definieren Sie, welche Informationsquellen bzw. Informationen die Beiratsmitglieder erhalten sollen.

Nutzung von Informationsquellen	Ja	Nein
• Management-Scorecards/-Dashboards	☐	☐
• Quartalsabschlüsse	☐	☐
• Jahresabschlüsse	☐	☐
• Budgets bzw. Planungsrechnungen	☐	☐
• Weitere Finanzinformationen (Liquiditätsstatus und -planung, Fälligkeitsstatistiken für Forderungen und Verbindlichkeiten)	☐	☐
• Geschäftsführungsberichte	☐	☐
• Entscheidungsvorlagen	☐	☐
• Prüfungsberichte und sonstige Berichterstattungen des Abschlussprüfers	☐	☐
• Sonderberichte von Sachverständigen oder leitenden Angestellten, z. B. aus dem Controlling oder der internen Revision	☐	☐
• Gespräche mit den Gesellschaftern und Geschäftsführern sowie dem Abschlussprüfer	☐	☐
• Weitere _____	☐	☐

Auf diesen Grundlagen sollte ein System entwickelt werden, wie der Beirat an korrekte und belastbare Informationen zu folgenden Kernfeldern kommt:

- tatsächliche und prognostizierte Unternehmensentwicklung,
- Rentabilität des Unternehmens,
- Gang der Geschäfte,
- Umsatz,
- Liquiditäts- und Risikolage,
- Strategiepläne.

Wichtig ist, dass Zahlen nicht unkommentiert übermittelt werden. So können *Ampeldarstellungen* das Erreichen von Zielwerten schnell verdeutlichen. Die Informationen müssen knapp, aber umfassend und sorgfältig sein. Folgende Kriterien sollten bei der Entwicklung des Auskunftssystems berücksichtigt werden:[75]

- Relevanz, Objektivität, Aktualität, Zuverlässigkeit und Übersichtlichkeit der gelieferten Informationen,

- die effektive Kontrolle der Finanz-, Ertrags-, Investitions- und Risikolage durch schnelles Erfassen der wichtigsten Angaben,

- Wahrung der Vertraulichkeit.

Dabei gilt grundsätzlich, das richtige Maß zu finden, damit nicht zu viel und auch nicht zu detailliert übermittelt wird. Informationen aus der Kostenstellen- und Kostenträgerrechnung sollte der Beirat nicht bekommen. Ein Übermaß an Kleinteiligkeit führt dazu, dass große Entwicklungen und Trends verdeckt werden, es zu Mikromanagement kommt oder aber dass auf der Sitzung mehr die aktuelle Lage erörtert als über die Herausforderungen der Zukunft diskutiert wird.[76] Andererseits kann es passieren, dass Details fehlen, so dass sich das Kont-

Zeitpunkt	Informationsquellen	Aufbereitung	Sender	Empfänger
Monatsbeginn (5. Arbeitstag nach Monatsbeginn)	• Monatsreport mit Kurzkommentar, insbesondere High-/Lowlights	• sehr fokussiert • schriftlich	• Vorsitzender Geschäftsführung • Finanz-Geschäftsführer	• Beirat • Geschäftsführung • Gesellschafter
Quartalsbeginn (2. Woche nach Quartalsende)	• Bilanz • Gewinn- und Verlustrechnung • Cashflow-Rechnung • Risikobericht • Lagebericht	• ausführlich • schriftlich	• Vorsitzender Geschäftsführung • Finanz-Geschäftsführer	• Beirat • Geschäftsführung • Gesellschafter
Jahresbeginn (3. Monat nach Jahresbeginn)	• Jahresabschluss und Lagebericht (auch Konzern) • Prüfungsbericht des Abschlussprüfers	• ausführlich • schriftlich	• Vorsitzender Geschäftsführung • Finanz-Geschäftsführer	• Beirat • Geschäftsführung • Gesellschafter
Beiratseinführung	• Einstiegspaket mit Unterlagen wie z. B. Unternehmenspräsentation, Strategiepapier, letzte Berichterstattung an den Beirat, gültiges Budget, Jahresabschluss samt Lagebericht und Prüfungsbericht, letzte Beiratsprotokolle, Vorgaben zu den erwarteten Nutzenpotentialen des Beirats	• ausführlich • schriftlich	• Vorsitzender Geschäftsführung	• Neue Beiratsmitglieder

Abbildung 19: Beispiel eines Beiratsinformationssystems

rollgremium kein rundes Bild von der Markt- oder Preisentwicklung machen kann, um nur zwei Beispiele von vielen zu nennen.

Das Informationssystem sollte aus *drei Teilen* bestehen, damit der Beirat alle Auskünfte hat, die er zur Erfüllung seiner Kontrollaufgabe braucht (vgl. Abbildung 19):

- *Monatsbericht am Monatsbeginn:* Beirat und Geschäftsführung erhalten die gleichen Informationen entweder mittels Berichtsbogens zur Messung, Dokumentation und Steuerung der Unternehmensaktivitäten (Management-Scorecard) oder eines computergesteuerten Informationszentrums (Management-Dashboard), ergänzt durch eine Interpretation der Ergebnisse sowie Höhen und Tiefen (High- und Lowlights) (vgl. Abbildung 20).[77] Wichtig ist, dass die Zahlen eindeutig definiert, das Budget in den Charts enthalten sowie Übersichtlichkeit durch einheitliche Tabellen sichergestellt sind. Die Beiratsmitglieder sollten auf einen Blick erkennen können, wie der vergangene Monat verlaufen ist und was die Gründe für Erfolg oder Misserfolg sind und welche Maßnahmen getroffen werden, um Probleme zu lösen.

- *Quartalsbericht nach Quartalsabschluss:* Der Beirat wird mit der Bilanz, der Gewinn- und Verlust- sowie der Cashflow-Rechnung, aber auch dem Risiko- und Lagebericht ausgestattet. Hier sollte ausführlich

Interpretation der Ergebnisse:
- Überdurchschnittliches Umsatzwachstum über Plan erreicht
- Betriebskosten überdurchschnittlich gestiegen
- Deutliche Reduktion im Work in Process erzielt

Sonstiges:
- Maßnahmen zur Restrukturierung des Asien-Geschäftes eingeleitet

Highlights:
- Neue Produktionslinie erfolgreich in Betrieb genommen
- Verhandlungen mit Arbeitnehmervertretern im Unternehmensinteresse erfolgreich abgeschlossen

Lowlights:
- Brand im Werk in den USA mit Ursache unbekannt

Umsatz

Ertrag

Legende: Definition der Kennzahlen

Abbildung 20: Beispiel einer Management-Scorecard

zur aktuellen Geschäftssituation Stellung genommen werden. Oft gehen diese Informationen auch an die Hausbanken.

- *Jahresabschluss zu Beginn des neuen Jahres:* Der Beirat bekommt den Jahresabschluss samt Lagebericht sowie das Ergebnis der Abschlussprüfung.

 ## Jetzt sind Sie dran

System zum Informationsfluss an den Beirat erarbeiten

Erarbeiten Sie Ihre eigene Berichterstattung an den Beirat. Definieren Sie, wie (fokussiert, ausführlich, schriftlich), durch wen (Beiratsvorsitzender, Geschäftsführer), für wen (Beirat, Geschäftsführung, Gesellschafter) und was (Informationsquellen) berichtet wird. Seien Sie dabei auch präzise, wann die Informationen den Empfängern zur Verfügung gestellt werden sollen.

Wann?	Was?	Wie?	Durch wen?	Für wen?
Monatsbeginn (5. Arbeitstag)				
Quartalsbeginn (2. Woche)				
Jahresbeginn (3. Monat)				
Beiratseinführung				

Eckpunkte	Konkretisierung
Zeitpunkt	• Mindestens zwei Wochen vor der Sitzung
Inhalte	• Berichte, Präsentationen und Informationen analog zur Agenda
Aufbau	1. Agenda 2. Erläuterung der einzelnen TOPs 3. Unterlagen
Aufbereitung	• Ein Dokument • Per Post oder in einem Datenraum
Vorbereitung/ Verantwortlichkeit	• Unternehmen: Durch Beiratsbüro • Beirat: Jeder Beirat

Abbildung 21: Eckpunkte zum Beirats-Booklet

In der Praxis hat sich ein sogenanntes *Beirats-Booklet* bewährt (vgl. Abbildung 21). Es umfasst alle notwendigen Informationen analog der Sitzungsagenda und sollte mindestens zwei Wochen vor der jeweiligen Zusammenkunft an die Gremiumsmitglieder verschickt werden. Nach Aufführung der Agenda folgt eine knappe Erläuterung der einzelnen Tagesordnungspunkte und welche Rolle der Beirat dabei konkret spielen soll. Danach folgen die Detailunterlagen. Durch das Booklet ist die optimale Vorbereitung der Kontrolleure sichergestellt. Dadurch wird ein zügiger Sitzungsablauf mit ausreichend Zeit für die Diskussion der kritischen Punkte ermöglicht. Das Dokument selbst wird vom Beiratsbüro erstellt, wobei die einzelnen Berichte in der Regel von den Fachabteilungen geliefert werden.

 Jetzt sind Sie dran

Beirats-Booklet befüllen

Legen Sie die Eckpunkte für Ihr Beirats-Booklet fest und erstellen Sie es rechtzeitig zur Vorbereitung für jede Sitzung. Empfohlen ist die Fertigstellung zwei Wochen vor der jeweiligen Sitzung.

Eckpunkte	Konkretisierung
Zeitpunkt	
Inhalte	
Aufbau	
Aufbereitung	
Vorbereitung/ Verantwortlichkeit	

Neben dem Beirats-Booklet sollte jeder Beirat eine *Sitzungsmappe* nutzen. Diese enthält weitere wichtige Unterlagen, die häufig spontan in den Zusammenkünften benötigt werden. In dem Hefter befinden sich neben der Liste mit den Kontaktdaten aller Geschäftsführer und Beiratsmitglieder die Einladung, die Agenda, Berichte, das letzte Protokoll sowie Verträge (vgl. Abbildung 22). Es empfiehlt sich, darüber hinaus eine Struktur für die Ablage der Beiratsunterlagen zu entwickeln.

Die Informationsversorgung der Beiratsmitglieder ist ein Zusammenspiel zwischen Geschäftsführung und Beirat. So hat die Unternehmensleitung grundsätzlich eine *Bringschuld*, alle relevanten Informationen zur Verfügung zu stellen. Auch das soll hier abermals betont sein: Die Geschäftsführung sollte keine relevanten Angaben zurückhalten. Andererseits hat das Gremium eine *Holschuld*, insbesondere wenn es kontrollierende Aufgaben hat: Fehlende Informationen oder Spezialberichte – vor allem bei besonders wichtigen Geschäftsvorfällen – muss der Beirat beim Top-Management einfordern, wenn er sie zur Erfüllung seiner Aufgaben für notwendig erachtet.[78] Hat ein Beiratsmitglied das Material erhalten, muss er es an seine Mistreiter weitergeben. Wird diese Holschuld verletzt, kann sich ein Mandatsträger gegenüber dem Unternehmen schadenersatzpflichtig machen.

Fach	Inhalt
1	Adressen
2	Einladung (für diese Sitzung)
3	Tagesordnung (für diese Sitzung)
4	Reporting
5	Unterlagen (Beirats-Booklet für diese Sitzung)
6	Protokoll (der letzten Sitzung)
7	Verträge (Gesellschaftsvertrag, Satzung, Beiratsordnung Geschäftsbesorgungsvertrag, Übersicht zustimmungspflichtiger Geschäftsführungsmaßnahmen usw.)

Abbildung 22: Exemplarische Gliederung einer Sitzungsmappe

Außerdem kann der Beirat Einsicht in alle Unterlagen und Vermögensgegenstände „seines" Unternehmens nehmen, sie prüfen und eventuelle Fehler aufzeigen, was seine Mitglieder allerdings vorher ausdrücklich beschließen müssen. Die Geschäftsführung sollte die Einsichtnahme fördern und erleichtern sowie — falls es das Kontrollgremium wünscht — eine Sonderprüfung beauftragen. Insbesondere in der Krise ist der Beirat in der Pflicht, sich umfangreicher als gewöhnlich unterrichten zu lassen.

Die Berichterstattung endet in der Regel nicht allein bei den kritischen Begleitern: Viele Informationen, die an den Beirat geschickt werden, sollten auch an die Firmeneigentümer übermittelt werden. Außerdem sollte er einmal jährlich den Gesellschaftern mündlich oder schriftlich ausführlich Mitteilung zum Stand der Dinge machen. Diese Unterrichtung dient auch als Grundlage für die Firmeninhaber, um über Wahl, Entlastung oder Abberufung der Beiratsmitglieder zu entscheiden. Falls die Angaben in Schriftform erfolgen, sollte die Prüfung des Jahresabschlusses abgewartet werden. Das Dokument verfasst entweder das Kontrollzentrum insgesamt oder der Beiratsvorsitzende selbst — natürlich in vertraulicher Rücksprache mit seinen Kollegen. Der *Bericht* gibt Überblick über:

- die Anzahl der Sitzungen,

- die Tätigkeit von Ausschüssen,

- die Erläuterungen für die Prüfung des Jahresabschlusses,

- die Hinweise zu den durchgeführten Kontrollaufgaben,

- das Ergebnis angedachter Korrekturen (Beiratsevaluation),

- die Übersicht der personellen Veränderungen in Beirat und Geschäftsführung.

Den schriftlichen Bericht muss das Kontrollgremium formal beschließen, bevor er an die Unternehmensbesitzer übermittelt wird. Im Sinne von Offenheit, Transparenz und Meinungsaustausch ist es angebracht, dass der Vorsitzende auf der Gesellschafterversammlung mündlich Zeugnis über die Arbeit des Beirats ablegt und im Anschluss für Fragen zur Verfügung steht.

 Profi-Tipp

Infos für Dritte

Die Weitergabe von Informationen an Dritte durch Beiratsmitglieder kann durchaus nützlich sein, etwa in einem Anwerbungsgespräch oder zur Unterstützung eines Gutachters. Allerdings darf kein Mandatsträger in Eigenregie darüber entscheiden, da er sonst gegen die Geheimhaltungspflicht verstößt. Möchte er Angaben zum Unternehmen, die gewöhnlich nicht öffentlich zugänglich sind, an Unbefugte weiterreichen, muss er die Genehmigung des Vorsitzenden einholen — übrigens auch dann, wenn dies die Satzung des Kontrollgremiums nicht ausschließt. Lehnt der Chef die Weitergabe ab, kann der zurückgewiesene „Antragsteller" den gesamten Beirat um Erlaubnis fragen und einen Beschluss dazu veranlassen. Bevor nicht die Haltung aller Mitstreiter in der Sache geklärt ist, gilt die Schweigevorgabe, was heißt, es dürfen keine Informationen nach außen dringen.

Die Unterlagen, seien es Berichte, Protokolle, Beschlussvorlagen etc., können per E-Mail, Telefax und natürlich mit der Post verschickt werden. Letzteres ist die teurere Variante, aber auch die sicherere, da E-Mails relativ einfach von Unbefugten eingesehen und manipuliert werden können. Deshalb und um den Postweg zu meiden, ist generell angeraten, einen sicheren virtuellen Datenraum für die Beiratskommunikation einzurichten. Hier kann in geschützter Umgebung zentral alles abgelegt werden und jedem, der die Erlaubnis zum Einblick hat, zeitgleich ohne Verzögerung zur Verfügung gestellt werden. Dabei ist darauf zu achten, dass

- die höchste Zugangssicherheit besteht,

- eine durchgängige Verschlüsselung greift,

- eventuell eine je nach Person abgestufte Einsichtsberechtigung besteht und

- die Unterlagen nur zeitlich limitiert einsehbar sind.

Nach Beendigung ihrer Tätigkeit sollten ausscheidende Beiratsmitglieder alle Unterlagen, die sie erhalten oder erstellt haben, an das Unternehmen zurückgeben, bevorzugt an den Vorsitzenden des Kontrollzentrums. Dieser sollte sicherstellen, dass die Dokumente versiegelt und sicher bei der Firma verwahrt werden, damit sie im Bedarfsfall — man denke hier an eine Klage — eingesehen werden können.

Ein Helfer für das Helfergremium

Da der Beirat sich auf seine Kernarbeit beschränken und möglichst von administrativen Tätigkeiten befreit werden sollte, lohnt es sich, ihm tatkräftige Unterstützung an die Seite zu stellen. Die Einheit, die ihm beim Erledigen seiner Aufgaben hilft, nennt man bezeichnenderweise *Beiratsbüro*, wobei es sich oftmals „nur" um die Assistenz der Geschäftsführung handelt.

Folgende Tätigkeiten sind dort angesiedelt:

- Planung, Vorbereitung, Protokollierung und Nachbereitung der Sitzungen,

- Abstimmung mit dem Beiratschef über Ort und Ordnung der Zusammenkünfte,

- Vorbereitung des Einladungsschreiben und der Sitzungsagenda,

- Erstellen und der Versand des Beirats-Booklets,

- Koordination der Erstellung von Berichten durch einzelne Fachabteilungen,

- Weiterleitung von Unterlagen an Mitglieder des Kontrollgremiums,

- Vorbereitung von Beschlussvorlagen.

Von Vorteil ist, dass ein Vertreter des Büros die Protokollierung einer Sitzung übernimmt. So sind er selbst und die Helferabteilung unmittelbar und sofort über alle Maßnahmen informiert und können den Stand der Dinge mithilfe der To-do-Liste überprüfen. Zudem ist das Büro verantwortlich für die komplette Dokumentation der Beiratsarbeit. Alle Unterlagen sollten verschlossen, sicher und in manchen Fällen sogar versiegelt abgelegt werden. Die Tätigkeiten der Helfereinheit sollten in einem Beiratshandbuch aufgeführt werden.

Spezialisten haben in Ausschüssen das Wort

Wichtiges Instrument zur Selbstorganisation und Verbesserung der Arbeit größerer Beiräte ab sechs Mitgliedern sind spezielle *Ausschüsse*. Da die klare Mehrheit der deutschen Familienunternehmen Kontrollgremien mit weniger als sechs Sitzen hat, sind sie eher selten. Bei nur etwa einem Viertel der Beiräte sind Ausschüsse angesiedelt.[79] Wo sie existieren, sind sie ein wahrer Helfer, die den Beirat bei der Kernarbeit entlasten und wichtige Beschlüsse wegweisend vorbereiten. Aufgrund ihrer Größe und Zusammensetzung ermöglichen Ausschüsse eine im Vergleich zum Gesamtgremium intensivere Kommunikation sowie eine bessere und schnellere Entscheidungsfindung. Außerdem kann es sinnvoll sein, dass einzelne Themen nicht im Plenum diskutiert werden, allen voran seien hier Personalentscheidungen zu Mitgliedern aus der Unternehmerfamilie genannt.

Fachleute unterscheiden vier verschiedene Ausschüsse, deren Namen schon Hinweise auf ihre Spezialisierung geben: *Personal-, Prüfungs-, Beratungs- und Nominierungsausschuss*. Die Einrichtungen übernehmen Aufgaben, die eigentlich dem Beirat als Ganzes übertragen worden sind. Besetzt sein sollten sie aufgrund ihrer fachlichen Spezialisierung ausschließlich mit passenden Experten, die für den zusätzlichen Aufwand entsprechend vergütet werden sollten.

Ein *Beratungsausschuss* wird für eine bestimmte Zeit gebildet. Er unterstützt bei operativen und strategischen Plänen, Zielen sowie Schwierigkeiten, beispielsweise bei Fragen zur internationalen Expansion oder bei Problemen in der Logistikkette.

Ein *Prüfungsausschuss* übernimmt die detaillierte operative Kontrolle des Familienunternehmens. Er schaut sich die Finanz-, Ertrags-, Investitions- und Risikolage kritisch an und übernimmt folgende Aufgaben:

- Bilanzierungs- und Bewertungsmethoden analysieren,

- Abschlussprüfer auswählen und ggf. der Gesellschafterversammlung zur Wahl vorschlagen,

- Prüfungsschwerpunkte des Abschlussprüfers bestimmen,

- mit dem Abschlussprüfer intensiv kommunizieren,

- Budget bzw. Unternehmensplanung detailliert prüfen,

- Kontroll-, Risiko- und Compliance-Management beurteilen,

- unterjährige Berichterstattung intensiv analysieren.

Folgende Aufgaben verbleiben jedoch beim gesamten Beirat: Prüfung, Billigung und Feststellung des Jahresabschluss und Lageberichts sowie Abgabe von Stellungnahmen zur Abschlussprüfung und Gewinnverwendung.

Der Prüfungsausschuss sollte aus drei Mitgliedern bestehen. Mindestens einer, möglichst aber zwei von ihnen sollte(n) Finanzexperte(n) sein. Zusätzlich kann der Beiratsvorsitzende hinzustoßen. Er sollte aber nicht gleichzeitig auch Chef des Prüfungsausschusses sein. Empfohlen sind zwei bis vier Sitzungen pro Jahr. Ratsam ist es außerdem, die Ausschussmitglieder auf drei Jahre zu wählen, maximal auf ihre restliche Amtszeit als Mandatsträger im Beirat. Das heißt, dass eine Persönlichkeit, die das Kontrollzentrum verlässt, danach keinem Ausschuss angehören kann.

Wenn es um eine Geschäftsführungsnachfolge geht, installieren manche Familienunternehmen einen Personalausschuss. Manchmal wird er auch Nachfolgeausschuss genannt, was sich anbietet, wenn die Übergabe innerhalb der Eigentümerfamilie erfolgt. Im Interesse objektiver und fairer Entscheidungen sollte der Ausschuss in diesem Fall ausschließlich mit Mitgliedern besetzt sein, die nicht mit dem Nachfolgekandidaten verwandt sind. Dadurch wird Objektivität erreicht. Es ist die Aufgabe des Nachfolgegremiums zu verhindern, dass die Position durch Klüngel vergeben wird. Ein Familiengeschäftsführer sollte nicht wegen seiner Position als herausragender Eigentümer, sondern wegen seiner Fähigkeiten gewählt werden. Außerdem sollte er bei mangelnder Leistung auch wieder abberufen werden können. Allerdings kann der Personalausschuss bei all diesen Fragen nur vorbereitend tätig sein, denn die Frage der Bestellung, Anstellung und Abberufung der Firmenleitung ist die Aufgabe des gesamten Beirats. Das schmälert aber nicht die Leistung und Bedeutung der Vorarbeit bei der Kandidatenauswahl, denn der Beirat wird sich nur in besonderen Fällen einem fundierten und sorgfältig vorbereiteten Vorschlag verschließen.

Bei der Auswahl der Beiratsmitglieder kann auch ein *Nominierungsausschuss* helfen. Dieser besteht meist aus dem Vorsitzenden, einem weiteren Familiengesellschafter im Beirat und mitunter einem weiteren Mandatsträger aus dem Kontrollgremium. Sie führen den Auswahlprozess durch und schlagen der Gesellschafterversammlung die Kandidaten zur Wahl vor.

Ohne Haftungsregelung geht es nicht

Erfüllt ein Beiratsmitglied seine Aufgaben nicht ordentlich, kann er sich schadensersatzpflichtig und im schlimmsten Fall sogar strafbar machen. Das kommt meist erst in der Krisen- oder Insolvenzsituation zum Tragen. Grundsätzlich gilt die Faustformel, dass kein Angehöriger des Gremiums das Haftungsrisiko zu fürchten braucht, wenn er seine Aufgabe unabhängig und — wie es Experten formulieren — mit Sorgfalt eines ordentlichen, gewissenhaften Geschäftsleiters ausübt.

Das Haftungsrisiko für die Mandatsträger besteht bei kontrollierenden, organschaftlichen Gremien. Hier werden die Bestimmungen des strengen Haftungsregimes für Pflichtaufsichtsräte analog angewandt. Handelt es sich um einen ausschließlich schuldrechtlichen, beratenden Beirat, richtet sich die Haftung nach den entsprechenden vertraglichen Grundsätzen.

Für kontrollierende, organschaftliche Beiräte kommen Haftungsrisiken zum Tragen, wenn der Sorgfaltsmaßstab des ordentlichen und gewissenhaften Geschäftsleiters nicht angewendet worden ist. So ist jedes Beiratsmitglied schadensersatzpflichtig, wenn es die ihm übertragenen Aufgaben schuldhaft verletzt hat und individuelles Fehlerverhalten nachweisbar ist. Unkenntnis schützt nicht vor Ahndung einer Pflichtverletzung eines Beiratsmitglieds zu Lasten des Unternehmens. Sie wirkt sich nicht einmal haftungsmindernd aus, geschweige denn -befreiend. Die Risiken im Einzelnen:

- *Beurteilungsspielraum:* Bei der Zustimmung zu Vorhaben der Unternehmensspitze, aber auch bei der Auswahl, Bestellung, Anstellung und Abberufung der Geschäftsführung hat der Beirat einen gewissen Spielraum bei seiner Bewertung. Nutzt er diesen für eine Entscheidung, die auf falschen Angaben beruht, sich später als grob fehlerhaft und fatal für die Firma herausstellt, kann er zur Rechenschaft gezogen werden.

- *Informationsbeschaffung:* Der Beirat hat die Pflicht, Informationen bei der Geschäftsführung einzuholen. Kommt er ihr nicht nach, setzen sich das Gremium bzw. die Verantwortlichen einem Haftungsrisiko aus.

- *Informationsweitergabe:* Versäumt ein Beiratsmitglied, Inhalte und Dokumente an seine Mistreiter weiterzugeben, kann er sich haftbar machen. Das ist etwa der Fall, wenn das Kontrollzentrum über den Zukauf eines Unternehmens entscheidet und ein Beiratsmitglied die nur ihm bekannte prekäre Situation der zu akquirierenden Firma verschweigt.

- *Krise und (drohende) Insolvenz:* In kritischen Situationen sollte der Beirat aktiv darauf hinwirken, dass Maßnahmen zur Behebung der Schieflage getroffen werden. Außerordentliche und kurzfristig anberaumte Sitzungen oder die Beauftragung eines Sanierungsberaters gehören dazu. Stellt das Kontrollgremium die Insolvenzreife fest, sollte es darauf hinwirken, dass die Geschäftsführung den entsprechenden Antrag stellt und keine Zahlungen mehr leistet. Unterlässt er dies, kann er sich haftbar machen.

- *Risikomanagement:* Wird Gefahren, die zu Verlusten und Krisen führen könnten, nicht rechtzeitig entgegengewirkt, kann der Beirat juristisch belangt werden.

- *Zustimmungsvorbehalte:* Bevor das Kontrollgremium einem Vorhaben, das die Unternehmensspitze ihm zur Entscheidung vorlegen muss, zustimmt, sollte er die Rechtmäßigkeit, Ordnungsmäßigkeit, Zweckmäßigkeit und Wirtschaftlichkeit der Maßnahme kontrollieren. Ansonsten kann das den Mitgliedern auf die Füße fallen.

- *Strafbares Verhalten der Geschäftsführung:* Hilft der Beirat dem Top-Management bei Betrug und Untreue, indem er beispielsweise eine Zustimmung zu einem Geschäft erteilt, das sich später als unsauber herausstellt, kann er selbst haftbar gemacht werden.

- *Schädigendes Verhalten:* Das Risiko besteht insbesondere dann, wenn ein Beiratsmitglied aus der Eigentümerfamilie seine Position missbraucht. Ein Beispiel: Übt ein früherer Unternehmenschef, der nun im Kontrollgremium sitzt, mit Erfolg Druck auf die Geschäftsführung aus mit dem Ziel, einem engen Verwandten einen Kredit zu gewähren, und ergeben sich daraus finanzielle Schwierigkeiten, droht dem ehemaligen Firmenlenker juristisches Ungemach.

- *Gesellschafterinteressen:* Der Beirat sollte jederzeit, gerade im Schadensfall, nachweisen können, dass er alles getan hat, seine Kontrollaufgabe zu erfüllen. Das gilt auch dann, wenn ein Alleineigentümer die letzte Entscheidungsinstanz darstellt.

Sorgfältig im Sinne eines ordentlichen und gewissenhaften Geschäftsleiters handelt der Beirat zum einen bei Entscheidungen, die sich aus dem Katalog ergeben mit den Maßnahmen, die von dem Kontrollgremium abgesegnet werden müssen, zum anderen, wenn er auf der Grundlage umfassender Kenntnis gutgläubig, ohne Sonderinteressen und sachfremde Einflüsse zum Wohle des Unternehmens agierte (Business Judgement Rule).[80] Dabei muss der Beirat sich ordnungsgemäß und umfassend informiert sowie sein Votum sorgfältig vorbereitet haben. Selbstverständlich darf auch kein Gesetzesvorstoß wie eine Kartellabsprache vorliegen. Persönliche Interessen oder die von Dritten dürfen nicht berücksichtigt worden sein. Der Beirat kann sich allerdings nicht auf die Business Judgement Rule berufen, wenn sich die Tätigkeit auf nachträgliche, operative Kontrolle von Maßnahmen der Geschäftsführung und die Prüfung der Finanz-, Ertrags-, Investitions- und Risikolage des Unternehmens bezieht.

Der Sorgfaltsmaßstab kann modifiziert werden. Diese Haftungsbeschränkungen erfahren aber ihre Grenzen, wo sie dem Schutz dritter Interessen dienen, man denke etwa an Gläubiger der Firma. Folgende Haftungsbeschränkungen können im Gesellschaftsvertrag, der Satzung oder in der Beiratsordnung festgehalten und im Geschäftsbesorgungsvertrag mit dem Kontrollgremium festgelegt werden:[81]

- Vereinbarung von Haftungsbeschränkungen auf grobe Fahrlässigkeit und Vorsatz,

- Vereinbarung von Haftungshöchstbeträge, etwa das Jahresgehalt eines Beiratsmitglieds,

- Verkürzung der Verjährungsfristen für einen bestimmten Zeitraum, z. B. auf ein Jahr oder wenige Monate,

- Genereller Verzicht auf die Durchsetzung eines Anspruchs.

 Profi-Tipp

Auch Eigentümer können haften

Die Haftung im kontrollierenden, organschaftlichen Beirat trifft auch Mitglieder der Eigentümerfamilie. Hier einige Beispiele: Der Senior muss als Angehöriger des Beirats Schadensersatzansprüche geltend machen, die das Unternehmen gegenüber dem Sohn hat, der seine Nachfolge in der Firma angetreten hat. Unterlässt das der Vater, kann er im rechtlichen Sinne zur Rechenschaft gezogen werden. Eine solche Konstellation hat enormes Konfliktpotential bis hin zur Zerreißprobe, die das Unternehmen lähmt.

Zu bedenken ist auch: Ein Mitglied der Inhaberfamilie mit Sitz im Beirat, das nicht über die erforderliche individuelle Sachkunde verfügt, kann sich im Schadensfall nicht der Haftung entziehen. Jedenfalls kann es sich nicht mit der Begründung herausreden, mangels Wissen und Fähigkeiten zur gewissenhaften Ausübung des Amts nicht imstande gewesen zu sein. Obendrein müsste die Person sogar mit einer Schadenersatzklage und/oder einer Abberufung aus dem Gremium rechnen.

Auch Protektionismus kann schlimme Folgen haben: Schlägt der Vater den Sohn als Beiratsmitglied vor, obwohl ihm bekannt ist oder sein dürfte, dass der Spross nicht ausreichend fachlich qualifiziert ist, kann er haftbar gemacht werden wegen eines sogenannten Auswahlverschuldens.

In der Praxis kann sich der Beirat vom Haftungsrisiko entlasten, indem er die Entscheidung über unternehmerische Vorhaben, die er nicht genügend einschätzen will oder kann, an die Gesellschafterversammlung abgibt. Außerdem sollte das Kontrollgremium darauf dringen, dass die Firma eine sogenannte Directors&Officers-Haftpflichtversicherung abschließt.[82] Versicherungsnehmer ist das Unternehmen und nicht der Beirat. Die Firma muss die Prämienzahlungen leisten und Schadensfälle anzeigen. Die Versicherung springt in der Regel ein, wenn der Beirat eine Pflichtverletzung begangen oder verschuldet hat, durch die ein nachvollziehbarer Schaden entstanden ist. Sie greift auch bei der Abwehr gerichtlicher und außergerichtlicher Ansprüche. Der Umfang der Directors&Officers-Haftpflichtversicherung sollte mit den Haftungsbeschränkungen abgeglichen werden. Sind sie weitgehend formuliert, ist der Bedarf an Versicherungsschutz geringer. Obwohl eine solche Versicherung heute zu jedem professionell aufgestellten Familienunternehmen mit Beirat gehört, haben erstaunlicherweise nur etwa 40 Prozent eine solche Police im Tresor liegen.[83]

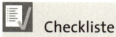

Checkliste

Wasserdichte Versicherung?

Überprüfen Sie mit Hilfe der Checkliste, wie gut Ihre Directors&Officers-Haftpflichtversicherung ausgestattet ist.

Wichtige Aspekte	Eckpunkte	Ja	Nein
Versicherungsnehmer	• Unternehmen	☐	☐
Versicherte Personen	• Beiräte, Aufsichtsräte	☐	☐
	• Geschäftsführer, Vorstände	☐	☐
	• Prokuristen	☐	☐
	• Organmitglieder von Tochterunternehmen	☐	☐
Abdeckung Schäden	• Vermögensschaden, der durch die Außerachtlassung der Sorgfalt eines ordentlichen und gewissenhaften Geschäftsleiters schuldhaft verursacht wurde	☐	☐
	• Rechtsverteidigungskosten	☐	☐
	• Personen- und Sachschäden	☐	☐
	• Anwalts- und Sachverständigenkosten	☐	☐

Wichtige Aspekte	Eckpunkte	Ja	Nein
Abdeckung Pflichtverletzung	• Innenhaftung	☐	☐
	• Schäden, die auf Weisung oder Empfehlung anderer Organe entstehen	☐	☐
	• Ausfallhaftung im Konzern	☐	☐
	• Handelndenhaftung bei Gründung	☐	☐
	• Außenhaftung gegenüber Dritten	☐	☐
Höhe der Versicherungssumme	• Ausreichende Haftungsobergrenze? (Vereinbarung abhängig u. a. von der Bilanzsumme, dem Umsatz eines Unternehmens und der Anzahl der Versicherten, ausreichend hoch (Abdeckung von Schadenssumme, Gerichts- und Anwaltskosten))	☐	
	• Selbstbeteiligung (75–100 Prozent der jährlichen Vergütung)	☐	☐
Prüfungskriterien für eine gute Versicherung	• Versicherung von Fahrlässigkeit, grober Fahrlässigkeit und bedingtem Vorsatz	☐	☐
	• Abdeckung Innenhaftung	☐	☐
	• Abdeckung Gesellschafter in Organfunktionen	☐	☐
	• Wegen Anspruchserhebungsprinzip (Eintritt des Versicherungsfalles zum Zeitpunkt des erhobenen Schadensersatzanspruchs) Vereinbarung Deckungsschutz unbegrenzt rückwirkend für unbekannte Pflichtverstöße sowie bis zur Verjährungsfrist		
	• Nachmeldefrist bis zur Verjährung (10 Jahre); Übereinstimmung von Verjährungs- und Nachmeldefristen		
	• Abwehrkosten auch dann übernommen, wenn der Haftpflichtanspruch die Deckungssumme übersteigt	☐	☐
	• Abwehrkosten auch dann übernommen, wenn Vorwurf von Vorsatz bzw. wissentlichem Pflichtenverstoß	☐	☐
	• Abdeckung von Insolvenz – für Zeitraum vor Insolvenzeröffnung (z. B. Insolvenzverschleppung)	☐	☐
	• Erhaltung Versicherung auch bei Gesellschafterwechsel	☐	
	• Vereinbarung einer Auffülloption für Beirat, wenn Deckungssumme schon von der Geschäftsführung beansprucht ist	☐	☐
	• Beachtung vorvertraglicher Anzeigepflichten	☐	☐
	• Mitversicherung, bei der der stärkste Versicherer führt und die Mitversicherer folgen	☐	☐
Sonstiges	• Abschluss einer eigenständigen Rechtsschutzversicherung für die Übernahme der Kosten der Verteidigung	☐	☐
	• Abschluss einer persönlichen D&O Haftpflichtversicherung in Ergänzung (beinhaltet Deckungssummen, die den Umfang des privaten Vermögens und des jährlichen Einkommens zum Maßstab nehmen)	☐	☐

Wichtig ist zu wissen, welche Risiken *nicht* abgedeckt sind. Dazu zählt, dass der Geschäftsführer vorsätzlich und wissentlich gegen Pflichten verstoßen hat oder aber die Pflichtverletzung nicht im Bereich der

Führungs- und Kontrollfunktion liegt, sondern im nicht versicherten Tagesgeschäft. Als Beispiel seien hier Kalkulationsfehler bei Angeboten genannt. Die Versicherung springt nicht ein, wenn die Pflichtverletzung bei Abschluss eines Vertrags schon bekannt war, der Schaden im Zusammenhang mit Produkten und Dienstleistungen oder öffentlichen Steuern und Sozialabgaben, Verletzungen ausländischen Rechts, Verlust von Darlehen entsteht. Oftmals wollen die Directors&Officers-Versicherer auch nicht bezahlen, wenn ohne ihre Mitwirkung ein Vergleich ausgehandelt worden ist oder Unternehmen falsche oder ungenügende Angaben gemacht haben, etwa wenn Konzerne nicht sämtliche Tochtergesellschaften korrekt aufgeführt haben.

Was vertraglich geregelt werden muss

Hat eine Unternehmerfamilie mit dem Vier-Stufen-Modell ihren Beirat konzipiert, so stellt sich die Frage, was davon vertraglich festgehalten werden soll und muss.[84] Dafür gibt es gesetzliche Mindestanforderungen. Außerdem sollte der Grundsatz gelten, dass konfliktanfällige Themen in das juristische Regelwerk aufgenommen werden, um im Streitfall eindeutige Bestimmungen für eine Problemklärung zu haben und somit möglichen Blockaden vorzubeugen.

Der Umfang des Vertrags und der Ort der Regelung hängen von der Rechtsform und der Art des Beirats ab. Handelt es sich um die *organschaftliche Form*, so ist das Kontrollgremium zwingend in der *Satzung* oder im *Gesellschaftsvertrag* zu verankern. Hier sollten die Eigentümer nur das Nötigste festzurren. Dazu gehört die formale Einrichtung des Beirats, seine Aufgaben, die personelle Zusammensetzung sowie Wahl und Abberufung der Mitglieder. Unzulässig ist, dass dem Beirat die Regelung aller wesentlichen Fragen in der Beiratsordnung überlassen wird. Gerade die Aufgabendefinition und die damit verbundenen Eingriffe auf den Kompetenzbereich der Versammlung der Unternehmensinhaber sind nur auf satzungs- oder gesellschaftsrechtlicher Grundlage möglich.

Alle weiteren Aspekte sollten die Gesellschafter in einer Beiratssatzung festlegen, die auch Statut genannt wird. Dieses Instrument legt die Organisation des Gremiums fest. In der Beiratssatzung werden einerseits die im Gesellschaftsvertrag nur abstrakt umrissenen Aufgaben und Stellhebel konkretisiert. Andererseits werden alle der mit Hilfe des Vier-Stufen-Modells zu klärenden Fragen festgelegt, wozu zählen können:

- der Katalog zustimmungspflichtiger Pläne des Top-Managements,

- die Anzahl der Mandatsträger und Sitzungen, deren Einberufung und Durchführung,

- die Beschlussmodalitäten,

- die Hinweise zur Haftung,

- die Wahl des Vorsitzenden oder zu dessen Vertretung sowie

- die Vergütungsregelung.

Das Regelwerk sollte so präzise wie möglich formuliert werden, weshalb sich keine Begriffe empfehlen, die interpretatorischen Spielraum lassen. Als Beispiele sei hier „unverzüglich" genannt. Was unverzüglich ist, liegt im Ermessen des Betrachters – im Gegensatz zu einer klaren Angabe wie „innerhalb von 24 Stunden" oder „spätestens am Tag nach Ende der Sitzung".

Gerade eine GmbH sollte sich für eine Beiratssatzung entscheiden, denn deren Gesellschaftsvertrag muss veröffentlicht werden, und bei Änderungen bedarf es immer einer notariellen Beurkundung. Bei der Personengesellschaft können alle Regelungen zum Beirat auch im Gesellschaftsvertrag verankert werden, da dieser nicht veröffentlicht werden muss und Anpassungen ohne notarielle Beurkundung möglich sind.

Eine Option ist ebenfalls, dass die Unternehmenseigentümer dem Beirat ausschließlich die Rahmenbedingungen vorgeben und ihm die Arbeitsorganisation selbst überlassen. In diesem Fall werden sich die Kontrolleure eine Beirats- oder Geschäftsordnung geben.[85] In ihr enthalten sein können

- die Wahl des Vorsitzenden,

- die Vertretungsregelung,

- die Anzahl und Modalitäten zur Durchführung der Sitzungen – also Einladung, Teilnahmeberechtigung, Ablauf, Protokollführung, Beschlussfassungsmodalitäten – und der zu beachtenden Fristen.

Legt der Beirat diese Regelungen in Eigenregie fest, holt er sich üblicherweise die Zustimmung der Firmeninhaber ein. Entscheidet er nicht selbst darüber, können diese Aspekte entweder in den Gesellschaftsvertrag und/oder in die Beiratssatzung integriert werden.

Um die Vertragsbeziehung mit den Mitgliedern eines organschaftlichen Beirats schriftlich zu fixieren, sollte ein Geschäftsbesorgungsvertrag mit den einzelnen Mitgliedern des Gremiums geschlossen werden. Er regelt die Vergütung und Abrechnung, die Haftung der Mandatsträger, die eventuelle Zusicherung einer Directors&Officers-Haftpflichtversicherung, Verschwiegenheits- und Wettbewerbsklauseln.

Bei einem schuldrechtlichen Beirat werden ausschließlich Geschäftsbesorgungsverträge mit den Insassen des Gremiums geschlossen. Hier ist keine Verankerung des Beirats im Gesellschaftsvertrag oder in der Satzung vorgesehen. Denkbar ist, dass die Festlegungen in einer Beirats- oder Geschäftsordnung zur Tätigkeit des Kontrollzentrums festgehalten werden, um Transparenz und klare Prozessabläufe zu schaffen. Weitere Regelungen sind hier nicht notwendig, auch nicht der Abschluss einer Haftpflichtversicherung, da Haftungsthemen in der Regel nur bei organschaftlichen Kontrollgremien entstehen.

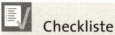 ## Checkliste

Beirat rechtlich verankern

Definieren Sie für Ihr Unternehmen und Ihren Beirat, welches schriftliche Regelwerk Sie von einem Rechtsanwalt erarbeiten lassen wollen.

Dokument	Inhalte (exemplarisch)	Verantwortlich	Ausarbeiten Ja	Nein
Gesellschaftsvertrag	• Verankerung Beirat als Organ (z. B. Einrichtung, Aufgaben, Wahl, Abberufung, Zusammensetzung)	Gesellschafter	☐	☐
Beiratssatzung	• Ausfüllung der abstrakten Regelungen im Gesellschaftsvertrag (z. B. Katalog zustimmungspflichtiger Geschäftsführungsmaßnahmen, Größe, Haftung, Anzahl Sitzungen)	Gesellschafter	☐	☐
Beiratsordnung	• Arbeitsorganisation des Beirats (z. B. Einberufung Sitzungen, Wahl Vorsitzender)	Beirat	☐	☐

Dokument	Inhalte (exemplarisch)	Verantwortlich	Ausarbeiten Ja	Ausarbeiten Nein
Geschäfts-besorgungs-vertrag	• Regelung der Beiratstätigkeit eines einzelnen Beirats (z. B. Vergütung, Haftung, Verschwiegenheit, Wettbewerb)	Gesellschafter	◼	◼
Beirats-handbuch	• Konkrete Arbeitsorganisation des Beirats (z. B. Einladung zu Sitzungen, Protokoll, Beirats-Booklet)	Beiratsbüro	◼	◼

Ein weiteres Hilfsmittel zur Dokumentation ist ein *Beiratshandbuch*. In diesem sollten alle relevanten organisatorischen Grundlagen der Arbeit des Gremiums und die Aufgaben des Beiratsbüros festgelegt werden (vgl. Abbildung 23). Es dient als Prozessbeschreibung und ist Arbeitsgrundlage für die unterstützende Abteilung.

Kategorie	Prozess	Geschäftsführung
Vor Sitzung	Terminfindung	• Beirat: Festlegung auf Sitzung • Beiratsbüro: Koordination weiterer Teilnehmer • Hinweis: Planung für ein Jahr
	Agenda-erstellung	• Geschäftsführung: Entwicklung Agenda • Beiratsvorsitzender: Ergänzung Agenda • Gesellschafter: Ergänzung Agenda • Beiratsbüro: Koordination Agendaerstellung
	Sitzungs-einladung	• Beiratsvorsitzender: Freigabe Einladung • Beiratsbüro: Initiierung und Versand Einladung • Hinweis: 2 Wochen vor Sitzung
	Raum, Aus-stattung, etc.	• Beiratsbüro: Organisatorische Vorbereitung Sitzung
Während Sitzung	Protokoll-erstellung	• Beiratsbüro: Erstellung Protokoll • Beiratsvorsitzender: Finalisierung und Unterschrift Protokoll • Beiratsbüro: Versand Protokoll an Beiräte, Geschäftsführung und Gesellschafter
	Geschäfts-führungs-maßnahmen	• Geschäftsführung: Erstellung Entscheidungsvorlage • Beirat: Beschluss • Gesellschafter: Involvierung bei wichtigen Entscheidungen • Beiratsbüro: Dokumentation Entscheidung

Kategorie	Prozess	Geschäftsführung
Nach Sitzung	Verabschiedung Protokoll	• Beirat: Automatische Genehmigung, wenn kein Einspruch innerhalb 2 Wochen
	To-dos	• Geschäftsführung: Nachhalten • Beiratsbüro: Koordination • Beiratsvorsitzender: Überprüfung auf Sitzung • Gesellschafter: Information über Status
	Dokumentation	• Beiratsbüro: Lückenlose Dokumentation (Hard- und Soft-Copy)
Außerhalb Sitzung	Geschäftsführungsmaßnahmen	• Geschäftsführung: Erstellung Entscheidungsvorlage • Beirat: Beschluss und mindestens Unterschrift des Beiratsvorsitzenden • Gesellschafter: Involvierung bei wichtigen Entscheidungen • Beiratsbüro: Dokumentation Entscheidung
	Vergnügung Beirat	• Beirat: Versand Rechnung • Geschäftsführung: Freigabe • Beiratsbüro: Koordination Abrechnung
	Berichtswesen	• Geschäftsführung: Erstellung Reporting • Beiratsbüro: Koordination und Versand an Beiräte und Gesellschafter • Beiräte und Gesellschafter: Prüfung Berichte, Einholen von weiteren Informationen • Gesellschafter: Prüfung Berichte

Abbildung 23: Exemplarisches Beiratshandbuch

 Beispiele aus der Praxis

Ralf **Amman** entscheidet sich, die Eckpunkte für seinen Beirat in einer Beiratsordnung und nicht im Gesellschaftsvertrag abzubilden. Der Grund dafür ist simpel: Sein Maschinenbauunternehmen ist eine GmbH. Der Gesellschaftsvertrag muss veröffentlicht werden. Ammann möchte aber nicht, dass Eckpunkte und sogar Details aus dem Innenleben seiner Firma bekannt werden. „Das geht niemanden etwas an, was bei uns intern läuft", sagt er. Außerdem möchte er den Beirat in der schuldrechtlichen Variante einrichten, also so, dass das Gremium nicht zur formellen Kontrollinstanz wird.

Seinen neuen, kritischen Begleitern hatte Ammann die Vorgabe abgerungen, seine Mitarbeiter nicht durch ständiges und übermäßiges Einfordern zusätzlicher Informationen zu belasten. Da aber der Beirat gut unterrichtet sein will und muss, nutzt der Familienunternehmer die Neuerung gleich dazu, ein strukturiertes Berichtswesen zu etablieren. Ein Beiratsbüro will er sich nicht leisten, da die Vergütung der drei Mandatsträger schon einiges kostet. Er beauftragt deshalb seine zwei persönlichen Assistenten mit der Unterstützung des Gremiums. Ihnen vertraut er ebenso wie den drei Beiratsmitgliedern. Die Assistenten sollen die Sitzungen des Gremiums vorbereiten und Protokoll führen.

Ammann lässt in seiner Beiratsordnung alle Punkte zur Arbeit des Gremiums dokumentieren. Da ihn die drei Beiratsinsassen „nur" kritisch begleiten und nichts entscheiden, kommt eine Haftungsregelung für den Maschinenbauer nicht in Frage. Mit dem Vorsitzenden sowie dessen zwei Kollegen schließt er jeweils einen Geschäftsbesorgungsvertrag, in dem die Rechte und Pflichten sowie die Vergütung im Detail genannt werden. Selbstverständlich ist darin die Pflicht zur Verschwiegenheit ausdrücklich festgehalten.

Die **Baumanns** haben sich auf eine Satzung für ihren Beirat geeinigt. Weil es sich um ein organschaftliches Gremium handelt, ist er auch im Gesellschaftsvertrag verankert worden.

Da über die Kandidaten zwischen Geschäftsführung und den Besitzern des Schokoladenherstellers Konsens besteht, werden die Beiratsmitglieder auf der Gesellschafterversammlung im Block gewählt. Vor der Abstimmung richtete der künftige Beiratsvorsitzende auch im Namen seiner Mitstreiter ein kurzes Grußwort an die Eigentümer, in dem er versprach, alles zu tun, um dem Unternehmen zum Erfolg zu verhelfen. Das kam bei den Gesellschaftern wie gewünscht als Geste des konstruktiven Miteinanders sehr gut an und wurde mit Applaus bedacht.

In den Wochen vor dem Eigentümertreffen hat das Management der Firma Baumann das bestehende Berichtswesen für den Beirat nachhaltig weiterentwickelt. Der angehende Vorsitzende des Kontrollgremiums hatte zur Bedingung gemacht, früh und umfassend informiert zu werden. Ansonsten — das hatte er klipp und klar erklärt

— wäre er nicht bereit gewesen, die wichtige Position einzunehmen. Die Baumanns haben lange diskutiert, ob die Einrichtung eines Beiratsbüros sinnvoll ist, das aber verneint. Stattdessen erweitern sie den Geschäftsführungsstab um eine Kraft, die dem Beirat behilflich sein soll, vor allem bei der Vorbereitung der Sitzungen. Allerdings hat der Vorsitzende angekündigt, sich jeweils stark bei der Entwicklung der Agenda zu engagieren. Er befragt künftig die anderen Gremiumsmitglieder, zuvorderst die zwei aus der Eigentümerfamilie, ob sie spezielle Punkte auf die Tagesordnung setzen wollen.

Der Beirat bildet außerdem einen Nachfolgeausschuss, der den Weg zur Übergabe ebnen soll, da der aktuelle Firmenchef mit dem Gedanken spielt, in den kommenden neun Jahren zu übergeben. Der Ausschuss wird beauftragt, zunächst Regeln festzulegen, wann ein Mitglied der dritten Generation ins Unternehmen einsteigen darf.

In den Geschäftsbesorgungsverträgen sind Haftungsgrenzen für die Angehörigen des Beirats beschlossen worden, die sich auf das Zweifache der Jahresvergütung pro Person beschränken. Zudem schließen Baumanns eine Directors&Officers-Versicherung zur Absicherung eventueller Haftungsansprüche im Fall gravierender Fehler des Beirats ab. Man will auf Nummer sicher gehen.

Vor der anstehenden Wahl der neuen Beiratsmitglieder hatten die **Cietelmanns** ein Problem zu bewältigen. Ein Mitglied aus der Familie wollte unbedingt einen Sitz im Kontrollgremium. Für ihn hatte sich ein Cousin mit einem großen Anteil an der Firma stark gemacht. Der protegierte Kandidat stieß bei den anderen Gesellschaftern auf breite Skepsis bis hin zu offener Ablehnung. Einige trauten dem Mann mit seinen erst 31 Lenzen den Posten nicht zu. Sie bescheinigten ihm einen Mangel an praktischer Erfahrung im operativen Geschäft. Es gab Streit, der zu eskalieren drohte, weil selbst eine offene Kampfabstimmung bei der Gesellschafterversammlung möglich schien. Die neue Beiratsvorsitzende schaffte es jedoch, die Wogen zu glätten. Der Bewerber zog zurück und ihm wurde ein Gastrecht bei den Sitzungen eingeräumt sowie eine umfangreiche Beiratsschulung bezahlt. Im Gegenzug wurde ihm zugesichert, nach Ablauf der nächsten zwei Amtsperioden in das Gremium einrücken zu dürfen, wenn er dann die breite Mehrheit hinter sich habe und seine Qualifikation nicht mehr strittig sei.

Die übrigen Mandatsträger wurden in Einzelabstimmungen mit sehr klaren Mehrheiten auf der Gesellschafterversammlung gekürt bzw. im Amt bestätigt. Für die neue Vorsitzende votierten sämtliche Anwesende. Der amerikanische Neuling im Beirat wurde allerdings verpflichtet, rasch eine Fortbildung als Aufsichtsrat zu besuchen, um sich mit deutschem Recht vertraut zu machen.

Ansonsten sahen die Cietelmanns keinen Grund, ihr Berichtswesen zu verändern. Befragungen aller verbleibenden und scheidenden Mitglieder ergaben, dass sich der Beirat stets umfassend und frühzeitig informiert fühlte. Die Assistenz der Geschäftsführung wurde beauftragt, die Berichterstattung der Hotel-Sparte an das Kontrollgremium sicherzustellen.

Zudem beschlossen die Cietelmanns, ihre Directors&Officers-Haftpflichtversicherung um fünf Jahre zu verlängern und die neuen Beiratsmitglieder vor der ersten Sitzung der neuen Amtsperiode aufzuklären, was mit der Police alles abgedeckt ist.

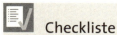

Checkliste

Alles geregelt?

Überprüfen Sie mithilfe der Checkliste zu den Beiratsinstrumenten, ob Sie alle regelungsbedürftigen Aspekte bei der Konzeption Ihres Gremiums beachtet haben. Legen Sie dabei auch fest, wie Sie Ihre Beiratsmitglieder auswählen wollen, aus welchen Bestandteilen Ihr Berichtswesen bestehen soll, wie das Beiratsbüro personell besetzt sein soll, welche Ausschüsse Sie wollen, welche Haftungsregelungen Sie festlegen wollen und in welchen rechtlichen Dokumenten Sie Ihre Beiratsstruktur und -organisation festlegen wollen.

Instrumente	Aspekte
Auswahlprozess	Suchprozess
	Wahl
	Entsendung
	Eintrittsrecht
	Entlastungsregelung
Berichtswesen	Beiratsinformationssystem: Monat, Quartal, Jahr
	Beirats-Booklet
	Sitzungsmappe
	Ablagestruktur
	Berichterstattung an Gesellschafter
	Weiterleitung an Dritte
	Rückgabe nach Beendigung der Beiratstätigkeit
Beiratsbüro	Geschäftsführungs-Sekretariat
	Eigenes Team
Ausschüsse	Nachfolgeausschuss
	Prüfungsausschuss
	Beratungsausschuss
	Nominierungsausschuss
Haftung	Haftungsbeschränkung
	Directors&Officers-Haftpflichtversicherung
Beitragsregelwerk	Gesellschaftsvertrag bzw. Satzung
	Beiratssatzung bzw. Beiratsstatut
	Beiratsordnung bzw. Geschäftsordnung für den Beirat
	Geschäftsbesorgungsvertrag
	Beiratshandbuch

4. Das kostet der Beirat

1. Struktur	2. Qualifikation
• Größe • Amtszeit • Ausschlusstatbestände • Zusammensetzung • Beiratsvorsitz • Beschlussfähigkeit und Beschlussfassung • Sitzung (Häufigkeit, Plan, Agenda, Teilnehmer, Protokoll)	• Fachliche Mindestanforderungen, berufliche Erfahrungen, Kernkompetenzen, Persönlichkeitsmerkmale • Beiratsmix • Unabhängigkeit • Aus- und Weiterbildung • Wechsel Geschäftsführung in Beirat
4. Vergütung	**3. Instrumente**
• Gesamtkosten • Beiratsvergütung: einfaches Mitglied, Vorsitzender • Steuern • Beraterverträge	• Auswahlprozess • Berichtswesen • Beiratsbüro • Ausschüsse • Haftungsregelung • Beiratsregelwerk

Die Kosten für Organisation sowie die Vergütung der Mitglieder des Beirats können relativ leicht beziffert werden. Der Betrag liegt grob geschätzt bei mindestens 40.000 Euro pro Jahr. Der Nutzen wiederum ist schwer quantifizierbar. Die Regel sollte lauten: *Der Beirat muss mehr bringen als er kostet.* Nur woran macht man das fest? Mitunter ist der Erfolg nicht oder nur schwer zu ermitteln. Es reicht ja schon, wenn die kritischen Begleiter die Unternehmensführung vor einem gravierenden Fehler bewahrt oder mit wichtigen Denkanstößen geholfen haben, Marktanteile und damit die Zukunft der Firma zu sichern. Mit welcher konkreten Summe könnte das bemessen werden? Wie soll etwa ein geschlichteter Streit in der Eigentümerfamilie quantifiziert werden, wo doch der Volksmund schon feststellt: Das ist mit Gold nicht aufzuwiegen? Vor diesem Hintergrund sollte die Vergütung des Beirats festgelegt werden. Anders ausgedrückt: Das Unternehmen und seine Inhaber sollten sich genau überlegen, was ihnen ihr Beirat wert ist.

Hier entstehen die Kosten

Die Gesamtausgaben des Beirats setzen sich aus unterschiedlichen Komponenten zusammen. Kosten entstehen:[86]

- Für die erstmalige Einrichtung des Beirats. Dazu zählen etwa die Gestaltung des Gesellschaftsvertrags und eventuell dessen notarielle Beurkundung, aber auch die Gremiumssatzung oder -ordnung, die Geschäftsbesorgungsverträge mit den Mandatsträgern sowie das Beiratshandbuch.

- Die Suche der Beiratsmitglieder. Die Kosten fallen umso höher aus, wenn ein Beratungsunternehmen hierfür beauftragt wird.

- Für die Vergütung der Beiratsmitglieder sowie die Erstattung ihrer Spesen.

- Die laufende Beiratsarbeit, dazu gehören nicht nur Raummiete und Verpflegung, sondern auch Ausgaben für die Berichterstattung durch Mitarbeiter des Unternehmens, die dort arbeiten.

- Für Geschäftsführer und angestellte Personen, die an den Beiratssitzungen teilnehmen.

- Für das Beiratsbüro.

- Für die Fort- und Weiterbildung.

Die Gesamtkosten hängen in der Regel von der Größe, Komplexität sowie der wirschaftlichen Situation des Unternehmens ab, aber auch von den Beiratsaufgaben und der zeitlichen Inanspruchnahme der Mandatsträger durch Sitzungen.[87] Dabei gilt: je größer, je komplexer, je aufwendiger, desto höher auch der finanzielle Aufwand. Logisch ist auch, dass ein Kontrollgremium mit neun Mitgliedern teurer ist als eins mit drei Insassen. So sollte jedes Familienunternehmen die Kosten entsprechend dem Nutzen ansetzen.

Die Gesamtkosten des Beirats sollten in einem Budget zusammengefasst werden. Dieses sollte in der Satzung oder im Statut von den Eigentümern definiert werden. Auch ein Gesellschafterbeschluss über den Kostenrahmen ist denkbar. Die ihm zur Verfügung stehenden Mittel sollte das Gremium teilweise selbst ausgeben dürfen, etwa für Fort- und Weiterbildungsmaßnahmen. Über die Verwendung des Budgets sollte er in seinem Bericht an die Gesellschafterversammlung Rechenschaft ablegen.

Vergütung der Mitglieder

Grundsätzlich ist zu sagen, dass die Bereitschaft der Unternehmen, ihre Beiratsmitglieder zu entlohnen, deutlich gestiegen ist und nur noch sehr wenige Firmen sehr gering vergüten. Die Höhe hängt von Umsatz, Aufgabe und Machtbefugnissen des Gremiums ab, also ob es „nur" berät oder auch kontrolliert. Zu bemerken ist, dass die allermeisten Firmen, nämlich 80 Prozent, eine fest vereinbarte Vergütung haben, 18 Prozent einen Mix aus fixer und variabler Bezahlung und lediglich 2 Prozent eine Zuwendung ohne jedes Fixum. Die Variable kann erfolgs- oder aufwandsbezogen sein.[88]

Studien zufolge liegt die durchschnittliche Honorierung eines Beiratsmitglieds mit vier Sitzungen bei etwa 12.000 Euro im Jahr.[89] Nicht ganz die Hälfte (41 Prozent) der Mandatsträger bekommt zwischen 5.000 und 10.000 Euro, knapp ein Fünftel (18 Prozent) weniger als 5.000 Euro, etwa 12 Prozent 20.000 bis 30.000 Euro. Nur 1 Prozent liegt höher als 30.000 Euro. In der Regel gilt: Je größer das Unternehmen und stärker der Umsatz, desto höher ist die Vergütung.[90] In Firmen mit weniger als 10 Mio. Euro Umsatz liegt der Betrag bei rund 4.000 Euro, während ein Mitglied im Kontrollgremium eines Konzerns mit über 500 Mio. Euro Umsatz mit wenigstens 40.000 Euro im Jahr rechnen kann. In der Praxis ist zu beobachten, dass ein Beirat, der „nur" Beraterfunktion hat, üblicherweise weniger Mittel erhält als einer, der auch kontrolliert, Verantwortung für seine Entscheidungen übernehmen muss und sogar bei Fehlverhalten haftet.

Laien erscheint die Honorierung meist als besonders üppig. Dass sie nicht unverhältnismäßig hoch ist, zeigt eine einfache Berechnung: Bei vier ganztätigen Sitzungen benötigt ein Mandatsträger in der Regel einen weiteren Tag pro Treffen zur Vor- und Nachbereitung.[91] Damit ergibt sich bei einer jährlichen Vergütung von 12.000 Euro und acht Tagen im Einsatz ein Tagessatz von 1.500 Euro. Setzt man die Summe ins Verhältnis zu dem, was mancher Experte, der im Beirat einen Sitz hat, als freier Berater verdienen (würde), relativiert sich die Höhe des Betrags noch stärker. Deshalb plädieren manche für eine Vergütung von mindestens 15.000 bis 20.000 Euro pro Person bei vier Sitzungen im Jahr bei Unternehmen bis zu einer Größe von 100 Mio. Euro Umsatz. Werden die Schwellen von 100 Mio. Euro, 250 Mio. Euro, 500 Mio. Euro und 1 Mrd. Euro überschritten, soll der Forderung zufolge pro Stufe jeweils 5.000 Euro pro Jahr zusätzlich gezahlt werden.[92]

Da die Unternehmenseigentümer die Auftraggeber des Beirats sind, obliegt ihnen die Aufgabe, die Vergütung zu bestimmen. Dazu ist ein Gesellschafterbeschluss notwendig. Die Beträge können auch in der Beiratssatzung oder im -statut verankert werden.

Die *Fixvergütung* wird unabhängig von der wirtschaftlichen Entwicklung und unabhängig vom Aufwand (Anzahl der Sitzungen) pro Jahr, Quartal oder Monat ausgezahlt. Sie hängt also nicht von den unternehmerischen Entscheidungen der Geschäftsführung und der wirtschaftlichen Lage ab, was den Vorteil hat, dass der vereinbarte Betrag auch in Krisenzeiten gezahlt wird. Die feste Honorierung dient auch als Abdeckung der möglichen Haftung, die bei gesteigertem Risiko höher sein sollte. Eine weitere Art des Fixums ist die Bezahlung pro Stunde, die typischerweise auf einen konkreten Zeiteinsatz bezogen wird. Die Jahres-, Quartals- oder Monatsvergütung hingegen wird unabhängig vom konkreten Zeitaufwand bezahlt und wird am häufigsten von Beiratsmitgliedern gewünscht, wenn sie die Wahl haben.[93] Die Vorteile dieser Vergütungsform sind die Transparenz und die einfache Berechnung. Sie kann aber auch einen Nachteil haben: Es handelt sich um eine typische Honorierung, die leistungsunabhängig erbracht wird.

Die Höhe der Vergütung kann auch *erfolgsabhängig* sein. Grundlage sind dann teilweise oder komplett Kennzahlen des Unternehmens. Zu nennen wären hier der Bilanzgewinn, die ausgeschüttete Dividende oder die langfristige Wertentwicklung der Firma. Dadurch wird die Rolle des Beirats als mitunternehmerisches Organ gestärkt und die Intensität der Aufgabenerfüllung erhöht. Allerdings muss die Frage beantwortet werden, an welcher Kennzahl angeknüpft wird. Außerdem öffnet das die Tür zu einer Zwickmühle für die Kontrolleure: Sie sind verpflichtet, bei der Entscheidung über die Gewinnverwendung allein dem Unternehmensinteresse zu dienen. Hängt die Höhe ihrer Vergütung aber vom Ausmaß der Ausschüttung ab, könnten sie dafür sorgen, dass weniger im Betrieb verbleibt, als es sinnvoll oder gar notwendig wäre. Da durch Erfolgsabhängigkeit der Zuwendungen die Unabhängigkeit der Beiratsmitglieder beeinflusst werden kann, wird sie — wie oben beschrieben — in der Praxis nur selten gewählt. Und zudem ist zu bedenken, dass in Krisenzeiten zwar weniger bezahlt wird. Doch gerade in einer wirtschaftlichen Schwächeperiode kommt dem Beirat eine noch wichtigere Rolle zu als an normalen Tagen. Seine Mitglieder müssen dann umso mehr leisten, wenn es darum geht, „ihr" Unternehmen wieder auf Vordermann zu bringen.

Neben der Vergütung werden *Spesen* und *andere Aufwendungen* der Mandatsträger erstattet. Darunter fallen üblicherweise Reise- und Übernachtungskosten. Wechselt der Geschäftsführende Gesellschafter in den Beirat, werden regelmäßig auch die Ausgaben für sein Büro und sein Kraftfahrzeug übernommen.

Eine weitere Form der Vergütung ist eine teilweise oder komplette aufwandsbezogene Honorierung, die vor allem dem Vorsitzenden zu Gute kommt. Nicht ganz zwei Drittel, aber immerhin 57 Prozent aller deutschen Familienunternehmen zahlen ihrem Beiratschef das 1,5fache, das Doppelte oder mehr als das Doppelte von dem, was die übrigen Mitglieder des Gremiums erhalten.[94] Dies spiegelt den erhöhten Organisations-, Koordinations- und Gesprächsaufwand wider, der auf den Schultern des Vorsitzenden ruht. Allerdings können auch „einfache" Mandatsträger aufwandsbezogen bezahlt werden, wenn sie zum Beispiel in einem Ausschuss zusätzlich tätig sind oder wenn mehr Sitzungen stattfanden, als geplant waren. Das hat sowohl für den Betroffenen als auch das Unternehmen Vorteile. Das Beiratsmitglied wird entsprechend seinem zeitlichen Aufwand honoriert, was motiviert. Er wird dann viel lieber bereit sein, an Sondersitzungen teilzunehmen und sie gründlich vorzubereiten. Die Firma wiederum kann dann eher erwarten, dass alle Angehörigen des Gremiums ihre Aufgaben jederzeit vollumfänglich ausüben und für die Treffen ausreichend Zeit aufwenden.

 Profi-Tipp

Fix und variabel als kluge Mischung

Besonders empfehlenswert ist die Kombination aus einer fixen Bezahlung und einer aufwandsbezogenen Sitzungsvergütung. So sollte beispielsweise einem Beiratsmitglied eine Fixum von 2.000 Euro pro Jahr plus ein Sitzungsentgelt von 2.000 Euro und Spesen zugesprochen werden. Dabei orientiert sich der Betrag für die Teilnahme an einer Zusammenkunft des Gremiums am Tageshonorar eines Beraters — sie kann natürlich auch höher sein. Der Vorteil dieses Modells ist: Finden in einem Jahr mehrere Sitzungen statt, erhält das Beiratsmitglied automatisch mehr Geld für seinen Einsatz.

Für einen Beiratsvorsitzenden sollte, um im gleichen Schema zu bleiben, eine Grundsumme von 4.000 Euro jährlich sowie eine Sitzungsvergütung von 3.000 Euro und Spesen gezahlt werden. Nimmt er außerdem an der Gesellschafterversammlung teil, sollte ihm auch das zusätzlich bezahlt werden, wiederum zuzüglich Spesen.

Wo der Fiskus hinlangt – und wo nicht

Das Unternehmen kann die Kosten für den Beirat in vollem Umfang als Betriebsausgaben ansetzen, wodurch sich die Ertragsteuern mindern.[95] Das gilt für Kapitalgesellschaften, die einen organschaftlichen Beirat haben, allerdings nur bis zur Hälfte. Für Personengesellschaften existieren keine Beschränkungen. Deshalb wird bei der GmbH & Co. KG oft der Beirat bei der Kommanditgesellschaft angesiedelt, um die Kosten vollständig anrechnen lassen zu können. Handelt es sich um einen schuldrechtlichen, „nur" beratenden Beirat, können die Ausgaben in vollem Umfang abgezogen werden. Die den Mandatsträgern erstatteten Auslagen sind voll absetzbar. Hierzu zählen auch Sitzungsgelder, wenn sie als pauschalierte Aufwandsentschädigung gezahlt werden. Da die Beiratsmitglieder ihre Vergütung mit Umsatzsteuer in Rechnung stellen müssen, kann diese in Gänze als Vorsteuer erstattet werden.

Auf der Ebene der Gremiumsmitglieder fallen Ertragsteuern an. Außerdem sind die Vergütungen für ihre Tätigkeit Einkünfte aus selbständiger Tätigkeit, die unter die Einkommensteuer fallen. Das gilt sowohl für die fixe als auch die variable Honorierung. Des Weiteren ist Umsatzsteuer abzuführen. Die Umsatzsteuer kann regelmäßig vom Unternehmen gefordert werden. Das Beiratsmitglied kann sie als Vorsteuer verrechnen.

Zu beachten ist, dass Beiträge zur Directors&Officers-Haftpflichtversicherung regelmäßig nicht zu lohn- oder einkommensteuerlichen Einkünften führen. Das ist dann der Fall, wenn die Versicherung in erster Linie zur Vermögenssicherung des Unternehmens und zum Schutz vor Ansprüchen Dritter dient, der Beirat als Ganzes versichert ist und die Prämien auf Daten der Firma errechnet werden.

Außerdem sollten bei Beiratsmitgliedern, die im Ausland wohnen, Sonderregelungen beachtet werden. Diese unterliegen meist deutschem Fiskalrecht, wobei eine Pauschalbesteuerung vorgesehen ist, die das Unternehmen von der Vergütung abzuziehen und abzuführen hat.

Rechtlicher Rahmen für Doppelfunktionen

Übernimmt ein Mitglied des Kontrollgremiums eine weitere Beratungstätigkeit in demselben Familienunternehmen, sollte diese vom gesamten Beirat genehmigt werden, damit die entsprechende rechtliche Basis geschaffen ist.[96] Außerdem sollte der Beraterjob klar abgrenzbar sein und sich nicht mit der Arbeit im Beirat überschneiden. Der Grund: Hier besteht der Nachteil, dass der Betroffene in der Regel einen Vertrag mit der Geschäftsführung schließt und sich damit Abhängigkeiten ergeben können, die dazu führen, dass er die Kontrollaufgabe weniger intensiv wahrnimmt. Mögliche Beratertätigkeiten wären zum Beispiel die Unterstützung bei der Einführung eines Controllings, die Unterstützung bei der Weiterentwicklung von Produktionsabläufen oder einer Sanierung. Diese Jobs sollten separat bezahlt und der Umfang der Vergütung in einem gesonderten Vertrag festgelegt werden.

Die Gesellschafter sollten über die zusätzliche Tätigkeit sowie die damit verbundene Honorierung informiert werden, insbesondere dann, wenn der Mandatsträger aus der Eigentümerfamilie stammt. Es kann auch das Recht eingeräumt werden, dass die Gesellschafter dem zustimmen müssen. Ratsam ist das auch, wenn das Unternehmen Kredite an ein Gremiumsmitglied gewährt, die zunächst vom Beirat genehmigt werden sollen. Die hier genannten Regelungen sollten sich nicht nur auf die Beiratsinsassen beziehen, sondern auf alle ihnen nahestehenden Personen.

 Beispiele aus der Praxis

Ralf **Ammann** ahnt, dass er den Wert seiner Beiratsmitglieder für sein Unternehmen finanziell nicht ausgleichen kann. Umso mehr möchte er ihnen eine angemessene Vergütung zukommen lassen. Da er das Gremium neu ins Leben ruft und es ihm an Erfahrung fehlt, weiß er noch nicht, ob die geplanten Sitzungen — bislang geht er von zwei bis maximal drei im Jahr aus — ausreichen werden. Deshalb entscheidet er sich für eine Grundvergütung von 2.000 Euro sowie noch einmal 2.000 Euro pro Sitzung (plus Mehrwertsteuer). Bei zwei Beiratstreffen im Jahr wären das 6.000 Euro. Dem Vorsitzenden bietet er 4.000 Euro feste Honorierung an. Der Betrag ist höher als bei den übrigen Gremiumsmitgliedern, weil Ammann von seinem Beiratschef erwartet, dass er auch außerhalb der Sitzungen für intensive Diskussionen über seine Firma und die Marktlage zur Verfügung steht. In Anerkennung der herausgehobenen Rolle und der zu erwartenden Mehrarbeit des Vorsitzenden ist der Maschinenbauunternehmer bereit, seinem wichtigsten Mann im Beirat 3.000 Euro pro Sitzung zu zahlen. Zudem ist es für Ammann eine Selbstverständlichkeit, seinen Mandatsträgern die Spesen zu erstatten.

Für die **Baumanns** war von Anfang an klar, keinen Unterschied in der Vergütung zwischen Beiratsmitgliedern aus ihrer Familie und „von außen" zu machen. Sie zahlen den vier „einfachen" Mandatsträgern jedes Jahr 3.000 Euro als Fixum sowie 2.500 Euro je Sitzung (jeweils plus Mehrwertsteuer). Der Vorsitzende, der allein schon deshalb wesentlich mehr leisten muss, weil der Schokoladenhersteller noch überhaupt keine Erfahrung im Zusammenspiel zwischen Unternehmen und Beirat hat, wird 5.000 Euro Grund- sowie 3.500 Euro Sitzungsvergütung erhalten. Natürlich übernehmen Baumanns sämtliche Spesen der Beiratsmitglieder.

Die **Cietelmanns** haben nach intensiver Diskussion beschlossen, die personelle Erneuerung ihres Beirats mit einer Anhebung der Honorierung zu verbinden. „Das hatten wir ohnehin erwogen, weil wir an der Stelle seit fünf Jahren nichts mehr getan haben", begründete ein Sprecher der Eigentümer die Entscheidung. Die Grundvergütung für die acht „einfachen" Mitglieder steigt von 5.000 auf 6.000 Euro, die Zuwendung pro Sitzungsteilnahme von 3.000 auf 3.500 Euro (jeweils plus Mehrwertsteuer). Die bis zu dreistündigen Telefonsitzungen wurden mit 2.000 Euro vergütet. Die neue Beiratsvorsitzende wäre auch mit der alten Bezahlung zufrieden gewesen. „Mir geht es vor allem darum, Einfluss zu haben und ernst genommen zu werden", betonte sie bei den Verhandlungen. Die Cietelmanns erklärten, „genau deshalb, weil wir unsere Beiratschefin ernst nehmen", die Grundvergütung von 8.000 auf 10.000 Euro anzuheben sowie die Honorierung für jede Teilnahme an einem Treffen des Kontrollgremiums von 4.500 auf 5.500 Euro zu steigern. Für die Telefonsitzungen bekam sie 3.000 Euro.

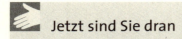

Jetzt sind Sie dran

Vergütung des Beirats mit Kalkulationsschemata festlegen

Definieren Sie ein Budget für den Beirat, über welches die Beiratsmitglieder selbst entscheiden können. Legen Sie die Vergütung der einzelnen Mitglieder Ihres Beirats („einfaches" Mitglied und Vorsitzender, ggf. dessen Stellvertreter) sowie weitere Aspekte zu den Kosten des Gremiums und deren steuerliche Berücksichtigung fest. Nutzen Sie dafür auch das Kalkulationsschema.[97]

Aspekte	Ausgestaltung
Beiratsbudget	• _____ € p. a. • Von der Gesellschafterversammlung beschlossen • Vom Beiratsvorsitzenden zu erarbeiten (in Höhe und Verteilung auf unterschiedliche Aufgaben)
Vergütung einfaches Mitglied	• Grundvergütung: _____ € plus MwSt. • Sitzungsvergütung: _____ € plus Spesen plus MwSt. pro Sitzung
Vergütung Vorstand	• Grundvergütung: _____ € plus MwSt. • Sitzungsvergütung: _____ € plus Spesen plus MwSt. pro Sitzung
Steuerliche Berücksichtigung	☐ Komplett ertragsteuermindernd ☐ Hälftig ertragsteuermindernd
Zusätzliche Beraterverträge	☐ Vom Beirat genehmigt

Zeit (in Tagen p. a.)	Tagessatz (in €)	Gesamtvergütung
• __ Reguläre Sitzung • __ Vor- und Nachbereitung reguläre Sitzung • __ Ausschusssitzung • __ Vor- und Nachbereitung Ausschusssitzung • __ Gesellschafterversammlung • __ Vor- und Nachbereitung Gesellschafterversammlung • __ Außerplanmäßige Sitzung • __ Vor- und Nachbereitung außerplanmäßige Sitzungen • __ Zeitliche Inanspruchnahme außerhalb der Sitzungen • __ Bereitschaftszuschlag	Einfaches Mitglied: _____ € Beiratsvorsitzender: _____ €	
_____ Tage gesamt　　　　　x	_____ € Tagessatz	_____ € p. a.

Stufe 4:
Ehrliche und selbstkritische Rückschau

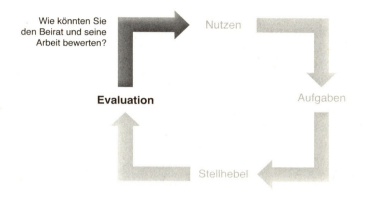

Der Beirat sollte sich am Ende eines Jahres fragen, was er gut und was er weniger gut gemacht hat. Vor allem sollten der Vorsitzende und seine Mitstreiter selbstkritisch prüfen, ob die an sie gerichteten Erwartungen erreicht werden konnten: Hat sich der Nutzen eingestellt, den sich die Unternehmenseigentümer von dem Gremium gewünscht haben? Sind die Aufgaben erfüllt und die Stellhebel richtig angesetzt oder justiert worden?

Bei der Rückschau — in der Fachsprache Evaluation oder Effizienzprüfung genannt — sollte berücksichtigt werden, ob sich das Unternehmen oder die Inhaberfamilie grundlegend verändert haben. Tiefgreifende Veränderungen in Bezug auf die Firma und seine Besitzer sollten zu Korrekturen des Beirats führen — inhaltlich, organisatorisch oder eventuell sogar personell. Einige beliebige beispielhafte Fragen der kritischen Bestandsaufnahme können sein:

- Ist ein neues Geschäftsfeld akquiriert worden?

- Sind Geschäftsanteile auf die nächste Generation übertragen worden?

- Hat sich die Familie aus der Geschäftsführung zurückgezogen?

- Hat Streit im Kreise der Gesellschafter zu- oder abgenommen?

- Hält die Familie stärker zusammen?

- Klappt die Kommunikation zwischen Firma und Eigentümern besser als früher oder ist das Gegenteil der Fall?

- Haut die Informationsweitergabe des Top-Managements an das Kontrollgremium hin?

Die Praxis zeigt, dass nur sehr wenige Familienunternehmen auf eine kritische Beiratsbilanz Wert legen. Annähernd zwei Drittel (62 Prozent) verzichten komplett darauf.[98] Dabei wäre es einfach, nach jeder Sitzung Möglichkeiten zur Verbesserung zu erkunden und zu erörtern, (Selbst-)Kritik zusammenzutragen und Korrekturen ins Auge zu fassen und später zu beschließen.

1. Effizienz und Effektivität prüfen

Durch die Rückschau können mangelnde Effektivitäten und fehlende Effizienzen aufgedeckt werden. Hindernisse einer funktionierenden und sinnvollen Beiratsarbeit können aus der fehlenden Aufgabenerfüllung, der personellen Zusammensetzung, der inneren Organisation – insbesondere der Sitzungsgestaltung – und aus dem Berichtswesen bzw. der (mangelnden) Informationsversorgung resultieren. Fehlten wichtige Qualifikationen? Mangelt es an Unabhängigkeit oder Engagement der Mitglieder des Beirats? Oder ist er zu groß, sind die Sitzungen zu lang oder ist der Vorsitzende nicht in der Lage, eine offene Gesprächsatmosphäre zu erzeugen? Behindernd kann auch sein, dass Berichte zu spät geliefert wurden, Informationen fehlten oder falsch waren.[99]

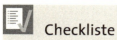

Checkliste

Kurz Beiratsarbeit überprüfen

Führen Sie eine kurze Analyse von Ineffektivitäten und Ineffizienzen in Ihrem Beirat durch. Beantworten Sie die Punkte. Falls Sie viele Punkte mit „Ja" einschätzen, sollten Sie mit Hilfe eines externen Beraters eine strukturierte Korrektur durchführen.

Ineffektivitäten und Ineffizienzen	Hinweise	Ja	Nein
Aufgaben-ineffektivität/-ineffizienz	• Wenig Diskussion und Fragen • Wenig Strategie • Wenig Kontrolltätigkeit • Schnelle Zustimmung zu Geschäftsführungs-maßnahmen	☐ ☐ ☐ ☐	☐ ☐ ☐ ☐
Qualifikations-ineffektivität/-ineffizienz (Personen-Fit)	• Fehlendes Engagement • Fehlende Unabhängigkeit • Fehlende Kompetenzen • Nur ältere Beiräte • Zu unterschiedliche Beiräte	☐ ☐ ☐ ☐	☐ ☐ ☐ ☐
Sitzungs-ineffektivität/-ineffizienz (Interaktion und Zeit)	• Zu viele Beiräte, deswegen Diskussionen schwierig • Nicht genügend Sitzungen • Zu kurze Sitzungen • Keine rechtzeitige Einladung • Agenda unvollständig • Agendaerstellung nur durch Geschäftsführung • Nicht ausreichende Sitzungsvorbereitung • Vergangenheitsorientierte Diskussionen • Hohes Quorum für Beschlussfähigkeit • Automatische Anwesenheit der Geschäftsführung • Dominanz durch Beiratsvorsitzenden	☐ ☐ ☐ ☐ ☐ ☐ ☐ ☐ ☐ ☐ ☐	☐ ☐ ☐ ☐ ☐ ☐ ☐ ☐ ☐ ☐ ☐
Berichts-ineffektivität/-ineffizienz (Information)	• Berichtswesen komplex und nicht auf den Punkt kommend • Zu späte Informationsversorgung • Unvollständige Beschlussvorlagen • Risiken nicht berücksichtigt	☐ ☐ ☐ ☐	☐ ☐ ☐ ☐

2. Mindestens einmal im Jahr Bilanz ziehen

Die Evaluation sollte als jährlich stattfindender Prozess etabliert werden. Dieser kann entweder nur für den Beirat oder auch für die Gesellschafter und eventuell die Geschäftsführung durchgeführt werden. Dabei kann entschieden werden, ob das Gremium allein in seiner Gesamtheit oder auch einzelne Mitglieder kritisch beäugt werden sollen. Zu empfehlen ist, zunächst die Arbeit des Beirats als Ganzes rückschauend anzusehen. Selbstverständlich kann aber auch — am besten im Anschluss — die Leistung jedes einzelnen Mandatsträgers beurteilt werden.

 Profi-Tipp

Vorsicht bei der Einzelbeurteilung

Bei der Bewertung einzelner Beiratsmitglieder sollte auf alle Fälle den Betroffenen vermittelt werden: Die Beurteilung und mögliche Feststellung eines Mangels kann, aber muss keine Kritik an der Person sein. Mitunter passen Kompetenz und Qualifikation ganz einfach nicht mehr zur Wirklichkeit des Familienunternehmens. Dann muss gehandelt werden. Wer es nicht schafft, den Sinn der personenbezogenen Evaluation rüberzubringen, riskiert Verunsicherung, Verstimmung und ein Bröckeln des Zusammenhalts im Beirat. Ein Insasse des Gremiums, der sich — ob zu Recht oder zu Unrecht, spielt keine Rolle — an den Pranger gestellt fühlt, wird sich demotiviert zurückziehen, wenn er mit Kritik nicht umgehen kann. Das wird zu einem zerrütteten Vertrauensverhältnis führen. Daher sollte man es sich sehr genau überlegen, ob man Beiratsmitglieder einzeln bewertet.

Der Inhalt der kritischen Rückschau muss festgelegt werden. Als Muster eignet sich hier wiederum das Vier-Stufen-Beiratsmodell: Sollen die definierte Nutzenerwartung, die Aufgabenerfüllung oder die Ausgestaltung der Stellhebel eventuell korrigiert werden? Mit Blick auf die Erwartungen sollte vor einer systematischen Evaluation zuerst überprüft werden, ob die Ziele, also der angestrebte Nutzen, den das Unternehmen an seinen Beirat hatte, noch Gültigkeit haben. Vielleicht müssen Anpassungen vorgenommen werden, die sich aus Veränderungen des Marktes, der Firma oder der Eigentümerfamilie ergeben.

Im nächsten Schritt geht es inhaltlich darum zu überprüfen, ob die Aufgaben erfüllt sowie die Stellhebel richtig justiert worden sind, um eben diese Ziele zu erreichen. So könnte sich zum Beispiel herausstellen, dass die Präsentation von Informationen ein zu hohes Gewicht hat, die Diskussion über strategische Themen unzureichend ist und generell nicht offen genug debattiert wird. Vielleicht wird festgestellt, dass die Aufgaben und Pflichten der Ausschüsse zum Gesamtgremium nicht klar abgegrenzt sind. Möglicherweise ist das Ergebnis aber auch, dass künftig mehr Empfehlungen in Bezug auf die Führungsentwicklung gegeben werden müssen und der Beirat eine wichtigere Rolle bei der Gestaltung der Nachfolge einnehmen soll. In der Praxis haben folgende Aspekte hohe Relevanz bei der Evaluation, die sich insbesondere auf die Aufgabenerfüllung und die Ausgestaltung der Stellhebel beziehen:[100]

- Informationsversorgung des Beirats durch die Geschäftsführung,

- Informationsvermittlung zwischen Kontrollgremium und Eigentümern,

- Qualität der Diskussionen sowie (mangelnde) Offenheit in den Sitzungen,

- Häufigkeit der Zusammenkünfte,

- Zusammenwirken von Geschäftsführung und Beirat bei der Strategiediskussion und -festlegung,

- Organisation des Beirats und des Sitzungsablaufs,

- Selbstverständnis des Vorsitzenden,

- Fachliche Qualifikationen einzelner Mitglieder,

- Auswahlprozess der Kandidaten für das Kontrollgremium,

- Nachfolgeprozess für die Geschäftsführung,

- Qualität der Unterlagen für den Beirat.

Vom Umfang der Überprüfung hängt ab, ob der Beirat sich selbst evaluiert oder ob dafür externe Berater hinzugezogen werden. Die Rückschau kann mithilfe von Fragebögen, die auch onlinebasiert sein können, einer offenen Diskussion im Gremium, durch die Analyse von Protokollen zu den Sitzungen sowie Geschäftsführungsberichten und durch Einzelgespräche erfolgen. Eine Variante ist zudem, dass externe Berater den Beirat beobachtend begleiten und/oder Dokumente des Gremiums analysieren, um anschließend eine Bewertung abzugeben.

 Beispiele aus der Praxis

Ralf **Ammann** lehnt eine Evaluation im klassischen Sinn ab. Er findet sie schlicht überflüssig bei einem dreiköpfigen Beirat, mit dessen Vorsitzenden er auch in der Zeit zwischen den Sitzungen intensiven Kontakt pflegt. Was aber nicht heißt, dass der Alleininhaber keine selbstkritische Bewertung der Tätigkeit seiner Mandatsträger untereinander und im Zusammenspiel mit ihm wünscht — und schon gar nicht, dass er mit seiner eigenen Meinung hinter dem Berg halten wird. Er nimmt den drei Beiratsmitgliedern das Versprechen ab, nach jedem Treffen offen und ehrlich zu sagen, was gut läuft und was nicht. Das passt zu seinem Motto und dem Leitmotiv seines Unternehmens: „Wir werden immer besser."

Die **Baumanns** waren sich sofort einig, mit dem Start ihres Beirats einen systematischen Evaluationsprozess zu etablieren. Umso mehr haben sie darüber diskutiert, ob die kritische Rückschau alle zwölf oder alle 24 Monate stattfinden sollte. Dabei spielten vor allem die Kosten eine Rolle. Denn nach dem positiven Erlebnis bei der Gestaltung ihres Beirats wollen sie die Evaluation künftig nicht ohne moderierenden Berater angehen. Am Ende einigte sich die Familie auf einen jährlichen Turnus. Damit folgte sie vor allem dem Wunsch der Gesellschafter, die weder in dem Unternehmen arbeiten noch in dessen Beirat sitzen. Gerade sie legten Wert auf eine Überprüfung der Arbeit des Gremiums, um sicherzustellen, dass es das Bestmögliche tut, um die Zukunft des Schokoladenherstellers zu sichern. Schließlich sind die mutigen Pläne, „verrückte" Produkte für junge Leute auf den Markt zu bringen, nicht ohne Risiko. Die Baumanns sehen in dem jährlichen Turnus auch die Möglichkeit, etwaige Defizite im Berichtswesen rasch auszumerzen. Die Evaluation soll sich auf den Beirat in seiner Gesamtheit beziehen. Auf die Beurteilung einzelner Mitglieder soll — zumindest vorerst — verzichtet werden, da die Familie darin Konfliktpotential sieht.

Der Konzern der **Cietelmanns** gehört zu dem Drittel der deutschen Familienunternehmen, die ihren Beirat immer wieder kritisch unter die Lupe genommen haben. Allerdings beschlossen die Eigentümer im Zuge der moderierten Diskussion, die bei allen Teilnehmern sehr gut ankam, nun jährlich eine Rückschau dieser Art vorzunehmen und nicht mehr wie bisher alle zwei oder drei Jahre. Dazu wollen sie abermals den Berater einladen, der ihren Workshop moderierte. Er soll gemeinsam mit der neuen Beiratsvorsitzenden einen Evaluationsbogen erarbeiten, um den Prozess besser zu strukturieren. Jedes Jahr soll der Schwerpunkt woanders liegen. Kommendes Jahr soll er um das Thema „Sicherung des Familienfriedens durch reibungslose Kommunikation" kreisen. Das Evaluationsergebnis wird wie in der Vergangenheit auch den Gesellschaftern gezeigt. Die Geschäftsführung wird wie bisher in den Prozess eingebunden und gefragt, wie zufrieden sie mit der Beiratsarbeit ist. Hier wirkt sich positiv aus, dass sich das Top-Management vor längerer Zeit gewünscht hatte, dass die Mitglieder des Kontrollzentrums ihren direkten Kontakt zu den Führungskräften der einzelnen Sparten intensivieren sollen. Da sich das positiv auf das konstruktive Miteinander zwischen Unternehmensleitung und Beirat ausgewirkt hat, ist in der jüngsten Evaluation beschlossen worden, sechs Mandatsträger auszuwählen, die sich jeweils um einen Geschäftsbereich besonders kümmern, damit noch genauer beraten und kontrolliert werden kann.

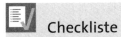

Checkliste

Evaluationspunkte zur kritischen Rückschau festlegen

Legen Sie die Eckpunkte für die kritische Rückschau auf Ihren Beirat fest, indem Sie die entsprechenden Fragen ankreuzen.

Eckpunkte	Festlegung der Beiratsevaluation
Evaluationskreis?	☐ Gesamter Beirat ☐ Einzelne Beiratsmitglieder
Evaluationsinhalt?	☐ Nutzen ☐ Aufgaben ☐ Stellhebel
Evaluationszielgruppe?	☐ Inhaber ☐ Beirat selbst
Evaluator?	☐ Beirat ☐ Externe Berater
Evaluationsformat?	☐ Evaluationsfragebogen ☐ Beobachtung durch externe Berater

3. Sach- und fachgerechte Bewertung

Eine kritische Bilanz der geleisteten Arbeit des Beirats durch externe Berater kann nach einem praxisbewährten Muster ablaufen.[101] Im ersten Schritt werden die Eckpunkte der Evaluation festgelegt. Danach sollte ein Fragebogen durch den Vorsitzenden mit Unterstützung durch einen extra engagierten Berater erarbeitet werden. Das Papier sollte des Weiteren mit den anderen Gremiumsmitgliedern diskutiert und – falls diese Korrekturbedarf anmelden – angepasst werden. Dann füllen sie den Fragebogen aus. Ergänzend könnte der externe Berater Interviews mit ihnen führen, um einen vertieften Einblick zu erhalten, und Geschäftsführungspräsentationen und Beiratsprotokolle durchsehen. Die ausgefüllten Fragenkataloge, die Interviews und die weiteren Unterlagen werden im Anschluss von dem Berater systematisch ausgewertet, woraus er wenig später Verbesserungsempfehlungen ableitet.

Das Ergebnis wird von dem externen Fachmann während einer Sitzung des Beirats präsentiert und zusammen mit dessen Mitgliedern sowie eventuell der Geschäftsführung diskutiert. Am Ende sollten konkrete Maßnahmen zusammen mit den Beiratsmitgliedern zur Verbesserung ihrer Arbeit benannt werden, die auf den Hinweisen und Empfehlungen sowie den Diskussionen beruhen. Es folgt die — hoffentlich erfolgreiche — Umsetzung der Pläne, wobei dem Vorsitzenden die maßgebliche Rolle zukommt zu schauen, ob eine Realisierung der Vorhaben gelingt. An ihm ist es dann auch, den Zeitpunkt für die nächste kritische Bilanz festzulegen.

4. Die richtigen Fragen stellen

Der Fragebogen sollte analog zum Vier-Stufen-Modell erarbeitet werden (vgl. Abbildung 24).[102] Dabei sollte zuerst der gewünschte Nutzen überprüft werden. Im Anschluss sollte der Erfüllungsgrad der Aufgaben abgefragt werden. Es sollte auch herausgefunden werden, ob weitere Maßnahmen der Geschäftsführung unter den Zustimmungsvorbehalt des Kontrollzentrums fallen sollen. Im dritten Schritt erfolgt ein kritischer Blick auf die Stellhebel. Dabei liegt ein besonderer Fokus auf der Qualifikation und Unabhängigkeit der Mandatsträger und auf der eventuell sinnvollen Neubesetzung. Außerdem ist zu empfehlen, die Sitzungsvorbereitung und -durchführung zu beleuchten. Zu fragen ist zudem, wie das Berichtswesen funktioniert, ob der Vorsitzende einen guten Job macht und die Vergütung noch angemessen ist. Außerdem sollte es darum gehen, ob es eventuell ein Informationsdefizit gibt.

		Diese Aussage trifft gar nicht zu – trifft voll zu				
		1	2	3	4	5
I	**Nutzen**					
1	Der Beirat:					
1.1	• stellt richtige Entscheidungen durch die Geschäftsführung sicher.	☐	☐	☐	☐	☐
1.2	• begleitet die Nachfolge.	☐	☐	☐	☐	☐
1.3	• erhöht durch strukturierte Informationen die Transparenz.	☐	☐	☐	☐	☐
1.4	• scheut kritische Auseinandersetzung nicht.	☐	☐	☐	☐	☐

		Diese Aussage trifft gar nicht zu – trifft voll zu				
		1	2	3	4	5
II	**Aufgaben**					
1	Der Beirat ist besonders involviert in:					
1.1	• die Entscheidung über Bestellung und Abberufung der Geschäftsführung (Personalentscheidung).	☐	☐	☐	☐	☐
1.2	• die kontinuierliche Leistungsmessung der Geschäftsführung (Personalentscheidung).	☐	☐	☐	☐	☐
1.3	• die Diskussion der Chancen, Herausforderungen und Strategien mit der Geschäftsführung (Beratung).	☐	☐	☐	☐	☐
1.4	• die Beratung zu alternativen Strategien mit der Geschäftsführung (Beratung).	☐	☐	☐	☐	☐
1.5	• die (Mit-)Entscheidung über wichtige Geschäftsführungsmaßnahmen (Kontrolle).	☐	☐	☐	☐	☐
1.6	• die umfassende Kontrolle der Finanz-, Ertrags-, Investitions- und Risikolage (Kontrolle).	☐	☐	☐	☐	☐
1.7	• das Herstellen von neuen Kontakten und Generieren von unternehmensrelevanten Informationen (Networking).	☐	☐	☐	☐	☐
1.8	• die Übermittlung von Informationen aus dem Unternehmen zu allen Gesellschaftern (Förderung Familienbeziehung).	☐	☐	☐	☐	☐
1.9	• die Organisation von Fortbildungsmaßnahmen für die Gesellschafter (Förderung Familienbeziehung).	☐	☐	☐	☐	☐
2	• Der Katalog zustimmungspflichtiger Geschäfte ist umfassend und bedarf keinerlei Ergänzung (Kontrolle).	☐	☐	☐	☐	☐
3	• Es gibt folgende Maßnahmen von Relevanz, zu denen der Beirat über die heutigen zustimmungspflichtigen Geschäfte hinaus zustimmen sollte:					
III	**Stellhebel: Qualifikation**					
1	Folgende fachliche Qualifikationen sind im Beirat abgedeckt:					
1.1	• Strategie	☐	☐	☐	☐	☐
1.2	• Controlling, Rechnungslegung, Risikomanagement, Steuern	☐	☐	☐	☐	☐
1.3	• Marketing und Vertrieb	☐	☐	☐	☐	☐
1.4	• Produktion, Technik, Logistik	☐	☐	☐	☐	☐
1.5	• Erfahrung in der eigenen Branche	☐	☐	☐	☐	☐
1.6	• Wissen zu Besonderheiten von Familienunternehmen	☐	☐	☐	☐	☐
2	Das Fachwissen der Beiratsmitglieder wird ausreichend genutzt.	☐	☐	☐	☐	☐
3	Der Beirat ist umfassend qualifiziert, um seine Aufgaben wahrzunehmen.	☐	☐	☐	☐	☐
4	Folgende Kernkompetenzen und persönliche Qualifikationen sind durch alle Beiräte abgedeckt:					
4.1	• Unternehmerische Kompetenz	☐	☐	☐	☐	☐
4.2	• Führungskompetenz	☐	☐	☐	☐	☐
4.3	• Verantwortungsbewusstsein	☐	☐	☐	☐	☐
4.4	• Kritik- und Konfliktfähigkeit	☐	☐	☐	☐	☐
4.5	• Kommunikationsfähigkeit	☐	☐	☐	☐	☐
4.6	• Nehmen sich ausreichend Zeit	☐	☐	☐	☐	☐

		Diese Aussage trift gar nicht zu – trifft voll zu				
		1	2	3	4	5
IV	**Stellhebel Struktur: Unabhängigkeit**					
1	Die familienfremden Beiräte sind unabhängig von der Familie (keine familiären oder freundschaftlichen Beziehungen).	■	■	■	■	■
2	Die Beiräte sind finanziell unabhängig vom Unternehmen bzw. ihrer Tätigkeit im Beirat.	■	■	■	■	■
V	**Stellhebel Struktur: Sitzungsvorbereitung**					
1	Die Anzahl der Sitzungen ist ausreichend, um die Ziele des Beirats zu erfüllen.	■	■	■	■	■
2	Zu allen Sitzungen waren alle Mitglieder anwesend.	Ja ■			Nein ■	
3	Die Beschlussfähigkeit des Beirats war immer gegeben.	■	■	■	■	■
4	Die Tagesordnung sowie die Unterlagen zu den Sitzungen werden den Mitgliedern rechtzeitig zur Verfügung gestellt.	■	■	■	■	■
5	Die Beiräte sind umfassend vorbereitet auf die Sitzungen.	■	■	■	■	■
VI	**Stellhebel Struktur: Sitzungsdurchführung**					
1	Die Dauer der Sitzungen ist angemessen.	■	■	■	■	■
2	Der Beirat diskutiert überwiegend ergebnisoffen.	■	■	■	■	■
3	Im Beirat werden Kritik und abweichende Positionen konstruktiv aufgenommen.	■	■	■	■	■
4	Die Beiräte finden in ihren Diskussionen kreative und innovative Lösungsvorschläge und -ansätze.	■	■	■	■	■
5	Der Abschlussprüfer nimmt an den Beratungen des Beirats über den Jahres- und ggf. Konzernabschluss teil und berichtet über wesentliche Ergebnisse seiner Prüfung.	■	■	■	■	■
VII	**Stellhebel Struktur: Vorsitzender**					
1	Die Leitung der Sitzungen ist angemessen und fördert die Diskussion der Sitzungsteilnehmer.	■	■	■	■	■
2	Die Kommunikation zwischen dem Vorsitzenden und den übrigen Beiräten ist umfassend.	■	■	■	■	■
VIII	**Stellhebel Instrumente: Berichtswesen**					
1	Die Informationsversorgung von der Geschäftsführung erfolgt regelmäßig, zeitnah und ausreichend.	■	■	■	■	■
2	Die Informationen sind verständlich aufbereitet und vollständig.	■	■	■	■	■
3	Der Umfang der Information ist in Bezug auf die Beschlussfassung angemessen.	■	■	■	■	■
4	Folgende weitere regelmäßige Informationen werden gewünscht:					
IX	**Stellhebel Vergütung**					
1	Die Vergütung des Beirats ist angemessen	■	■	■	■	■

Abbildung 24: Auszug aus einem Fragebogen zur Beiratsbilanz

Schlusswort –
Modernisierung des Beirats über Generationen

Über Generationen hinweg entwickeln sich Familienunternehmen ständig weiter. Das betrifft die Inhaberfamilie, die Firma selbst, das Marktumfeld und andere Komponenten. Analog dazu sollten Unternehmerfamilien auch den Beirat modernisieren. Dafür eignet sich das in diesem Buch beschriebene Modell, mit dessen Hilfe ein solches Berater- und Kontrollgremium passgenau und individuell gebildet und immer wieder korrigiert und optimiert werden kann.

In der Praxis besteht heute grundlegendes Verständnis darüber, dass ein Beirat ein nützliches Gremium ist, um ein Unternehmen strategisch voranzubringen und vor allzu großen Fehlern zu schützen. Allerdings stellen Experten immer wieder deutliches Verbesserungspotential fest. Nicht nur, dass manche Kontrollzentren zum „Altherrenklub" geworden sind, dessen Angehörige eher die besten Freunde des Unternehmers sind statt unabhängige und kritische Begleiter der Geschäftsführung. Mitunter hat sich die Zusammensetzung des Beirats nicht an die Veränderungen des Unternehmens angepasst. Oder aber in den Sitzungen mangelt es an notwendigem Schwung, um intensiv und kontrovers über strategische Themen zu diskutieren, bei Problemen den Finger in die Wunde zu legen, Änderungen einzufordern und konsequent darauf zu achten, dass vereinbarte Korrekturen umgesetzt werden. Manchmal ist auch festzustellen, dass die Aufgaben zwischen Beirat, Firmenspitze, Gesellschafterversammlung sowie eventuell Familienrat und/oder -manager verschwimmen. Vielleicht besteht gar eine Personalunion bei bestimmten Funktionen. Diese Ämterverquickung kann dazu führen, dass Fehlentscheidungen nicht aufgedeckt werden und, wenn doch, weniger streng beurteilt werden. Sollten dann auch noch mehrere Mitglieder der Eigentümerfamilie im eigenen Unternehmen arbeiten und in Gremien vertreten sein, kann es schwierig werden, die zahlreichen unterschiedlichen Interessen in eine Richtung zu lenken. In solch einer Konstellation wird ein kluger Beirat wahrscheinlich die Erarbeitung einer Familienverfassung einfordern — und sogar sich selbst in Frage stellen, um den Weg dafür frei zu machen, das Gremium der aktuellen Situation anzupassen.

All diese Probleme werden bei einer ehrlichen und selbstkritischen Rückschau (Evaluation, Effizienzprüfung) aufgedeckt, weshalb hierzu häufig Berater eingeschaltet werden. Spätestens wenn die Nachfolge ansteht, sollte der Beirat auf den Prüfstand gestellt und vielleicht auch Mitglieder ausgetauscht werden. Darüber hinaus ist zu empfehlen, das Gremium generell — also inhaltlich und personell — alle drei bis fünf Jahre zu überprüfen. Denn wichtig ist es, das Kontrollzentrum immer wieder an die Veränderungen im Unternehmen, des Marktes und in der Eigentümerfamilie anzupassen. So nimmt mit der Weiterentwicklung des Beirats im Idealfall auch seine Professionalisierung zu.

Fachleute gehen davon aus, dass drei Entwicklungen die Unternehmens- und Familienstrukturen (Family Business Governance) und damit die Weiterentwicklung von Beiräten besonders beeinflussen werden: kultureller Wandel, demographische Entwicklung und die Globalisierung. Daraus ergibt sich, dass rechtsgültige Vereinbarungen und Grundsätze für Gesellschafterversammlung, Geschäftsführung und selbstverständlich auch für den Beirat immer wieder überprüft und in Verträgen angepasst werden müssen.

- *Kultureller Wandel:* Familienunternehmen werden zukünftig viel weniger patriarchalisch geführt werden. Beschäftige schätzen heute eine kooperative, offene Arbeitsatmosphäre. Kollegialität und gegenseitige Unterstützung kennzeichnen zunehmend die Kulturen in Unternehmen. So ist es nicht verwunderlich, dass vermehrt Doppelspitzen von zwei Mitgliedern der Eigentümerfamilie(n) in der Geschäftsführung tätig sind. Es herrscht das Verständnis, zu zweit mehr erreichen zu können. Inhaber sind heute selbstbewusster und fordern Transparenz und Verantwortungsbewusstsein durch das Top-Management. Das bedeutet auch, dass Firmenchefs aus den eigenen Reihen nicht mehr unantastbar sind, wenn sie mit eigensinnigem Verhalten zum persönlichen Nutzen Vertrauen innerhalb und außerhalb des Gesellschafterkreises zerstören. Selbst Rücktrittsforderungen — noch vor wenigen Jahren absolutes Tabu — an einen Geschäftsführer, der aus der Inhaberfamilie stammt, werden inzwischen geäußert. Gerade hier ist der Beirat als Beratungs- und Kontrollzentrum gefordert. Er muss sicherstellen, dass das Unternehmen anhand seiner eigens festgelegten Werte geführt wird, dass Doppelspitzen auch in schwierigen Situationen handlungsfähig bleiben und dass Entscheidungen auch einmal gegen einen Gesellschafter fallen. Allerdings sollten auch Beiratsmitglieder die Größe haben, ihren Posten aufzugeben, wenn sie feststellen, dass ihre Kompetenz dem Unternehmen nicht mehr hilft. Denn ein Beiratsmandat ist kein lebenslanges Mandat.

- *Demographische Entwicklung:* Die Lebenserwartung nimmt weiterhin zu. So fühlt sich ein heute 70-jähriger Firmenchef zu Recht noch ausreichend fit, nach der Übergabe des Staffelstabs an seinen Sohn oder seine Tochter in den Beirat zu wechseln. Kinder, die zwischen 40 und 50 Jahre alt sind und außerhalb des Familienunternehmens Karriere gemacht haben, werden es sich gründlich überlegen, ob sie diese aufgeben, um dann doch noch − zumindest gefühlsmäßig − unter dem Senior zu arbeiten. Denn sie kennen den Vater gut und wissen, dass der noch immer im Hintergrund die Entwicklung bestimmt und die Mitarbeiter eher ihm gehorchen als dem neuen Geschäftsführer. Gerade dann braucht es familienexterne Beiratsmitglieder, die den Generationenübergang sachlich begleiten und dafür sorgen, dass Emotionen außen vor bleiben. Auch in dieser Hinsicht stellt sich die Frage, ob es gut ist, dass der ehemalige Firmenchef in den Beiratsvorsitz wechselt oder ob es ratsam ist, dass er sogar einige Jahre pausiert. Sollte er auf einer Tätigkeit in dem Gremium bestehen, dann vielleicht „nur" als einfaches Mitglied, so dass der erste Mann oder die erste Frau im Beirat eine Persönlichkeit ist, die nicht mit dem scheidenden Unternehmenschef verwandt ist. Zunehmend wichtig − übrigens auch in der öffentlichen Wahrnehmung − ist auch, dass Frauen in dem Kontrollzentrum repräsentiert sind. Hier besteht deutlicher Nachholbedarf, jedenfalls in Familienunternehmen. Die Diskussion über eine Quote für weibliche Mitglieder in mitbestimmten und/oder börsennotierten Aufsichtsräten gilt als Signal für Beiräte, bei der nächsten personellen Erneuerung das Gewicht stärker zu Gunsten von Frauen zu verschieben.

- *Globalisierung:* Familienunternehmen beziehen Waren und verkaufen ihre Produkte weltweit. Damit sind erhöhte Herausforderungen und Risiken verbunden, die neben der Geschäftsführung auch der Beirat im Blick haben muss. Denn wird etwa eine Tochtergesellschaft im Ausland, die rechtlich direkt an der deutschen Mutter angebunden ist, mit Haftungsfragen konfrontiert, kann das Wellen schlagen und im schlimmsten Fall das Heimatunternehmen gefährden. Hier muss der Beirat strategisch wachsam sein, damit nicht schlechte und gar existenzgefährdende Geschäfte eingegangen werden. Die Globalisierung heißt aber auch, dass mehr Eigentümer von Familienunternehmen im Ausland leben, also weit weg vom Geschehen der Firma, an der sie beteiligt sind. Ihre Kinder wiederum wachsen in anderen Kulturkreisen auf und sprechen manchmal nicht mal mehr Deutsch. Dann kommt dem Beirat die besondere Rolle zu, die Eigentümer an das Unternehmen zu binden. Diese Aufgabe wird immer bedeutender, weil die Zahl der Gesellschafter im Laufe der Jahre weiter wächst. Das heißt, das Gremium muss die Firmeninhaber — egal, wo sie wohnen —, umfassend informieren und ihnen Rechenschaft über seine Arbeit ablegen. Das bedeutet auch, Familienwochenenden und Fortbildungsmaßnahmen zu organisieren sowie das Family Office — das Zentrum für die Vermögensanlage und die rechtliche und steuerliche Beratung der Eigentümer — zu kontrollieren.

Die Besitzer von Firmen, die noch kein solches Beratungs- und Kontrollzentrum haben, können diese Entwicklungen bei der Konzeption des Beirats berücksichtigen. So besteht die Chance, dass er über Generationen ein wohlwollender Aufpasser ist und bleibt. Um es hier abermals zu betonen: Grundsätzlich ist der Beirat ein geeignetes Mittel, den Erfolg des Unternehmens zu sichern und zu mehren. Mit einer kontinuierlichen kritischen Rückschau kann dafür gesorgt werden, dass er dieses Ziel erreicht — und nicht etwa selbst zum Konfliktherd wird. Nicht allein deshalb sollte er regelmäßig auf den Prüfstand gestellt werden.

Anmerkungen

1 Vgl. Becker/Reker/Ulrich, Beiräte im Mittelstand — Ergebnisse einer Unternehmensbefragung, Der Aufsichtsrat, 11/2010; Schweinsberg/Laschet, Haftung in Familienunternehmen, Bonn 2010; Lamsfuß/Wallau, Die größten Familienunternehmen in Deutschland, Bonn 2012; Achenbach/Gottschalck, Vergütung mittelständischer Beiräte, Köln 2012; Bartels/May/Rau, Der Beirat in Familienunternehmen, Frankfurt 2013

2 Vgl. folgend Frankenberg, Ten reasons not to create an advisory board, in: Spector (Hrsg.), Shareholder's Handbook, Philadelphia 2008

3 Vgl. folgend May/Koeberle-Schmid, Die drei Dimensionen eines Familienunternehmens: Teil I, BFuP, 6/2011; May/Koeberle-Schmid, Die drei Dimensionen eines Familienunternehmens: Teil II, BFuP, 1/2012 sowie die dort angegebene Literatur

4 Vgl. Achenbach/Gottschalk, Vergütung mittelständischer Beiräte, Köln 2012

5 Vgl. Achenbach/May/Rieder/Eiben, Beiräte in Familienunternehmen, Bonn 2009; Reker, Beiräte im Mittelstand — Studienserie Erfolgsfaktoren im Mittelstand, Hannover 2010

6 Vgl. hier und folgend Koeberle-Schmid, Family Business Governance — Aufsichtsgremium und Familienrepräsentanz, Wiesbaden 2008; Hack, Sind Familienunternehmen anders? Eine kritische Bestandsaufnahme des aktuellen Forschungsstands, ZfB-Special Issue 2/2009 und die dort angegebene Literatur

7 Vgl. Achenbach/May/Rieder/Eiben, Beiräte in Familienunternehmen, Bonn 2009; Reker, Beiräte im Mittelstand — Studienserie Erfolgsfaktoren im Mittelstand, Hannover 2010

8 Vgl. hier und folgend, so auch in Bezug auf die Abbildung, Lange/Friedrichs, Der Beirat in Familienunternehmen, Witten 2005

9 Vgl. hier und folgend, auch in Bezug auf die Abbildung und alle weiteren Darstellungen des 4-Stufen-Beiratsmodells, Koeberle-Schmid/Groß/Lehmann-Tolkmitt, Der Beirat als Garant guter Governance im Familienunternehmen, BB, 15/2011

10 Vgl. hier und folgend Lehmann-Tolkmitt, Zehn Empfehlungen für einen effektiven Beirat im Familienunternehmen, Der Aufsichtsrat, 1/2008; Koeberle-Schmid/Groß/Lehmann-Tolkmitt, Der Beirat als Garant guter Governance im Familienunternehmen, BB, 15/2011

11 Vgl. Lamsfuß/Wallau, Die größten Familienunternehmen in Deutschland, Bonn 2012; Bartels/May/Rau, Der Beirat in Familienunternehmen, Frankfurt 2013

12 Vgl. Bartels/May/Rau, Der Beirat in Familienunternehmen, Frankfurt 2013

13 Vgl. hier, folgend und in Bezug auf die Abbildung May/Schween/Koeberle-Schmid, Das Strategie-Konzept für Familienunternehmen — Mit einer Inhaber-Strategie zum langfristigen Erfolg über Generationen, in: Niedereichholz/Niedereichholz/Staude (Hrsg.), Handbuch der Unternehmensberatung, Berlin 2010 (Nr. 3190); May, Erfolgsmodell Familienunternehmen, Hamburg 2012; Groß/Koeberle-Schmid, Professionelle Gesellschafter und ihre Verantwortung, in: Koeberle-Schmid/Grottel (Hrsg.), Führung von Familienunternehmen, Berlin 2013

14 In Anlehnung an Graumann/Foit, Vielfalt der Kontrolle, Der Aufsichtsrat, 7-8/2012

15 In Anlehnung an Hirt, Die Überprüfung einer Strategie durch den Aufsichtsrat, Der Aufsichtsrat, 10/2013

16 Vgl. Fachhochschule der Wirtschaft, Studie, Aufsichtsräte und Beiräte im Mittelstand, Köln 2014

17 Vgl. Bartels/May/Rau, Der Beirat in Familienunternehmen, Frankfurt 2013

18 Vgl. hier und folgend Wiedemann/Kögel, Beirat und Aufsichtsrat im Familienunternehmen, München 2008; Grundei/Graumann, Beurteilung der Qualität von Managemententscheidungen durch den Aufsichtsrat, Der Aufsichtsrat, 4/2009; Velte, Zustimmungsvorbehalte des Aufsichtsrats als Instrument der Corporate Governance, ZCG, 1/2010; Probst/Theisen, Herausforderungen und Grenzen „mitunternehmerischer" Entscheidungen im Aufsichtsrat, Der Betrieb, 29/2010

19 Vgl. Bartels/May/Rau, Der Beirat in Familienunternehmen, Frankfurt 2013

20 In Anlehnung an Velte, Zustimmungsvorbehalte des Aufsichtsrats als Instrument der Corporate Governance, ZCG, 1/2010; Kormann, Die Arbeit der Beiräte in Familienunternehmen, Berlin/Heidelberg 2014

21 In Anlehnung an Gleißner, Zur kritischen Prüfung von Entscheidungsvorlagen und Gutachten, Der Aufsichtsrat, 5/2010

22 Vgl. Kormann, Die Arbeit der Beiräte in Familienunternehmen, Berlin/ Heidelberg 2014

23 Vgl. hier und folgend Graumann/Foit, Vielfalt der Kontrolle, Der Aufsichtsrat, 7-8/2012

24 In Anlehnung an Audit Committee Institute, Aufsichtsratsüberwachung in Krisenzeiten, Audit Committee Quarterly, 1/2009; Hickert/Ziechmann,

Unternehmenskrise, in: May/Bartels, Der Beirat im Familienunternehmen, Köln 2015

25 Vgl. hier und folgend Buhleier/Krowas, Persönliche Pflicht zur Prüfung des Jahresabschlusses durch den Aufsichtsrat, Der Betrieb, 21/2010; Zwirner/Boecker, Erkennen und Überwachen der Bilanzpolitik, Der Aufsichtsrat, 7-8/2010

26 In Anlehnung an Buhleier/Krowas, Persönliche Pflicht zur Prüfung des Jahresabschlusses durch den Aufsichtsrat, Der Betrieb, 21/2010

27 Vgl. hier und folgend Fahrion/Käufl/Hein, Risikomanagement, internes Kontrollsystem und Compliance Management als zentrale Instrumente der Business Governance, in: Koeberle-Schmid/Fahrion/Witt (Hrsg.), Family Business Governance, 2. Auflage, Berlin 2012

28 In Anlehnung an Lutter, Professionalisierung des Aufsichtsrats, Der Betrieb, 15/2009; Audit Committee Institute, Ermutigung – zum Risiko, zur Zukunft, zur nachhaltigen Kontrolle, Audit Committee Quarterly, 3/2012

29 Vgl. hier und folgend Kormann, Die Arbeit der Beiräte in Familienunternehmen, Berlin/Heidelberg 2014

30 Vgl. Bellmann, Die Personalarbeit des Aufsichtsrats – gründlich genug?, Der Aufsichtsrat, 1/2011

31 Vgl. hier und folgend Meixner, Haftung und Vergütung – Risiko und Chance für Familienunternehmen, in: Koeberle-Schmid/Fahrion/Witt (Hrsg.), Family Business Governance, 2. Auflage, Berlin 2012; May, Erfolgsmodell Familienunternehmen, Hamburg 2012; May, Erfolgsmodell Familienunternehmen, Hamburg 2012

32 Vgl. Freysoldt, Der Beirat als Konfliktmanager in Krisensituationen von Familienunternehmen, KonfliktDynamik, 4/2012

33 In Anlehnung an Henschel, Kurzleitfaden Mediation, Mediationsakademie Berlin, Berlin 2010

34 Vgl. Lange/Friedrichs, Der Beirat in Familienunternehmen, Witten 2005; Groß/Redlefsen/Witt, Gesellschafterversammlung und Gesellschafterausstieg – Was Gesellschafter dürfen und müssen sowie der Umgang mit „Fahnenflucht", in: Koeberle-Schmid/Fahrion/Witt (Hrsg.), Family Business Governance, 2. Auflage, Berlin 2012

35 Vgl. hier und folgend Koeberle-Schmid/Lehmann-Tolkmitt/Groß, Der Nachfolge-Beirat im Familienunternehmen, FuS, 4/2012

36 Vgl. hier und folgend Schwarz, Der Beirat: ein Helfer in der allergrößten Not, in: Achenbach/Gottschalck, Der Beirat im Mittelstand, Düsseldorf 2012

37 Vgl. hier und folgend Lehmann-Tolkmitt/Schween/Rupprecht, Nachfolge 2.0 — Lerneffekte und Erfahrungen aus zwei Generationen, Bonn 2012

38 Vgl. hier und folgend, auch in Bezug auf die Abbildung Koeberle-Schmid/Lorz, Professionelle Beiräte in Familienunternehmen, Der Aufsichtsrat, 9/2010; Koeberle-Schmid/Groß/Lehmann-Tolkmitt, Der Beirat als Garant guter Governance im Familienunternehmen, BB, 15/2011; Koeberle-Schmid, Professionelle Aufsichtsgremien, in: Koeberle-Schmid/Fahrion/Witt (Hrsg.), Family Business Governance, 2. Auflage, Berlin 2012

39 Vgl. Achenbach/Gottschalck, Vergütung mittelständischer Beiräte, Köln 2012; Lamsfuß/Wallau, Die größten Familienunternehmen in Deutschland, Bonn 2012; Bartels/May/Rau, Der Beirat in Familienunternehmen, Frankfurt 2013

40 Vgl. Achenbach, Der Beirat für Familienunternehmen, Bonn 2010; Koeberle-Schmid/Groß/Lehmann-Tolkmitt, Der Beirat als Garant guter Governance im Familienunternehmen, BB, 15/2011

41 Vgl. hier und folgend Kormann, Funktion von Altersgrenzen in der Corporate Governance, Der Aufsichtsrat, 2/2011; Achenbach/Gottschalck, Aus der Beraterpraxis: Zusammensetzung des Beirates und Anzahl der Mitglieder, in: Achenbach/Gottschalck (Hrsg.), Der Beirat im Mittelstand, Düsseldorf 2012

42 Vgl. Kormann, Funktion von Altersgrenzen in der Corporate Governance, Der Aufsichtsrat, 2/2011

43 Vgl. Achenbach/May/Rieder, Professionalisierung der Arbeit von Beiräten in Familienunternehmen, Der Aufsichtsrat, 4/2009

44 Vgl. hier und folgend Arbeitskreis Externe und Interne Überwachung der Unternehmung der Schmalenbach-Gesellschaft für Betriebswirtschaft e. V., Best Practice der Mitbestimmung im Aufsichtsrat der Aktiengesellschaft, Der Betrieb, 4/2007

45 Vgl. Wisskirchen/Bissels/Begiebing, Unternehmerische Mitbestimmung — unvermeidbar?, FuS, 6/2012

46 In Anlehnung an Kormann, Beiräte in der Verantwortung, Berlin 2008; Achenbach, Der Beirat für Familienunternehmen, Bonn 2010; Koeberle-Schmid/Groß/Lehmann-Tolkmitt, Der Beirat als Garant guter Governance im Familienunternehmen, BB, 15/2011; Koeberle-Schmid, Professionelle Aufsichtsgremien, in: Koeberle-Schmid/Fahrion/Witt (Hrsg.), Family Business Governance, 2. Auflage, Berlin 2012; Henning, Die Zusammenarbeit mit dem Aufsichtsratsvorsitzenden; in: Schweinsberg/Laschet (Hrsg.), Die wichtigsten Aufsichtsräte in Deutschland, Köln 2013

47 Vgl. hier und folgend Watzka, Groupthink in Aufsichtsräten, Der Aufsichtsrat, 7-8/2009; Grundei/Graumann, Was behindert offene Diskussionen im Aufsichtsrat?, Der Aufsichtsrat, 6/2011

48 Vgl. Becker, Die Beiratsorganisation als Instrument der Unternehmensführung, in: Böllhoff/Böllhoff/Böllhoff/Ebert (Hrsg.), Management von industriellen Familienunternehmen, Stuttgart 2004

49 Vgl. Reker, Beiräte im Mittelstand – Studienserie Erfolgsfaktoren im Mittelstand, Hannover 2010

50 Vgl. hier und folgend Heller, Manipulationsmöglichkeiten im dreiköpfigen Aufsichtsrat, Der Aufsichtsrat, 12/2008; Lochner, Die Lösung von Konflikten im dreiköpfigen Aufsichtsrat, Der Aufsichtsrat, 4/2014

51 Vgl. hier und folgend, auch in Bezug auf die Abbildung Achenbach, Der Beirat für Familienunternehmen, Bonn 2010

52 Vgl. hier und folgend, auch in Bezug auf die Abbildung Kormann, Beiräte in der Verantwortung, Berlin 2008; Achenbach, Der Beirat für Familienunternehmen, Bonn 2010

53 Vgl. hier und folgend Kormann, Beiräte in der Verantwortung, Berlin 2008; Achenbach, Der Beirat für Familienunternehmen, Bonn 2010; Theisen, Protokollformen im Aufsichtsrat, Der Aufsichtsrat 4/2014

54 Vgl. Bartels/May/Rau, Der Beirat in Familienunternehmen, Frankfurt 2013

55 Vgl. hier und folgend May/Sieger, Der Beirat im Familienunternehmen zwischen Beratung, Kontrolle, Ausgleich und Personalfindung – Eine kritische Bestandsaufnahme, in: Jeschke/Kirchdörfer/Lorz (Hrsg.), Planung, Finanzierung und Kontrolle im Familienunternehmen, München 2000; May, Erfolgsmodell Familienunternehmen, Hamburg 2012

56 Vgl. hier und folgend Probst/Schichold, Das Anforderungsprofil für Prüfungsausschussvorsitzende und Finanzexperten, in: Schweinsberg/Laschet (Hrsg.), Die wichtigsten Aufsichtsräte in Deutschland, Köln 2013

57 Vgl. Reker, Beiräte im Mittelstand – Studienserie Erfolgsfaktoren im Mittelstand, Hannover 2010

58 Vgl. Kormann, Die Arbeit der Beiräte in Familienunternehmen, Berlin/Heidelberg 2014

59 Vgl. Bieding/Schweinsberg, Board Diversity in den größten deutschen Familienunternehmen, FuS, 1/2015

60 Vgl. Bartels/May/Rau, Der Beirat in Familienunternehmen, Frankfurt 2013

61 Vgl. Bartels/May/Rau, Der Beirat in Familienunternehmen, Frankfurt 2013

62 Vgl. Fachhochschule der Wirtschaft, Studie, Aufsichtsräte und Beiräte im Mittelstand, Köln 2014

63 Vgl. Bieding/Schweinsberg, Board Diversity in den größten deutschen Familienunternehmen, FuS, 1/2015

64 Vgl. Koeberle-Schmid/Hüttemann/Gundel, Frauenanteil von Aufsichtsräten von Familienunternehmen ist ausbaufähig, Audit Committee Institute, Women at Work, 7/2015

65 Vgl. hier und folgend Bieding/Schweinsberg, Board Diversity in den größten deutschen Familienunternehmen, FuS, 1/2015

66 Vgl. Bieding/Schweinsberg, Board Diversity in den größten deutschen Familienunternehmen, FuS, 1/2015

67 Vgl. Stiglbauer/Rieg/Chung, Größerer Erfolg durch mehr Diversität?, Der Aufsichtsrat, 3/2015

68 Vgl. Von Werder/Wieczorek, Anforderungen an Aufsichtsratsmitglieder und ihre Nominierung, Der Betrieb, 6/2007

69 Vgl. hier und folgend Von Werder/Wieczorek, Anforderungen an Aufsichtsratsmitglieder und ihre Nominierung, Der Betrieb, 6/2007; Lutter, Professionalisierung des Aufsichtsrats, Der Betrieb, 15/2009; Achenbach/Gottschalck, Aus der Beraterpraxis: Zusammensetzung des Beirats und Anzahl der Mitglieder, in: Achenbach/Gottschalck (Hrsg.), Der Beirat im Mittelstand, Düsseldorf 2012

70 Vgl. Fockenbrock/Hergert/Kewes, Aufseher werden ist nicht mehr schwer, Handelsblatt, 220/2010; Lemmer, Nachhilfe für Aufseher, Handelsblatt, 83/2012

71 Vgl. hier und folgend Achenbach, Der Beirat für Familienunternehmen, Bonn 2010; Felden/Wirtz, Beiratsfunktionen im Mittelstand, ZCG, 1/2013; Leube, Personelle Besetzung des Aufsichtsrates, in: Grundei/Zaumseil (Hrsg.), Der Aufsichtsrat im System der Corporate Governance, Wiesbaden 2012; Labbé/Bock, Die Professionalisierung von Aufsichtsräten in Deutschland, ZCG, 1/2013

72 In Anlehnung an Felden/Wirtz, Beiratsfunktionen im Mittelstand, ZCG, 1/2013

73 Vgl. hier und folgend Theisen, Entlastung, Der Aufsichtsrat, 4/2013; Meixner, Haftung und Vergütung — Risiko und Chance für Familienunternehmen, in: Koeberle-Schmid/Fahrion/Witt (Hrsg.), Family Business Governance, 2. Auflage, Berlin 2012

74 Vgl. hier und folgend Warncke, Informationsversorgung des Aufsichtsrats, Der Aufsichtsrat, 7-8/2006; Pampel/Krolak, Aufsichtsratsinformation in Deutschland, Der Aufsichtsrat, 7-8/2006; Beckmann, Sechs Kardinalfehler, die eine sachgerechte Informationsversorgung des Aufsichtsrats konterkarieren, Der Aufsichtsrat, Sonderausgabe 1/2009

75 Vgl. Pampel/Krolak, Aufsichtsratsinformation in Deutschland, Der Aufsichtsrat, 7-8/2006

76 Vgl. Kormann, Die Arbeit der Beiräte in Familienunternehmen, Berlin/ Heidelberg 2014

77 Vgl. hier und in Bezug auf die Abbildung Eulerich/Welge, Überwachung guter Corporate Governance mithilfe einer Aufsichtsrats-Scorecard, Der Aufsichtsrat, 2/2010; Eulerich/Pawlitzki, Eine Aufsichtsrats-Scorecard zur Unterstützung guter Corporate Governance, ZCG, 4/2010; Balzer, Richtiger Umgang mit Kennzahlen in Familienunternehmen, FuS, 4/2011

78 Vgl. Fischer/Beckmann, Sonder- und Anforderungsberichterstattung im Aufsichtsrat, Der Aufsichtsrat, 12/2008

79 Vgl. Fachhochschule der Wirtschaft, Studie, Aufsichtsräte und Beiräte im Mittelstand, Köln 2014

80 Vgl. hier und folgend Jäger/Rödl, Campos Nave, Grundlagen der betrieblichen Compliance, in: Jäger/Rödl/Campos Nave (Hrsg.), Praxishandbuch Corporate Compliance, Weinheim 2009; Meixner, Haftung und Vergütung — Risiko und Chance für Familienunternehmen, in: Koeberle-Schmid/ Fahrion/Witt (Hrsg.), Family Business Governance, 2. Auflage, Berlin 2012

81 Vgl. Meixner, Haftung und Vergütung — Risiko und Chance für Familienunternehmen, in: Koeberle-Schmid/Fahrion/Witt (Hrsg.), Family Business Governance, 2. Auflage, Berlin 2012

82 Vgl. hier und folgende, auch in Bezug auf die Checkliste Hendricks, Aktuelles vom D&O-Versicherungsmarkt, Der Aufsichtsrat, 6/2011; Hendricks, D&O-Versicherungen auf dem Prüfstand, Der Aufsichtsrat, 7-8/2012; Schiel, Des Pudels Kern: Was die D&O-Versicherung wirklich leisten kann, Der Aufsichtsrat, 4/2013; Held/Sutorius, Die Bedeutung der D&O-Versicherung für den Aufsichtsrat, in: Schweinsberg/Laschet (Hrsg.), Die wichtigsten Aufsichtsräte in Deutschland, Köln 2013

83 Vgl. Fachhochschule der Wirtschaft, Studie, Aufsichtsräte und Beiräte im Mittelstand, Köln 2014

84 Vgl. Achenbach, Der Beirat für Familienunternehmen, Bonn 2010

85 Vgl. Mutter/Kinne, Die „ideale" Geschäftsordnung des Aufsichtsrats, Der Aufsichtsrat, 5/2013

86 Vgl. hier und folgend Achenbach, Der Beirat für Familienunternehmen, Bonn 2010; Koeberle-Schmid/Groß/Lehmann-Tolkmitt, Der Beirat als Garant guter Governance im Familienunternehmen, BB, 15/2011

87 Vgl. Gottschalck, Aus der Beraterpraxis: Was kostet der Beirat?, in: Achenbach/Gottschalck (Hrsg.), Der Beirat im Mittelstand, Düsseldorf 2012

88 Vgl. Achenbach/Gottschalk, Vergütung mittelständischer Beiräte, Köln 2012

89 Vgl. Achenbach/Gottschalk, Vergütung mittelständischer Beiräte, Köln 2012

90 Vgl. Achenbach/May/Rieder/Eiben, Beiräte in Familienunternehmen, Bonn 2009

91 Vgl. Achenbach/Gottschalk, Vergütung mittelständischer Beiräte, Köln 2012

92 Vgl. Thümmel, Die Vergütung von Aufsichtsräten und Beiräten in Familienunternehmen, Der Aufsichtsrat 7-8/2014, S. 108-109

93 Vgl. Reker, Beiräte im Mittelstand — Studienserie Erfolgsfaktoren im Mittelstand, Hannover 2010

94 Vgl. Achenbach/Gottschalk, Vergütung mittelständischer Beiräte, Köln 2012

95 Vgl. Wiedemann/Kögel, Beirat und Aufsichtsrat im Familienunternehmen, München 2008

96 Vgl. hier und folgend Wiedemann, Beratungsverträge mit Mitgliedern von Aufsichtsräten und Beiräten, FuS, 1/2011; Audit Committee Institute, Ohne Aufsichtsratszustimmung kein Nebenverdienst für seine Mitglieder, Audit Committee Quarterly, 3/2012

97 In Anlehnung an Heilgenthal/Hübner/Thommes, Aufsichtsräte und Beiräte im Spannungsfeld zwischen Vertrauen, Verantwortung und Haftung, Bad Homburg 2012

98 Vgl. Achenbach/May/Rieder/Eiben, Beiräte in Familienunternehmen, Bonn 2009

99 Vgl. Beyer/Schlobinski, Gewährleistung der Informationssicherheit als Aufgabe für den Aufsichtsrat, ZCG, 6/2010

100 Vgl. Rapp/Sick/Wolff, Die Praxis der Effizienzprüfung des Aufsichtsrats, Der Aufsichtsrat, 12/2013

101 Vgl. Koeberle-Schmid/Groß/Lehmann-Tolkmitt, Der Beirat als Garant guter Governance im Familienunternehmen, BB, 15/2011; Koeberle-Schmid, Professionelle Aufsichtsgremien, in: Koeberle-Schmid/Fahrion/Witt (Hrsg.), Family Business Governance, 2. Auflage, Berlin 2012

102 Vgl. hier und folgend, insbesondere auch auf die Abbildung Sick, Die Effizienzprüfung des Aufsichtsrats, Düsseldorf 2003; Arbeitskreis Externe und Interne Überwachung der Unternehmung der Schmalenbach-Gesellschaft für Betriebswirtschaft e. V., Best Practice des Aufsichtsrats der AG — Empfehlungen zur Verbesserung der Effektivität und Effizienz der Aufsichtsratstätigkeit, Der Betrieb, 31/2006; Koeberle-Schmid, Family Business Governance — Aufsichtsgremium und Familienrepräsentanz, Wiesbaden 2008

Literaturverzeichnis

Achenbach, Der Beirat für Familienunternehmen, Bonn 2010

Achenbach/Gottschalck, Der Beirat im Mittelstand, Düsseldorf 2012

Achsnick/Faulhaber; Haftungstendenzen bei Aufsichtsräten, Der Aufsichtsrat, 12/2008

Aronoff/Ward, Family Business Governance – Maximizing Family and Business Potential, 3. Auflage, Marietta 1996

Becker/Ulrich, Ausgestaltung des Beirats als Element der Corporate Governance im Mittelstand, ZCG, 4/2009

Becker/Ulrich, Aufsichtsräte und Beiräte im Mittelstand, Stuttgart 2012

Dauner-Lieb/von Preen/Simon, Gender Diversity – Eine Frage guter Corporate Governance, BOARD, 1/201

Fahrion/Käufl/Hein, Risikomanagement, internes Kontrollsystem und Compliance Management als zentrale Instrumente der Business Governance, in: Koeberle-Schmid/Fahrion/Witt (Hrsg.), Family Business Governance, 2. Auflage, Berlin 2012

Freysoldt, Der Beirat als Konfliktmanager in Krisensituationen von Familienunternehmen, KonfliktDynamik, 4/2012

Grottel, Die Rollen des Wirtschaftsprüfers für Unternehmen und Familie, in: Koeberle-Schmid/Grottel (Hrsg.), Führung von Familienunternehmen, Berlin 2013

Hardt/Ponschab, Mediative Methoden für Aufsichts- und Beiratsvorsitzende, Der Aufsichtsrat, 9/2014

Held/Sutorius, Die Bedeutung der D&O-Versicherung für den Aufsichtsrat, in: Schweinsberg/Laschet (Hrsg.), Die wichtigsten Aufsichtsräte in Deutschland, Köln 2013

Hendricks, D&O-Versicherungen auf dem Prüfstand, Der Aufsichtsrat, 7–8/2012

Hönsch, Der Prüfungsausschuss, 3. Auflage, Frankfurt 2009

Kocher/Lönner, Unterstützung von Aufsichtsratsmitgliedern bei Aus- und Fortbildungsmaßnahmen, ZCG, 6/2010

Koeberle-Schmid, Aufsichtsratsaufgaben in Familienunternehmen, Der Aufsichtsrat, 7–8/2008

Koeberle-Schmid, Professionelle Aufsichtsgremien, in: Koeberle-Schmid/Fahrion/Witt (Hrsg.), Family Business Governance, 2. Auflage, Berlin 2012

Koeberle-Schmid/Caspersz, Family governance bodies — a conceptual typology, in: Smyrnios/Poutziouris/Goel (Hrsg.), Handbook of Research on Family Business, Second Edition, Cheltenham 2013

Koeberle-Schmid/Groß/Lehmann-Tolkmitt, Der Beirat als Garant guter Governance im Familienunternehmen, BB, 15/2011

Koeberle-Schmid/Lehmann-Tolkmitt/Groß, Der Nachfolge-Beirat im Familienunternehmen, FuS, 4/2012

Kormann, Beiräte in der Verantwortung, Berlin 2008

Kormann, Die Arbeit der Beiräte in Familienunternehmen, Berlin/Heidelberg 2014

Kormann, Funktion von Altersgrenzen in der Corporate Governance, Der Aufsichtsrat, 2/2011

Kormann, Unvereinbarkeit von Aufsicht und Rat, Der Aufsichtsrat, 11/2008

Lange/Friedrichs, Der Beirat in Familienunternehmen, Witten 2005

Lehmann-Tolkmitt, Zehn Empfehlungen für einen effektiven Beirat im Familienunternehmen, Der Aufsichtsrat, 1/2008

May, Erfolgsmodell Familienunternehmen, Hamburg 2012

May/Bartels, Der Beirat im Familienunternehmen: Mit dem Drei-Dimensionen-Modell zum professionellen Beirat, Köln 2014

May/Koeberle-Schmid, Die drei Dimensionen eines Familienunternehmens: Teil I, BFuP, 6/2011

May/Koeberle-Schmid, Die drei Dimensionen eines Familienunternehmens: Teil II, BFuP, 1/2012

May/Sieger, Der Beirat im Familienunternehmen zwischen Beratung, Kontrolle, Ausgleich und Personalfindung — Eine kritische Bestandsaufnahme, in: Jeschke/Kirchdörfer/Lorz (Hrsg.), Planung, Finanzierung und Kontrolle im Familienunternehmen, München 2000

May/Sies, Unternehmensnachfolge leicht gemacht, Bonn 2000

Meixner, Haftung und Vergütung — Risiko und Chance für Familienunternehmen, in: Koeberle-Schmid/Fahrion/Witt (Hrsg.), Family Business Governance, 2. Auflage, Berlin 2012

Remberg, Compliance im Mittelstand: Die Rolle des Aufsichtsrats, Der Aufsichtsrat, 3/2015

Ruter, Aufgaben und Auswahl von Beiratsmitgliedern in Familienunternehmen, ZCG, 5/2009

Ruter, Rechte und Pflichten einer verantwortungsvollen Beiratstätigkeit, ZCG, 1/2010

Ruter/Thümmel, Beiräte in mittelständischen Familienunternehmen, Stuttgart 2009

Scherer, Zivilrechtliche Bedingungen und Gestaltungsüberlegungen, in: Scherer/Blanc/Kormann/Groth/Wimmer (Hrsg.), Familienunternehmen, 2. Auflage, Frankfurt 2012

Theisen, Ein Budget für den Aufsichtsrat, Der Aufsichtsrat, 1/2011

Theisen, Entlastung, Der Aufsichtsrat, 4/2013 Wiedemann/Kögel, Beirat und Aufsichtsrat im Familienunternehmen, München 2008

Theisen, Information und Berichterstattung des Aufsichtsrats, Stuttgart, 4. Auflage, 2007

Wieselhuber/Thum, Performance-Coach statt Kuschelclub, Der Aufsichtsrat, 9/2009

Stichwortverzeichnis

Der Autor

Dr. Alexander Koeberle-Schmid, Wirtschaftsmediator und Coach, ist in vierter Generation einer Unternehmerfamilie der Hotellerie und Gastronomie vom Bodensee aufgewachsen. Er studierte an der WHU — Otto Beisheim School of Management und wurde zur „Family Business Governance" in Deutschland, USA und Australien promoviert.

Er berät seit mehreren Jahren, zunächst für die INTES Beratung für Familienunternehmen, jetzt für die KPMG AG Wirtschaftsprüfungsgesellschaft, Unternehmer und Gesellschafter in strategischen Fragestellungen wie Unternehmens- und Familienstrategie, Familienverfassungen, Nachfolgegestaltungen, Beiratskonzeptionen und Governance-Strukturen — und das in Europa, dem Nahen Osten und Asien. Zu diesen Bereichen hat er mehrere Bücher veröffentlicht, zuletzt „Family Business Governance", „Führung von Familienunternehmen" und auf English „Governance in Family Enterprises".

Alexander Koeberle-Schmid unterstützt zudem Familienunternehmen als Beirat und Aufsichtsrat. Er ist Dozent für die Themen Strategie, internationales Management und Mittelstand an der FOM Hochschule für Oekonomie & Management und an der FHDW — Fachhochschule der Wirtschaft.